Manual de Prevenção de Acidentes do Trabalho

Grupo Editorial Nacional

O GEN | Grupo Editorial Nacional – maior plataforma editorial brasileira no segmento científico, técnico e profissional – publica conteúdos nas áreas de ciências sociais aplicadas, exatas, humanas, jurídicas e da saúde, além de prover serviços direcionados à educação continuada e à preparação para concursos.

As editoras que integram o GEN, das mais respeitadas no mercado editorial, construíram catálogos inigualáveis, com obras decisivas para a formação acadêmica e o aperfeiçoamento de várias gerações de profissionais e estudantes, tendo se tornado sinônimo de qualidade e seriedade.

A missão do GEN e dos núcleos de conteúdo que o compõem é prover a melhor informação científica e distribuí-la de maneira flexível e conveniente, a preços justos, gerando benefícios e servindo a autores, docentes, livreiros, funcionários, colaboradores e acionistas.

Nosso comportamento ético incondicional e nossa responsabilidade social e ambiental são reforçados pela natureza educacional de nossa atividade e dão sustentabilidade ao crescimento contínuo e à rentabilidade do grupo.

Dennis de Oliveira Ayres
José Aldo Peixoto Corrêa

Manual de Prevenção de Acidentes do Trabalho

3ª Edição

gen | atlas

Apesar dos melhores esforços dos autores, do editor e dos revisores, é inevitável que surjam erros no texto. Assim, são bem-vindas as comunicações de usuários sobre correções ou sugestões referentes ao conteúdo ou ao nível pedagógico que auxiliem o aprimoramento de edições futuras. Os comentários dos leitores podem ser encaminhados à **Editora Atlas Ltda**. pelo e-mail editorialcsa@grupogen.com.br.

Rua Conselheiro Nébias, 1384
Campos Elísios, São Paulo, SP – CEP 01203-904
Tels.: 21-3543-0770/11-5080-0770
editorialcsa@grupogen.com.br
www.grupogen.com.br

Designer de capa: Rejane Megale

Imagem: vasosh | iStockphoto

Projeto Gráfico: Set-up Time Artes Gráficas

Editoração Eletrônica: Tarumã Editoração Gráfica

CIP - BRASIL. CATALOGAÇÃO NA PUBLICAÇÃO
SINDICATO NACIONAL DOS EDITORES DE LIVROS, RJ

Ayres, Dennis de Oliveira
Manual de prevenção de acidentes do trabalho. Dennis de Oliveira Ayres, José Aldo Peixoto Corrêa – 3. ed. – São Paulo : Atlas, 2017.

Bibliografia.
ISBN 978-85-97-01226-2

1. Acidentes do trabalho – Prevenção I. Corrêa, José Aldo Peixoto. II. Título.

01-53-69 CDD-363.117

Sumário

Prefácio à 1ª Edição

A incidência de acidentes do trabalho, embora seja grave e faça parte de várias estatísticas negativas, parece ainda não chocar e indignar o conjunto de nossa sociedade. Os alarmantes números da Organização Internacional do Trabalho (OIT) revelam que, a cada ano, acontecem cerca de 250 milhões de acidentes do trabalho e 160 milhões de doenças profissionais no mundo, dos quais 1,1 milhão resulta em morte. Esses números, embora impressionantes, recebem menos destaque que outros, também graves, como as mortes no trânsito (em torno de 900 mil), por violência (perto de 560 mil) ou pelo vírus HIV (aproximadamente 312 mil).

No Brasil, mesmo com o esforço dos trabalhadores, empregadores e governo, os índices de acidentes do trabalho indicam que ainda há muito o que se fazer, como bem nos mostra o Quadro 1.2. Nele podemos ver que de 1975 a 1999, enquanto o número de acidentes do trabalho caiu de 1.916.187 para 378.365, o número de mortes por ano caiu apenas 1,92%, ou seja, de 4 mil para 3.923. Um resultado insignificante se comparado com os avanços do setor desde o 1º Congresso Mundial sobre Segurança e Saúde do Trabalhador, realizado em Roma em 1955.

Vale salientar também os dados fornecidos pela Dataprev, constantes do levantamento, em 1999, sobre "Quantidade de acidentes do trabalho registrados, por motivo, segundo o setor de atividade econômica". Nele podemos verificar que a construção civil, mesmo com seu alto índice de acidentes, não foi a maior vilã. Com 26.176 acidentes, ficou atrás da categoria de serviços prestados (30.248 acidentes) e das atividades agrícolas (29.137 acidentes).

A presente obra, *Manual de prevenção de acidentes do trabalho,* constitui-se em uma valiosa contribuição do engenheiro e conselheiro do CREA-MG Dennis de Oliveira Ayres e do engenheiro e ex-conselheiro José Aldo Peixoto Corrêa na busca da proteção efetiva do trabalhador. Além da legislação básica que rege a proteção individual, os autores orientam, com clareza, as formas de suprir as deficiências de medidas de proteção ao trabalhador no ambiente ocupacional.

A abordagem da legislação, com direitos e deveres que ela estabelece, e, ainda, a inserção de elementos para avaliação da necessidade do uso dos Equipamentos de Proteção Individual (EPI) pelos próprios trabalhadores fazem desta obra um instrumento indispensável.

Belo Horizonte, 10 de abril de 2001.

Engenheiro Marcos Túlio de Melo

Presidente do CREA-MG

Apresentação à 1ª Edição

A Associação Mineira de Engenharia de Segurança (AMES) sente-se honrada em apresentar a obra inédita intitulada *Manual de prevenção de acidentes do trabalho*, dos engenheiros de segurança do trabalho Dennis de Oliveira Ayres e José Aldo Peixoto Corrêa, de reconhecida experiência e competência técnica.

Escrever um livro é submeter-se a um projeto arrojado que nasce dos sonhos, amadurece com as ideias e materializa-se com a vontade de querer.

Escrever um livro é conjugar o verbo *desafiar* em todas as pessoas, tempos e modos.

E os Autores, que sabem disso, foram mais ousados ao escolher o título proteção do trabalhador, uma vez que o tema, da maior importância, é carente no mercado editorial, não obstante constituir-se da essência da engenharia de segurança do trabalho.

Temos convicção de que a obra *Manual de prevenção de acidentes do trabalho* será de grande utilidade para alunos, empresas, professores, peritos judiciais, pesquisadores, membros da CIPA, profissionais das áreas de segurança e saúde no trabalho e gerentes; enfim, para toda a comunidade prevencionista que adota como lema a prevenção dos riscos no ambiente de trabalho.

De forma oportuna e importante, os Autores lembram que a proteção contra riscos advindos do trabalho começa, em primeiro lugar, na fase de projeto, com medidas de proteção coletiva, pela aplicação das técnicas de engenharia; em segundo lugar, com medidas de controle dos agentes; e, finalmente, pela utilização efetiva e correta dos equipamentos de proteção individual.

Belo Horizonte, 21 de fevereiro de 2001.

Josevan Ursine Fudoli

Presidente da Associação Mineira de Engenharia de Segurança

Nota dos Autores à 3ª Edição

O *Manual de prevenção de acidentes do trabalho* resultou das constatações dos Autores, em suas atividades profissionais como engenheiros, particularmente nas médias e pequenas empresas, de que as deficiências das medidas de proteção ao trabalhador contra os riscos existentes no ambiente laboral se davam muito mais por desconhecimento, por falta de acesso às normas, à legislação, às técnicas e aos tipos de equipamentos de proteção que por intenção de fraude dolosa dos empregadores.

Este *Manual,* obra pioneira no gênero, publicado pela Editora Atlas em maio de 2001, completou mais de 16 anos no mercado de publicações técnicas, inicialmente no formato impresso e, após o lançamento da 2ª edição, em 2010, também na opção digital (*e-book*), disponível para *download*.

Os autores, com especial deferência pelo Grupo GEN | Atlas, após minuciosa e cuidadosa revisão e atualização do *Manual*, entregam à publicação a 3ª edição, com o mesmo objetivo de colaborar na prevenção de acidentes do trabalho e doenças laborais, que, no Brasil, assumem caráter de verdadeira tragédia, causando imensos prejuízos ao país, às empresas, à sociedade e às famílias, bastando citar que morrem nesses acidentes mais de 2.500 trabalhadores anualmente, o que equivale a 7 mortes por dia.

Foram atualizados os dados estatísticos, com base em fontes oficiais, relativos aos acidentes e às doenças do trabalho, bem como os óbitos relacionados às atividades laborais no Brasil.

Apesar dos esforços do governo, e embora a ocorrência de acidentes e óbitos em 2015 tenha declinado, ainda assim esses infortúnios continuam elevados, com o Brasil ocupando o 4º lugar no rol mundial de mortes por doenças e acidentes do trabalho, logo após a Rússia (3º), os Estados Unidos (2º) e a China (1º).

Os Autores agradecem a colaboração do Engenheiro Civil e de Segurança do Trabalho Carlos Soares Queiroz, Professor de cursos de formação e especialização de Engenharia de Segurança do Trabalho, Diretor do Departamento de Perícias da Associação Mineira de Engenharia de Segurança (AMES) e Conselheiro do Conselho Regional de Engenharia e Agronomia de Minas Gerais (CREA-MG).

Agradecem ainda aos Excelentíssimos Senhores Desembargador Paulo Roberto Pereira da Silva, Desembargador Álvaro Cabral da Silva, Desembargador Gutemberg da Mota e Silva e demais magistrados da 10ª Câmara Cível do Tribunal de Justiça de Minas Gerais e ao Excelentíssimo Senhor Desembargador Ricardo Antônio Mohallem,

Presidente da 9ª Turma do Tribunal Regional do Trabalho de Minas Gerais, e aos magistrados integrantes dessa Turma, os votos de congratulações por ocasião da publicação da 2ª edição, e por considerarem o *Manual* uma obra muito didática, com elementos doutrinários importantes, de grande utilidade para os que militam na área e para os operadores de Direito.

Por fim, expressam os seus agradecimentos ao Grupo GEN | Atlas, que, renovando a confiança depositada na obra dos autores, publica a 3ª edição do *Manual de prevenção de acidentes do trabalho*, que esperamos, da mesma forma que as edições anteriores, seja útil aos empregadores, empregados, sindicatos, professores, médicos e engenheiros do trabalho, universitários e a todos aqueles que tenham responsabilidade na proteção da saúde e segurança do trabalhador brasileiro.

Belo Horizonte, fevereiro de 2017.

Os Autores

Nota dos Autores à 1ª Edição

Este *Manual* resultou das observações dos autores em suas diligências periciais, quando constataram que as deficiências das medidas de proteção ao trabalhador contra os riscos existentes no ambiente ocupacional ocorriam mais por desconhecimento e falta de acesso a normas, legislação, técnicas e tipos de equipamentos de proteção que por dolosa intenção de fraude.

O objetivo deste *Manual* é o de oferecer aos Engenheiros, Médicos e Técnicos de Segurança e de Medicina do Trabalho, bem como aos sindicatos e empregadores, subsídios para a proteção coletiva e individual dos trabalhadores. A prevenção é a postura mais eficaz para evitar que ocorram danos à saúde e à integridade física dos trabalhadores, danos esses causados por agentes agressivos de quaisquer naturezas porventura existentes em seus ambientes de trabalho.

Os acidentes do trabalho e as doenças profissionais no país ainda apresentam índices elevados, embora tenha havido expressiva redução, segundo dados do Ministério da Previdência e Assistência Social (MPAS).

De acordo com o estabelecido pela Norma Regulamentadora nº 6 (NR-6), da Portaria nº 3.214/1978, do Ministério do Trabalho e Emprego, a proteção individual do empregado é obrigatória e da responsabilidade do empregador, sempre que as medidas de proteção coletiva demonstrarem ser inviáveis ou não oferecerem completa proteção contra os riscos de acidentes do trabalho e/ou doenças profissionais e do trabalho. Essa proteção é um dever inalienável do empregador que, ao não cumpri-la, poderá ser responsabilizado civil e criminalmente pelos danos causados, sendo passível, conforme a gravidade do caso, de sanções que vão de multas e indenizações até mesmo condenação a penas de reclusão!

Os autores agradecem a eficiente colaboração do Dr. Mário Parreiras, Médico do Trabalho, integrante dos quadros da DRT/MG, renomado especialista na área de Medicina do Trabalho; do Dr. Pedro Sérgio Zucki, Engenheiro Agrônomo e de Segurança do Trabalho, experiente profissional da Fundacentro/MG e Professor da Pontifícia Universidade Católica de Minas Gerais, e do Engenheiro Carlos Soares Queiroz, Engenheiro Civil e de Segurança do Trabalho, Professor de cursos de formação e especialização de Engenharia de Segurança do Trabalho, Diretor do Departamento de Perícias da Associação Mineira de Engenharia de Segurança (AMES).

Por fim, por ser complexo e extenso, os autores não têm a pretensão de haver esgotado o assunto e, por isso mesmo, se colocam à disposição para receber sugestões e críticas para que, futuramente, possam melhorar e ampliar este *Manual*.

1

Acidente do Trabalho

1.1 Considerações iniciais

1.1.1 Conceituação de acidente do trabalho

Considera-se acidente do trabalho o infortúnio decorrente do trabalho que se enquadre na definição legal. Assim, se o acidente ocorrer durante a atividade laboral e em decorrência dela, mas não se enquadrar nas disposições legais, não será considerado acidente do trabalho.

A Lei nº 8.213/1991, que dispõe sobre o Plano de Benefícios da Previdência Social, em seu art. 19, define acidente do trabalho nos seguintes termos:

> Art. 19. Acidente do trabalho é aquele que ocorre no exercício do trabalho a serviço da empresa ou pelo exercício do trabalho dos segurados referidos no inciso VII do art. 11 desta Lei, provocando lesão corporal ou perturbação funcional que cause morte ou perda ou redução, permanente ou temporária, da capacidade para o trabalho.
>
> § 1º A empresa é responsável pela adoção e uso de medidas coletivas e individuais de proteção e segurança da saúde do trabalhador.
>
> § 2º Constitui contravenção penal, punível com multa, deixar a empresa de cumprir as normas de segurança e higiene do trabalho.
>
> § 3º É dever da empresa prestar informações pormenorizadas sobre os riscos da operação a executar e do produto a manipular.
>
> § 4º O Ministério do Trabalho e da Previdência Social fiscalizará e os sindicatos e entidades representativas de classe acompanharão o fiel cumprimento do disposto nos parágrafos anteriores, conforme dispuser o Regulamento.

A mesma lei considera como acidente do trabalho a doença profissional e a do trabalho, art. 20, bem como as hipóteses estabelecidas no art. 21, entre as quais o acidente *in itinere*, ou seja, o que ocorre no percurso da residência para o trabalho, ou do trabalho para a casa.

Para que seja considerado acidente do trabalho, ou doença do trabalho, é imprescindível que seja legalmente caracterizado como acidente do trabalho pela perícia médica do Instituto Nacional do Seguro Social (**INSS**), que fará o reconhecimento técnico do nexo causal entre o acidente e a lesão, a doença e o trabalho, ou a *causa mortis* e o acidente.

Deve ocorrer um dos seguintes pressupostos:

- o fato deverá acontecer na execução do trabalho a serviço da empresa, isto é, o acidente deverá acontecer durante a execução de atividades laborais decorrentes de um contrato de emprego ou pelo exercício do trabalho do segurado especial, conforme definido no art. 11 da Lei nº 8.213/1991;
- a ocorrência deverá resultar em dano à saúde ou à integridade física do empregado ou segurado especial;
- do fato deverá decorrer a morte ou a perda ou a redução da capacidade para o trabalho, temporária ou permanente.

Nova sistemática de concessão de benefícios acidentários

O INSS, a partir de abril de 2007, instituiu uma nova sistemática de concessão de benefícios acidentários, que repercutiu sobre as estatísticas dos acidentes do trabalho. O objetivo principal era o de reduzir a subnotificação dos acidentes e doenças do trabalho. Assim, estudos aplicando fundamentos estatísticos e epidemiológicos, mediante o cruzamento dos dados de código de Classificação Internacional de Doenças (CID-10) e do código da Classificação Nacional de Atividade Econômica (CNAE), permitiram identificar a associação entre agravos e as atividades desenvolvidas pelo trabalhador, tornando possível construir uma matriz com pares de associação de códigos CNAE e da CID-10: o Nexo Técnico Epidemiológico Previdenciário (NTEP), que passou a ser um instrumento auxiliar na análise e conclusão acerca da incapacidade laborativa pela perícia médica do INSS.

Doravante, a perícia médica passa a adotar três procedimentos sequenciais para identificar e caracterizar a natureza da incapacidade, se acidentária ou não acidentária (previdenciária):

1. verificação do Nexo Técnico Profissional ou do Trabalho – NTP/T;
2. identificação de ocorrência do Nexo Técnico Epidemiológico Previdenciário – NTEP;
3. identificação de ocorrência de Nexo Técnico por Doença Equiparada a Acidente do Trabalho (NTDEAT).

A ocorrência de qualquer um dos três nexos citados implicará a concessão de um benefício da natureza ACIDENTÁRIA; porém, se não houver nenhum dos nexos, o benefício será classificado como PREVIDENCIÁRIO.

Vale assinalar que, com a adoção dessa sistemática, não será mais exigida a Comunicação de Acidente do Trabalho (CAT) e sua vinculação a um benefício para a caracterização desse benefício como acidentário, embora a entrega da CAT continue a ser uma obrigação legal do empregador.

Concluindo, as estatísticas dos acidentes e doenças do trabalho passaram a ser a soma dos acidentes ou doenças registradas pela CAT com o conjunto de acidentes presumidos que deram origem a benefícios acidentários para os quais não houve CAT registrada.

Observação: AGRAVO é a forma como se convencionou chamar, na Previdência Social, as lesões, doenças, transtornos de saúde, distúrbios, disfunções ou síndrome de evolução aguda, subaguda ou crônica, de natureza clínica ou subclínica, inclusive morte, independentemente do tempo de latência.

Constata-se, ainda, que, de acordo com a caracterização legal de acidente do trabalho, é necessário existir um nexo causal entre os três elementos:

trabalho ⇔ acidente;
acidente ⇔ lesão;
lesão ⇔ incapacidade.

O acidente do trabalho típico é o que resulta de evento repentino e violento, no qual se identificam, facilmente, o dano e o nexo causal. O acontecimento deverá ser brusco, instantâneo, traumatizante e ter relação com as condições do trabalho, ou seja, resultar do próprio exercício da atividade laboral.

A Lei nº 8.213/1991 criou, de forma extensiva, além do acidente típico, novas formas de acidente do trabalho, como as chamadas "entidades mórbidas", definidas no seguinte artigo:

> Art. 20. Consideram-se acidente do trabalho, nos termos do artigo anterior, as seguintes entidades mórbidas:
>
> I – doença profissional, assim entendida a produzida ou desencadeada pelo exercício do trabalho peculiar a determinada atividade e constante da respectiva relação elaborada pelo Ministério do Trabalho e da Previdência Social;
>
> II – doença do trabalho, assim entendida a adquirida ou desencadeada em função de condições especiais em que o trabalho é realizado e com ele se relaciona diretamente, constante da relação mencionada no inciso I;

> § 1º Não são consideradas como doenças do trabalho:
>
> a) a doença degenerativa;
>
> b) a inerente ao grupo etário;
>
> c) a que não produza incapacidade laborativa;
>
> d) a doença endêmica adquirida por segurado, habitante da região em que ela se desenvolva, salvo comprovação de que é resultante de exposição ou contato direto determinado pela natureza do trabalho.
>
> § 2º Em caso excepcional, constatando-se que a doença, não incluída na relação prevista nos incisos I e II deste artigo, resultou das condições especiais em que o trabalho é executado e com ele se relaciona diretamente, a Previdência Social deve considerá-la acidente do trabalho.

A relação citada nos incisos I e II é a que consta do Anexo 11 do Regulamento nº 3.048, de 6/5/1999, da Previdência Social.

As doenças profissionais, também denominadas ergopatias ou tecnopatias, são as que podem ocorrer com pessoas que realizam determinado tipo de trabalho. São exemplos dessas doenças as pneumoconioses, silicoses, antracoses, siderose e outras.

As doenças do trabalho, também denominadas mesopatias ou doenças atípicas, são as que resultam não da profissão em si, mas das condições do exercício da função e do meio ambiente do trabalho. Em verdade, a doença não depende da qualificação profissional do trabalhador, vez que poderá atingir a todos que trabalhem nas mesmas condições adversas à saúde, como consequência ambiental do trabalho.

O conceito de acidente do trabalho foi, também, estendido a outros eventos, como se infere do seguinte artigo da Lei nº 8.213/1991:

> Art. 21. Equiparam-se a acidente do trabalho, para efeitos desta Lei:
>
> I – acidente ligado ao trabalho que, embora não tenha sido a causa única, haja contribuído diretamente para a morte do segurado, para redução ou perda da sua capacidade para o trabalho, ou produzido lesão que exija atenção médica para a sua recuperação;
>
> II – o acidente sofrido pelo segurado no local e horário de trabalho, em consequência de:
>
> a) ato de agressão, sabotagem ou terrorismo praticado por terceiro ou companheiro de trabalho;
>
> b) ofensa física intencional, inclusive de terceiro, por motivo de disputa relacionada com o trabalho;
>
> c) ato de imprudência, de negligência ou de imperícia de terceiro ou de companheiro de trabalho;

d) ato de pessoa privada do uso da razão;

e) desabamento, inundação, incêndio e outros casos fortuitos ou decorrentes de força maior.

III – a doença proveniente de contaminação acidental do empregado no exercício de sua atividade;

IV – o acidente sofrido pelo segurado, ainda que fora do local e horário de trabalho:

a) na execução de ordem ou na realização de serviço sob a autoridade da empresa;

b) na prestação espontânea de qualquer serviço à empresa para lhe evitar prejuízo ou proporcionar proveito;

c) em viagem a serviço da empresa, inclusive para estudo quando financiada por esta dentro de seus planos para melhor capacitação da mão de obra, independentemente do meio de locomoção utilizado, inclusive veículo de propriedade do segurado;

d) no percurso da residência para o local de trabalho ou deste para aquela, qualquer que seja o meio de locomoção, inclusive veículo de propriedade do segurado.

§ 1º Nos períodos destinados à refeição ou descanso, ou por ocasião da satisfação de outras necessidades fisiológicas, no local de trabalho ou durante este, o empregado é considerado no exercício do trabalho.

§ 2º Não é considerada agravação ou complicação de acidente do trabalho a lesão que, resultante de acidente de outra origem, se associe ou se superponha às consequências do anterior.

No inciso I, o legislador configurou o princípio da concausalidade, em que os fatos, embora não relacionados com o trabalho, mas somados à causa, resultam diretamente no evento final, como a morte, a perda ou redução da capacidade para o trabalho ou cuidados médicos para a recuperação do trabalhador. Exemplo de concausa superveniente em acidente do trabalho é o do trabalhador acidentado, a caminho do hospital, que morre em acidente do trânsito. O exemplo de concausa anteveniente é a do trabalhador com problemas musculares congênitos que, pelo exercício de digitação excessiva de dados, vem a adquirir tenossinovite.

1.1.2 Acidentes do trabalho no mundo

Desde o 1º Congresso Mundial sobre Segurança e Saúde do Trabalho, realizado em Roma, em 1955, ocorreram avanços significativos no setor de Segurança e Saúde no Trabalho; todavia, ainda não há motivos para tranquilizar-se, vez que o número de acidentes do trabalho que se verificam, anualmente, em todo o mundo, é bastante preocupante, estimado em **240 milhões**. De fato, as estimativas da Organização Internacional do Trabalho (OIT) revelam que acontecem, por ano, **2,34 milhões** de mortes, sendo **321 mil** em consequência de acidentes do trabalho e **2,02 milhões** causadas por diversos tipos de enfermidades relacionadas com as atividades ocupacionais, o que equivale a uma média de 6.500 mortes por dia, das quais 5.600 por doenças ocupacionais e 900 por acidentes do trabalho. A OIT divulgou, em 2013, os seguintes dados:

- 160 milhões de pessoas sofrem de doenças não letais, relacionadas ao trabalho;
- 317 milhões de acidentes laborais, não mortais, ocorrem a cada ano no mundo;
- a cada 15 segundos, um trabalhador morre de acidentes ou doenças relacionadas ao trabalho;
- a cada 15 segundos, 115 trabalhadores sofrem um acidente laboral.

A OIT, em parceria com o Seguro Social de Acidentes Alemão e da Sociedade de Seguridade Social (ISSA), realizaram em Frankfurt, na Alemanha, de 24 a 27 de agosto de 2014, o 20º Congresso Mundial sobre Segurança e Saúde no Trabalho, com a participação de cerca de 4 mil especialistas em segurança, políticos e cientistas de 139 países. O tema geral do congresso foi "Um mundo sem acidentes ocupacionais sérios ou fatais é possível".

O Sr. Guy Ryter, diretor-geral da OIT, chamou a atenção dos congressistas sobre a situação inaceitável do grande número de acidentes no mundo. Ele estimou que os custos globais, diretos e indiretos, desse cenário atingem a 2,8 trilhões de dólares, o que corresponde a mais de 9 trilhões de reais, e acrescentou que o número de óbitos nos acidentes ocupacionais supera o de mortes ocorridas nas últimas guerras, o que representa não somente uma tragédia humana, mas também um alto preço para as sociedades e economias mundiais. Disse, por fim, que "um local de trabalho seguro e saudável é um direito humano básico e que deve ser respeitado em todos os níveis".

O total de óbitos anuais por acidente de trabalho é superior, por exemplo, e apenas para efeito de comparação, ao total de óbitos por acidentes no trânsito (em torno de 900 mil), por violência (aproximadamente 560 mil) ou por aids (que atingem a cifra de 312 mil). Vale assinalar que 25% desses óbitos resultam de exposições dos trabalhadores a substâncias perigosas, que provocam doenças letais, como o câncer, ou incapacitam o ser humano para as atividades laborais, como os distúrbios cardiovasculares, respiratórios e do sistema nervoso.

Nos países desenvolvidos, a prevenção é um fator muito importante e, realmente, tem contribuído para a proteção da integridade física e da saúde do trabalhador em suas atividades laborais. Contudo, os índices de acidentes do trabalho não são desprezíveis. Por exemplo, a força de trabalho nos Estados Unidos, desde 1970, dobrou, existindo atualmente mais de 130 milhões de trabalhadores em mais de 8 milhões de locais de trabalho; porém, graças aos esforços da Occupacional Safety and Health Administration (OSHA), órgão do U.S. Department of Labor, as mortes resultantes de doenças e acidentes do trabalho foram reduzidas.

Em 30/12/2013, o Sr. David Michaels, secretário adjunto do Trabalho para a Segurança e Saúde Ocupacional, dos EUA, celebrando o 43º aniversário da lei que criou a OSHA, escreveu: "Embora na época não tivessem sido mantidas estatísticas precisas, estima-se que 14 mil trabalhadores foram mortos em serviço em 1970, correspondendo a cerca de 39 trabalhadores por dia. Em 2012, segundo estatísticas do Bureau de Estatísticas do Trabalho, foi reduzido para 4.400/ano, ou 12 mortes por dia. A taxa de acidentes do trabalho e doenças ocupacionais graves, que em 1972 era de 11 por 100 trabalhadores, caiu, em 2012, para 3,4 por 100".

Acidentes do trabalho e doenças ocupacionais podem ser devastadores para os trabalhadores e suas famílias, declarou o secretário Michaels, e custam aos empregadores americanos mais de 50 bilhões de dólares por ano.

Nos países em desenvolvimento, em que grande parte dos trabalhadores concentra-se em atividades primárias ou extrativas, como a agricultura, a pesca, a mineração, o desmatamento etc., as taxas de acidentes do trabalho continuam muito elevadas.

As taxas de mortalidade na Europa central e na Europa oriental, China e Índia são 100% maiores que nas economias industrializadas. Na América Latina e no Caribe, a taxa de mortalidade por acidente do trabalho é ainda maior. No Oriente Médio e na Ásia (excluídas a China e a Índia), as referidas taxas são quatro vezes maiores que as dos países industrializados.

A OIT estima que, por volta do ano 2020, deverá dobrar o número de doenças relacionadas com o trabalho e que, na mesma época, as atuais exposições dos trabalhadores a agentes agressivos estarão matando muita gente caso os governos e as empresas não adotem, desde já, medidas para evitar esse triste e tenebroso quadro.

1.1.3 Acidentes do trabalho no Brasil

a) Aspectos legais

A primeira norma trabalhista de que se tem notícia, visando à saúde e proteção do trabalhador, foi aprovada em 1802, pelo Parlamento Britânico, e se referia às condições de higiene dos locais de trabalho e dormitórios onde trabalhassem menores.

No Brasil, a saúde e a proteção do trabalhador somente mereceram a atenção do legislador na Carta Magna de 1946, sendo o mesmo assunto incluído na Constituição de 1967 e na Emenda Constitucional nº 1, de 1969.

A Constituição de 1988, nos incisos XXII, XXIII e XXVIII do art. 7º, inclui entre os direitos sociais dos trabalhadores urbanos e rurais o seguinte:

> [...] a redução dos riscos inerentes ao trabalho, por meio de normas de saúde, higiene e segurança, o pagamento de adicional de remuneração para as atividades penosas, insalubres ou perigosas, na forma de Lei, bem como seguro contra acidentes do trabalho, a cargo do empregador, sem excluir a indenização a que está obrigado, quando incorrer em dolo ou culpa.

O trabalhador acidentado tem direito a assistência médica e hospitalar e auxílio financeiro, enquanto durar sua incapacidade laborativa, e postular, cumulativamente com a reparação que lhe garante a lei acidentária, outra compensação com fundamento no direito comum.

A norma constitucional ampara o pedido de indenização pelo direito comum do trabalhador que sofrer acidente do trabalho, desde que provada a culpa ou dolo do empregador. Inexiste, no entanto, no direito brasileiro, lei específica que defina os pressupostos da culpa ou dolo do empregador no acidente do trabalho. Em geral, admite-se que se configure culpa do empregador quando este desrespeitar as disposições legais e administrativas que visem à proteção da saúde ocupacional. Desse modo, a culpa do empregador poderá derivar de ação ou omissão.

Quanto à legislação ordinária, o Capítulo V, do Título II, da CLT, com acréscimo da Lei nº 6.514/1977, formula, em consonância com o que dispõe a Constituição, as regras gerais sobre segurança e saúde do trabalhador, conferindo ao Ministério do Trabalho e Emprego (MTE) a complementação daquelas normas, por meio de portarias, o que facilita o acompanhamento das mutações ocorridas nos campos e métodos de trabalho. Assim, aquele Ministério editou a Portaria nº 3.214/1978, que, por meio das chamadas Normas Regulamentadoras, consolida vários dispositivos referentes à segurança e à saúde do trabalhador no meio urbano. No meio rural, aplicam-se as Normas Regulamentadoras Rurais, aprovadas pela Portaria nº 3.303/1989.

Vale ressaltar que a Portaria nº 3.214/1978 tem mais de 39 anos e, por isso mesmo, deveria ser totalmente reformulada e atualizada. Embora novas Normas Regulamentadoras, ao longo desse período, tenham sido introduzidas e uma parcela das existentes tenha sido ampliada e atualizada por legislação complementar, isso não tem sido suficiente para modernizar e adequar aquela Portaria às atuais condições de trabalho no país.

b) Acidentes e doenças do trabalho

Os acidentes do trabalho que ocorrem no Brasil constituem-se em uma trágica estatística, conforme demonstram os dados numéricos do Quadro 1.1, que registra o total superior a 700 mil acidentes por ano no período de 2008 a 2014.

Historicamente, os registros de acidentes do trabalho vinham caindo de forma gradual desde 1975, ano em que atingiu o maior índice (1.916.187 acidentes); essa redução, entretanto, foi estancada em 2001, quando o total de acidentes do trabalho foi o menor já registrado: 340.251 acidentes. A partir de então, o número de acidentes voltou a subir.

Os dados estatísticos divulgados pelo Ministério da Previdência Social e pelo Anuário Estatístico de Acidentes do Trabalho, publicação conjunta dos Ministérios da Previdência Social e do Trabalho e Emprego, indicam a ocorrência, em termos absolutos, do aumento dos acidentes e doenças do trabalho entre 2007 e 2013, tendo ocorrido uma redução, não muito significativa, em 2014 e 2015.

O jurista Arnaldo Sussekind, no livro *Direito constitucional do trabalho* (Renovar, 1999, p. 235-236), aponta as seguintes causas como as responsáveis pelo quadro calamitoso de acidentes do trabalho no país:

- a falta de conscientização de empresários e trabalhadores para a importância da prevenção dos infortúnios do trabalho. Muitos empregados rejeitam o uso de equipamentos individuais de proteção e preferem receber o adicional sobre o salário do que insistir, junto às Cipas e aos sindicatos, para que a empresa elimine ou neutralize os riscos de acidentes do trabalho e doenças profissionais. A seu turno, muitas empresas resistem a proceder reformas do estabelecimento para eliminar ou reduzir os riscos;
- formação profissional inadequada, quase sempre sem transmitir ao trabalhador noções fundamentais de prevenção de acidentes, correlacionadas com o ofício ensinado;
- jornadas de trabalho com horas extraordinárias – circunstâncias agravadas nas grandes cidades por longos períodos de transporte incômodo e fatigante;
- alimentação imprópria e insuficiente;
- prestação de serviço insalubre em jornadas de trabalho destinadas às atividades normais, quando recomendável é o encurtamento do período de trabalho, e não o adicional de salário, a fim de evitar a agressão dos agentes físicos e químicos em níveis de tolerância;
- grande quantidade de trabalhadores sem o devido registro como empregados, alta rotatividade da mão de obra e abuso na "terceirização" de serviços – fatores que, em regra, desmotivam os programas empresariais visando à prevenção dos acidentes do trabalho.

Quadro 1.1 Acidentes do trabalho no Brasil no período de 1990 a 2015

Anos	Trabalhadores	Acidentes com CAT registrada			Acidentes sem CAT	Total Acidentes	Acidentes /100 trab.	Óbitos
		Típico	Trajeto	Doença				
1990	23.198.656	632.012	56.343	5,217	-	683.572	2,9	5.355
1991	23.004.264	579.362	46.679	6.281	-	632.322	2,7	4.527
1992	22.272.843	490.916	33.299	8.299	-	532.514	2,4	3.516
1993	23.165.027	374.167	22.709	15.417	-	412.293	1,8	3.110
1994	23.667.241	350.210	22.824	15.270	-	388.304	1,6	3.129
1995	23.775.736	374.700	28.791	20.646	-	424.137	1,8	3.967
1996	23.830.312	325.870	34.696	34.889	-	395.455	1,7	4.488
1997	24.104.428	347.482	37.212	36.648	-	421.343	1,7	3.469
1998	24.491.635	347.738	36.114	30.489	-	414.341	1,7	3.793
1999	24.993.265	326.404	37.513	23.903	-	387.820	1,6	3.896
2000	26.228.629	304.963	39.300	19.605	-	363.868	1,4	3.094
2001	27.189.614	282.965	38.799	18.487	-	340.251	1,3	2.753
2002	28.683.913	323.879	46.881	22.311	-	393.071	1,4	2.968
2003	30.537.383	325.577	49.642	23.858	-	399.077	1,3	2.674
2004	32.200.411	375.171	60.335	30.194	-	465.700	1,4	2.839
2005	34.687.001	398.613	67.971	33.096	-	499.680	1,4	2.766
2006	36.158.570	407.426	74.636	30.170	-	512.232	1,4	2.798
2007	38.788.600	417.036	79.005	22.374	141.108	659.523	1,7	2.845
2008	42.076.251	441.925	88.742	20.356	204.957	755.980	1,8	2.817
2009	43.439.321	424.498	90.180	19.570	199.117	733.365	1,7	2.560
2010	46.383.012	417.295	95.321	17.177	179.681	709.474	1,5	2.753
2011	49.690.560	426.153	100.897	16.839	176.740	720.629	1,5	2.938
2012	51.609.519	426.284	103.040	16.898	167.762	713.984	1,4	2.768
2013	55.687.889	434.339	112.183	17.182	161.960	725.664	1,3	2.841
2014	56.576.391	430.454	116.230	17.599	148.019	712.302	1,3	2.819
2015	54.775.531	383.663	106.039	13.240	109.690	612.632	1,1	2.502

Fonte: Ministério da Previdência Social / Anuário Estatístico da Previdência Social.

Vale acrescentar a essas causas as citadas pelo Procurador do Trabalho da 18ª Região, Dr. Marcelo Ribeiro Silva, publicadas na seção Doutrina do *Jornal Trabalhista* de 17/7/2000:

- terceirização de mão de obra para cooperativas fraudulentas, visto que os trabalhadores cooperados, embora laborem exatamente nas mesmas funções e no mesmo ambiente dos demais empregados da empresa contratante, não recebem, nem utilizam equipamentos de proteção individual, visto que são equivocadamente considerados autônomos;

- resistências das empresas em investir em segurança e saúde no trabalho, visto que preferem fornecer equipamentos de proteção individuais aos trabalhadores a implantar medidas de proteção coletiva, estas, sim, eficazes para neutralização dos riscos ambientais;
- preocupação por parte das empresas com o cumprimento apenas formal das normas relativas à segurança e à saúde no trabalho, notadamente aquelas que instituem a obrigação de elaboração de programas, como o Programa Médico de Controle da Saúde Ocupacional (PCMSO) e o Programa de Prevenção de Riscos Ambientais (PPRA), que na maioria das vezes não saem do papel e se constituem em fonte de renda para profissionais da área – Médicos do Trabalho e Engenheiros de Segurança;
- falta de recursos humanos, materiais e financeiros para uma adequada fiscalização por parte do Ministério do Trabalho e Emprego, que, não obstante seu competente quadro de auditores fiscais, não dispõe de recursos suficientes para desempenhar a contento suas atividades legais;
- baixo valor das multas administrativas previstas na Consolidação das Leis do Trabalho (art. 201), que não são suficientes para, na grande maioria dos casos, forçar o cumprimento das obrigações previstas nas Normas Regulamentadoras;
- falta de mecanismos para efetivar as ações regressivas contra os empregadores responsáveis pela geração de acidentes e doenças ocupacionais, previstas no art. 120 da Lei nº 8.213/1991;
- atuação ineficiente das Comissões Internas de Prevenção de Acidentes (Cipas), no âmbito das respectivas empresas.

As consequências dos acidentes do trabalho, incluídas as doenças ocupacionais, para o trabalhador vão desde afastamento temporário e redução da capacidade laboral até invalidez permanente e óbito. É inaceitável, por exemplo, admitir que 2.819 brasileiros perderam a vida em acidentes do trabalho em 2014, quaisquer que sejam as razões que motivaram esse infortúnio.

Vale assinalar que esses dados refletem parte da realidade nacional dos acidentes, doenças e óbitos das atividades ocupacionais, uma vez que consideram somente o contingente de trabalhadores registrados com carteira assinada (formais), o que corresponde a 49,2% da população economicamente ativa, conforme divulgação do Instituto Brasileiro de Geografia e Estatística (IBGE). Essa consideração é muito importante porque significa que os trabalhadores informais, estimados em mais de 56 milhões (aproximadamente 50,8%) da classe trabalhadora do Brasil, incluindo profissionais autônomos, empregadores, militares, estatutários, empregados e trabalhadores domésticos informais, não constam das estatísticas acidentárias da Previdência Social.

Por outro lado, deve-se levar em conta a possibilidade de a subnotificação omitir parcela dos dados, porque o empregador deixa de registrar a CAT, que constitui uma obrigação legal da empresa ou do empregador.

Muitas empresas, equivocadamente, deixam de emitir a CAT quando se verifica que não há necessidade de o empregado se afastar do trabalho por mais de 15 dias. Ocorrendo, porém, o acidente do trabalho, independentemente de afastamento ou não do empregado de suas atividades laborais, ainda que por período inferior ou igual a 15 dias, é obrigatória a emissão da CAT pelo empregador, sob pena de multa do Ministério do Trabalho e Emprego (MTE).

A emissão da CAT, além de se destinar a fins de controle estatísticos e epidemiológicos junto aos órgãos federais, visa, principalmente, à garantia de assistência acidentária ao empregado junto ao INSS ou até mesmo da aposentadoria por invalidez.

O trabalhador que sofre acidente do trabalho, atualmente, independentemente da emissão da CAT pelo empregador ou pela empresa, poderá dirigir-se a um hospital credenciado junto ao INSS e registrar formalmente o acidente, o que lhe dará todas as garantias legais.

Ressalte-se, entretanto, que a nova metodologia para a concessão de benefícios acidentários, em vigor a partir de 2007, considera, além da CAT, os possíveis nexos para identificar o acidente do trabalho, como o NTP/T, o NTEP e o NTDEAT, todos já citados neste *Manual*. Desse modo, as informações e dados divulgados pela Previdência Social e pelo MTE, mesmo que o quadro acidentário não corresponda à totalidade da população dos trabalhadores brasileiros, são importantes porque permitem a realização de análises que servem de base para a elaboração de políticas públicas de segurança e saúde no trabalho, ações preventivas e investimentos.

O Brasil, não obstante ter assistido a uma diminuição no número de óbitos a partir de 2000, ainda ocupa o 4º lugar no rol mundial de mortes por acidentes do trabalho, logo após a Rússia (3º), os EUA (2º) e a China (1º).

É importante mencionar as diferenças acidentárias regionais existentes no Brasil, conforme mostra o Quadro 1.2.

Quadro 1.2 Quantidade de acidentes do trabalho no Brasil, por regiões geográficas, em 2015

Regiões	Total de acidentes	Com CAT registrada	Sem CAT registrada
Brasil	612.632	502.942	109.690
Norte	27.638	20.806	6.832
Nordeste	72.210	50.805	21.405
Sudeste	330.310	287.083	43.227
Sul	137.727	106.594	31.133
Centro-Oeste	44.747	37.654	7.093

Fonte: Ministério de Previdência Social.

A região Sudeste liderou as ocorrências de acidentes e doenças do trabalho em 2015: 330.310 casos, o que corresponde a 53,92% do total registrado no país nesse ano. Dentre os acidentes com CAT registrada, os denominados acidentes típicos constituíram cerca de 87% do total dessa região.

A região Sul figura no segundo lugar quanto ao número de acidentes e doenças do trabalho no país, com 137.727 trabalhadores acidentados e doentes em 2015, o que corresponde a aproximadamente 22,48% do total nacional.

O Nordeste ocupa o terceiro lugar no número de trabalhadores acidentados e afetados por doenças ocupacionais em 2015, com 72.210 casos, o que corresponde a 11,79% do total nacional.

A região Centro-Oeste se situa em quarto lugar, com 44.747 acidentes e doenças do trabalho em 2015, o que corresponde a 7,30% do total nacional.

A região Norte contabilizou 27.638 acidentes e doenças do trabalho em 2015, o que representa 4,51% do total nacional.

c) O "custo Brasil" dos acidentes do trabalho

Os custos dos acidentes e doenças do trabalho para o Brasil atingem a fabulosa cifra de R$ 71 bilhões por ano, o que equivale a quase 9% das despesas salariais com os trabalhadores, estimadas em R$ 800 bilhões anuais. Esse cálculo é do professor José Pastore, da cadeira de Relações do Trabalho da Universidade de São Paulo (USP). Essa colossal cifra, equivalente a cerca de 1,3% do Produto Interno Bruto (PIB) nacional (PIB nominal de R$ 5,52 trilhões em 2014, segundo dados do IBGE), refere-se a muito sofrimento, vidas ceifadas, invalidez permanente, doenças incuráveis; enfim, imensos infortúnios para a família dos trabalhadores, elevados custos para as empresas, consequências desastrosas para a sociedade e para a economia nacional. Esses custos, segundo o professor Pastore, estão subestimados porque se referem apenas ao setor formal do mercado de trabalho. Outros custos, como os suportados pelo Sistema Único de Saúde (SUS), que atende um grande número de trabalhadores que se acidentam e adoecem no mercado informal, não constam das estatísticas oficiais porque respondem por eles o Ministério da Saúde e não a Previdência Social.

Em 2013, por exemplo, o INSS pagou R$ 367 milhões em benefícios por acidentes e doenças ocupacionais; registre-se, no entanto, que, embora uma parte dessas despesas se refira a pagamentos de benefícios com afastamento temporário, a outra parte, cuja conta vem crescendo ano a ano, é destinada a pensões por morte ou invalidez.

As empresas têm dois tipos de custos: a) com trabalhadores segurados, que se referem às despesas da empresa com seguro de acidentes do trabalho, tempo perdido, gastos de primeiros socorros, perdas de equipamentos e materiais, interrupção da produção, retreinamento da mão de obra, substituição de pessoal, pagamento de horas extras, recuperação do empregado, salário pago aos afastados, despesas administrativas e gastos com medicina e engenharia de reparação; e b) com trabalhadores não segurados, que, segundo o professor Pastore, ensejam despesas mais diluídas e menos visíveis.

A Procuradora do Trabalho, Ana Lúcia Barranco, analisa os altos índices de acidente laborais no Brasil e aponta três motivos centrais: falta de investimentos em prevenção, falta de políticas públicas e precarização das relações do trabalho por meio da terceirização da mão de obra.

d) Outros aspectos

Dois outros aspectos dos acidentes e doenças do trabalho no Brasil merecem menção e considerações: o trabalho infantil e a Lesão por Exercícios Repetitivos e Distúrbios Osteomusculares Relacionados ao Trabalho (LER/DORT).

Trabalho infantil

A ocorrência do trabalho infantil é um problema mundial, pois, segundo a Organização Internacional do Trabalho (OIT), em 2015, existiam 168 milhões de crianças trabalhando no mundo, sendo 5 milhões em condições de escravidão.

O diretor-geral da OIT, Juan Somavia, em 2002, afirmou: "O trabalho infantil continuava sendo um problema generalizado, apesar do maior compromisso dos governos e seus parceiros".

Caracteriza-se como trabalho infantil toda forma de trabalho exercida por crianças e adolescentes abaixo da idade legal permitida para o trabalho, conforme a legislação de cada país.

A Constituição Brasileira é clara quanto ao assunto: menores de 14 anos são proibidos de trabalhar, exceto como aprendizes e somente a partir dos 14 anos, mas, infelizmente essa norma da nossa Carta Magna é, frequentemente, desrespeitada.

Nos países subdesenvolvidos ou emergentes, a exemplo do Brasil, nas regiões mais pobres, como no Nordeste, o trabalho infantil é comum. As crianças trabalham nas lavouras de cana, em carvoarias, quebrando pedras e em outras atividades laborais impróprias e inadequadas, vítimas indefesas de um trabalho que afetará a sua saúde e as deixará com sequelas para sempre.

Dados divulgados em 2003 pelo Instituto Brasileiro de Geografia e Estatística (IBGE) demonstram que existem 2,7 milhões de crianças e adolescentes (entre 5 e 17 anos) no trabalho infantil, especialmente nas zonas rurais. São milhões de crianças e adolescentes que exercem trabalho escravo, gerando lucro para quem os explora, tendo sua dignidade desrespeitada, sendo obrigados a trabalhar em condições precárias, em canaviais, carvoarias e minerações, onde falta saneamento básico, não existe assistência médica, os alojamentos são desconfortáveis e sujos, a água que bebem é barrenta e a alimentação é de baixa qualidade. Para agravar ainda mais esse quadro, na maior parte dos casos eles não são remunerados ou recebem remuneração irrisória, muito inferior ao trabalho exaustivo que realizam.

A fiscalização trabalhista brasileira vem desenvolvendo permanente combate ao tráfego infantil, tendo o Ministério do Trabalho e Emprego (MTE) celebrado acordos de cooperação com vinte países para essa finalidade. Nossa rede de proteção à criança e ao adolescente, de que é exemplo o Fórum Nacional de Prevenção e Erradicação do Trabalho Infantil, do qual é um dos fundadores o MTE, demonstra a preocupação do governo na erradicação do trabalho infantil, para o que também contribuem a promulgação de leis protetivas e programas de transferências de renda, como o Bolsa Família e outros.

LER/DORT

Os numerosos casos identificados como Lesão por Exercícios Repetitivos e Distúrbios Osteomusculares Relacionados ao Trabalho (LER/DORT) nos últimos anos entre os trabalhadores representam verdadeira epidemia no Brasil e no mundo.

Na década de 1980, muitos trabalhadores sujeitos a intensas jornadas de trabalho, com ergonomia inadequada, sob estresse e mal remunerados, passaram a apresentar sintomas que, na falta de conhecimentos médicos na época dos adoecimentos, foram classificados como LER/DORT quando, na realidade, eram doenças com causas, mecanismos e tratamentos diferentes. Na ocasião, as causas dessas doenças foram atribuídas a movimentos repetitivos, o que é característica da produção industrial em série. Assim, afetados por um grupo de doenças que, por ausência de conhecimento médico, não tiveram tratamento específico, os trabalhadores registraram numerosas ações trabalhistas, com prejuízos para a justiça, para a sociedade e para os próprios trabalhadores. Esses processos retardaram os esforços para a melhor compreensão dessas doenças, o que possibilitaria que fossem tratadas da maneira correta e que fossem adotadas medidas preventivas.

Os estudos e as análises que se seguiram demonstraram que muitos casos de LER/DORT estavam associados a fatores sociais, familiares, econômicos e com o estresse e/ou insatisfação no trabalho, como nas ocorrências de lombalgias e outros tipos de dores. Isso explica por que muitos trabalhadores, embora não executassem tarefas repetitivas, apresentavam sintomas similares. Esses estudos e análises conduziram ao denominado "modelo psicossocial", que teve aceitação da comunidade científica em relação aos problemas osteomusculares de dores crônicas mal esclarecidas. Cumpre, porém, ressaltar que fatores mecânicos (repetição, força e posturas) permanecem importantes e presentes nos diagnósticos da sintomatologia das dores que afetam os trabalhadores; no entanto, tiveram a sua importância reduzida em face de outros fatores, tão ou mais importantes, que surgiram com o advento do "modelo psicossocial", como insatisfação no trabalho, depressão, ansiedade, problemas sociais e similares, que poderiam explicar e justificar os sintomas apresentados pelos pacientes. Por exemplo, foi demonstrado que a maioria dos casos se referia a várias doenças diferentes, com vinculação com a depressão e a ansiedade, a exemplo da fibromialgia e a síndrome miofacial, que representam 60% a 70% de diagnósticos equivocados e classificados como LER/DORT.

Tribunais estrangeiros, como os dos EUA, da Austrália e do Reino Unido, deixaram de reconhecer os casos tidos como LER/DORT, exigindo atestado da verdadeira doença que afetava o litigante. No Brasil, o Conselho Regional de Medicina do Estado de São Paulo (Cremesp) emitiu o seguinte parecer: "É incorreto considerar-se LER como entidade mórbida bem definida". O Cremesp julga o termo LER polêmico e admite que as morbidades a ele relacionadas sofrem forte influência de fatores sociais, culturais e psicossociais.

A comunidade científica, em face da evolução atual dos conhecimentos médicos, recomenda que as doenças antes classificadas aleatoriamente como LER/DORT sejam mais bem analisadas e especificamente tratadas, como as tendinites, a síndrome do túnel do carpo, as síndromes miofaciais, a fibromialgia, as cervicalgias, as cervicobraquialgias e outras.

A LER representa um grupo de afecções do sistema musculoesquelético, não sendo uma doença ou enfermidade.

A sigla DORT foi criada para substituir a LER, já que a maioria dos trabalhadores não apresenta lesão de qualquer estrutura e porque, além do esforço repetitivo (sobrecarga dinâmica), outros tipos de sobrecarga no trabalho poderão ser nocivos ao trabalhador, como a sobrecarga estática, que ocorre com o uso da contração muscular por períodos prolongados, da manutenção de certas posturas inadequadas, do excesso de força empregada na execução de tarefas, da utilização de instrumentos ou ferramentas que transmitem vibrações excessivas e tarefas executadas com posturas inadequadas.

Os distúrbios osteomusculares ocupacionais mais frequentes são as tendinites (ombro, cotovelo e punho), as lombalgias (dores na região lombar) e as mialgias (dores musculares) em diversas partes do corpo.

Um ambiente de trabalho organizado e adequado às tarefas a realizar reduz a possibilidade de desencadear distúrbios musculoesqueléticos no trabalhador. As empresas devem respeitar certos quesitos organizacionais no ambiente de trabalho, a fim de assegurar a integridade física e a saúde do trabalhador, como os seguintes:

- treinamento e condicionamento (técnicas para a execução das tarefas);
- local de trabalho adequado (piso, superfície, barulho, umidade, ventilação, temperatura, iluminação, distanciamentos, angulações e outros);
- ferramentas, utensílios, acessórios e mobiliários adequados;
- duração das jornadas de trabalho no tempo adequado, evitando a exaustão do trabalhador;
- intervalos de descanso apropriados;
- posturas adequadas e ergonômicas;
- respeito aos limites biomecânicos do trabalhador (força, repetitividade, manutenção de posturas específicas por períodos prolongados).

A prevenção dos Distúrbios Osteomusculares Relacionados ao Trabalho – DORTs obtém-se com a criação de um ambiente ocupacional saudável, a seleção adequada dos operários para os diversos tipos de tarefas a realizar, o aprendizado de técnicas e o condicionamento e ensinamento de posturas apropriadas. A duração da jornada de trabalho deve ser respeitada, e devem ser observados intervalos periódicos de descanso. Todos os instrumentos, ferramentas, acessórios, mobiliários e postos de trabalho devem ser convenientes, bem como as posições, distâncias e angulações envolvidas.

Em 2009, a Organização Mundial de Saúde (OMS) revelou que as perturbações musculoesqueléticas eram responsáveis por mais de 10% de todos os anos perdidos por invalidez.

No Brasil, há mais de uma década, os distúrbios musculoesqueléticos figuram em primeiro lugar entre as doenças relacionadas ao trabalho registradas pela Previdência Social.

A Pesquisa Nacional de Saúde (PNS) realizada pelo IBGE em 2013 revelou que 3.568.095 trabalhadores declararam ter tido diagnóstico de LER/DORT.

Em 2006, segundo dados da Previdência Social, foram concedidos 19.956 benefícios acidentários para trabalhadores com doença osteomuscular e do tecido conjuntivo. Em 2007, esses tipos de benefícios acidentários se elevaram para 98.415 e, em 2008, passaram a 117.383. Esses aumentos são consequência da adoção do critério epidemiológico para caracterização do nexo causal entre a doença e o trabalho, denominado Nexo Técnico Epidemiológico Previdenciário (NTEP).

Os dados do Anuário Estatístico da Previdência Social, em 2013, apontam a ocorrência de 101.814 casos de lesões e doenças do sistema osteomuscular e do tecido conjuntivo. Esses dados incluem acidentes sem CAT registrada.

Reconhecida pelos Ministérios da Saúde e da Previdência Social há décadas, a LER/DORT figura, ainda, entre as doenças ocupacionais que mais geram incapacidade produtiva ocupacional prolongada, sem que as situações laborais que contribuem decisivamente para a sua ocorrência e agravamento tenham sido alteradas de modo a tornar o ambiente de trabalho saudável. Os trabalhadores, forçados pela exigência crescente de produtividade e metas dificilmente atingíveis, realizam esforços além dos seus limites físicos e psicológicos para se manter em seus empregos, ocultando, não raras vezes, as dores e os sintomas, que vão se intensificando até interferir não somente na capacidade de trabalho, mas também nas relações familiares. Em consequência, afastam-se da atividade laboral e passam a enfrentar os vários procedimentos previdenciários normativos e fragmentados que, na prática, os transformam em marginais do mercado do trabalho formal. Em meses ou anos, tornam-se "trabalhadores com restrições", com inúmeros transtornos negativos para a sua saúde física e mental, com reflexos nas relações familiares, bem como consequências econômicas, sociais, físicas e mentais, com destaque para as depressões.

O desafio para estimular a produtividade dos trabalhadores, oferecendo oportunidades de pausas para descanso em intervalos durante a jornada de trabalho e eliminando-se o uso de estratégias gerenciais de pressão pela aceleração do trabalho, é fundamental para a sustentabilidade econômica do país, evitando o surgimento de doenças musculoesqueléticas e, ainda, garantindo a existência dos postos de trabalho para a reabilitação dos trabalhadores acometidos por esses transtornos.

Portanto, é preciso grande esforço do Estado e das empresas para eliminar os processos de intensificação laboral que possam ser nocivos à saúde e à segurança física, mental e psicossocial dos trabalhadores brasileiros.

(Fontes: Comissão de Reumatologia Ocupacional da Sociedade Brasileira de Reumatologia e Fundacentro.)

1.2 Equipamento de Proteção Individual (EPI)

Os Equipamentos de Proteção Individual (EPIs) desempenham importante papel na redução das lesões provocadas pelos acidentes do trabalho e das doenças profissionais; no entanto, o simples fornecimento desses equipamentos aos empregados, sem que eles tenham sido treinados e conscientizados sobre os benefícios de seu uso para a preservação de sua integridade física e de sua saúde, de nada adiantará para a solução do problema.

Em geral, os trabalhadores, quando não são bem instruídos e treinados no uso do EPI, alegam que os riscos a que se expõem são pequenos, que já estão acostumados e sabem como evitar o perigo e que os EPIs são incômodos e limitam os movimentos.

A imposição do Equipamento de Proteção Individual (EPI), embora vise à proteção da integridade física e da saúde do trabalhador, não deixa de ser um objeto que se lhe impõe ao uso no exercício de suas atividades laborais e que, por esse motivo, poderá despertar sentimentos os mais diversos, variando de pessoa a pessoa, como afeição, satisfação, rejeição, ódio, desagrado etc. O trabalhador poderá apresentar, entre outras, as seguintes reações ao uso obrigatório do EPI:

- considerar o EPI um empecilho introduzido em suas atividades laborativas, particularmente quando o ganho é por produção ou as tarefas são muito complexas. Na realidade, alguns tipos de EPI interferem nas atividades laborativas, todavia, com o tempo de uso, o trabalhador vai se adaptando, e as primeiras dificuldades são vencidas. Nessa fase inicial, é necessário tentar compreender as reações do trabalhador e procurar demonstrar-lhe a importância e a necessidade do uso do EPI e os benefícios que propicia;
- o trabalhador poderá recusar o uso do EPI por julgar que ele é uma ofensa a suas capacidades pessoais, uma vez que se julga forte e suficientemente ágil para defender-se dos acidentes do trabalho;
- o EPI poderá representar, também, uma interferência no esquema corporal do trabalhador, levando-o a sentir-se inseguro, inadaptado e limitado. Realmen-

te, há EPI que, por exemplo, priva o trabalhador do sentido da audição, outros limitam o campo visual e outros, ainda, dificultam os movimentos. Nesses casos, é bem possível que as pessoas se sintam ansiosas, inseguras, ávidas por eliminar o objeto que lhes causa privação dos sentidos.

Os casos abordados, felizmente, são minoria, visto que, em geral, a introdução do EPI é bem aceita pela maioria dos trabalhadores. Muitas vezes, porém, os trabalhadores passam a valorizar demais o equipamento, o que também não é desejável, pois expõem-se a riscos superiores aos que o equipamento é capaz de suportar.

É importante que o trabalhador saiba das razões por que necessita usar o EPI e passe a ter consciência de sua necessidade como elemento capaz de proteger sua saúde e integridade física.

Dessas considerações, inferem-se, como importantes, as seguintes conclusões:

- é necessário que o trabalhador participe dos programas de prevenção de sua empresa, a fim de que possa, conscientemente, valorizar o uso dos EPIs;
- é desejável que o EPI seja confortável, que se adapte ao esquema corporal do usuário e tenha semelhança com objetos comuns;
- deve-se deixar ao trabalhador a escolha do tipo de sua preferência, até mesmo quanto a certas características, como a cor, quando a empresa tiver selecionado e adquirido mais de um tipo e marca para a mesma finalidade;
- a experiência tem demonstrado que se o trabalhador for levado a compreender que o EPI é um objeto bom para si, destinado a protegê-lo, mudará de atitude, passando a considerá-lo algo de sua estima; nesse caso, as perdas ou danos por uso inadequado tendem a desaparecer;
- o empregador e/ou o supervisor deverão ser tolerantes na fase inicial de adaptação, usando a compreensão e dando as necessárias explicações ao trabalhador, substituindo a coerção pela atenção e esclarecimento, de forma que, aos poucos, vá conscientizando o trabalhador da utilidade do uso do EPI. As ameaças e atitudes coercitivas provocarão traumas e revoltas do empregado.

1.3 Legislação básica

1.3.1 Obrigação legal

A proteção coletiva e individual dos trabalhadores é um dever impostergável do empregador que, ao não cumpri-la, poderá ser responsabilizado civil e criminalmente pelos danos causados ao empregado.

A responsabilidade civil consiste na reparação a que se obriga a pessoa que causou danos a outra, em consequência de lesão a sua moral ou ao seu patrimônio. A arguição da responsabilidade civil é da iniciativa particular do ofendido, e, nesse caso, o Estado criou esse instituto com o objetivo de restabelecer o equilíbrio econômico-jurídico rompido pelo dano causado. Essa responsabilidade é definida pela aplicação ao caso concreto da legislação comum (Código Civil).

A responsabilidade criminal resulta na obrigação de suportar pena ou sanção decorrente da prática de ato vedado em lei penal. A arguição da responsabilidade penal é da iniciativa do Estado e tem como finalidade a preservação das boas condições do convívio social contra o ato perverso do criminoso, obrigando-o a adaptar-se às exigências da vida coletiva e em sociedade.

a) Responsabilidade civil

No Direito brasileiro, a responsabilidade civil por acidente do trabalho se baseia em duas hipóteses:

1. culpa por ato ilícito;
2. violação de uma obrigação preexistente.

Na culpa por ato ilícito, é preciso que a vítima comprove na Justiça comum que o acidente que o atingiu decorreu de ato culposo (negligência, imprudência e imperícia) e que a culpa seja atribuída à empresa ou a um dos seus prepostos.

A prova poderá ser buscada por meio de perícia técnica, documentos ou testemunhas.

O Código Civil, Lei nº 10.406, de 10/1/2002, em seu Título III – Dos Atos Ilícitos, dispõe:

> Art. 186. Aquele que, por ação ou omissão voluntária, negligência ou imprudência violar o direito e causar dano a outrem, ainda que exclusivamente moral, comete um ato ilícito.
>
> Art. 187. Também comete ato ilícito o titular de um direito que, ao exercê-lo, excede manifestamente os limites impostos pelo seu fim econômico ou social, pela boa-fé ou pelos bons costumes.
>
> Art. 188. Não constituem atos ilícitos:
>
> I – os praticados em legítima defesa ou no exercício regular de um direito reconhecido;
>
> II – a deterioração ou destruição da coisa alheia, ou a lesão a pessoa, a fim de remover perigo iminente.
>
> Parágrafo único. No caso do inciso II, o ato será legítimo somente quando as

circunstâncias o tornarem absolutamente necessário, não excedendo os limites do indispensável para a remoção do perigo.

No Título IX – Da Responsabilidade Civil, Capítulo I – Da Obrigação de Indenizar, o mesmo Código declara:

> Art. 927. Aquele que, por ato ilícito (arts. 186 e 187), causar danos a outrem, fica obrigado a repará-lo.
>
> Parágrafo único. Haverá obrigação de reparar o dano, independentemente de culpa, nos casos especificados em lei, ou quando a atividade normalmente desenvolvida pelo autor do dano implicar, por sua natureza, riscos para os direitos de outrem.

> Art. 932. São também responsáveis pela reparação civil:
>
> I – os pais, pelos filhos menores que estiverem sob sua autoridade e em sua companhia;
>
> II – o tutor e o curador, pelos pupilos e curatelados, que se acharem nas mesmas condições;
>
> III – o empregador ou comitente, para seus empregados, serviçais e prepostos, no exercício do trabalho que lhes competir, ou em razão dele;
>
> IV – os donos de hotéis, hospedarias, casas ou estabelecimentos onde se albergue por dinheiro, mesmo para fins de educação, pelos seus hóspedes, moradores e educandos;
>
> V – os que gratuitamente houverem participado nos produtos do crime até a concorrente quantia.

> Art. 942. Os bens do responsável pela ofensa ou violação do direito de outrem ficam sujeitos à reparação do dano causado; e, se a ofensa tiver mais de um autor, todos responderão solidariamente pela reparação.

No caso da violação de obrigação preexistente, basta a simples constatação pelo Juízo Civil Comum de que a empresa, ao descumprir as Normas de Segurança e Medicina do Trabalho, provocou o evento danoso. Nesse caso, caberá à empresa provar que cumpria as referidas normas no momento do acidente.

Diz a CLT:

> Art. 157. Cabe à Empresa cumprir e fazer cumprir as Normas de Segurança e Medicina, instruir seus empregados através de Ordem de Serviço quanto às precauções a tomar no sentido de evitar acidentes do trabalho e adotar medidas que lhe sejam determinadas pelo MTb.

A responsabilidade civil da empresa fica caracterizada desde que exista a relação causal do evento com uma das seguintes condições:

1) descumprimento da Legislação de Segurança (Portaria nº 3.214/1978);

2) inexistência de ordem de serviço e instruções de segurança;

3) atos de negligência, imprudência ou imperícia de prepostos, chefes, encarregados e empregados;

4) desobediência às determinações técnicas do MTb;

5) condições inseguras reincidentes;

6) permissões de trabalhos proibidos por lei.

A obrigação de reparar o dano não decorre, simplesmente, da vontade de prejudicar, mas porque ocorreu a violação do ordenamento jurídico, resultante da ação ou omissão. Cumpre registrar os seguintes conceitos constantes do art. 186:

- **negligência:** é a falta de cuidado, de solicitude, de atenção com que se deve cercar os atos, para evitar repercussões indesejáveis;
- **imperícia:** é definida como o descumprimento das regras aplicáveis às artes ou ofícios;
- **imprudência:** é a precipitação, o abandono das cautelas normais que deveriam ser observadas em quaisquer atividades.

Sendo arguida e demonstrada a culpa do empregador, o lesado e/ou acidentado terá direito à reparação dos danos sofridos. A indenização variará de acordo com a extensão dos danos, podendo compreender das despesas com tratamento médico-hospitalar e o ressarcimento dos dias que deixou de trabalhar até a pensão vitalícia.

b) Responsabilidade criminal

O acidente do trabalho causado por culpa da empresa ou de seus prepostos

O empregador que não adotar as medidas de segurança e higiene do trabalho, a fim de proteger seus empregados contra os riscos de acidentes do trabalho e/ou doenças profissionais e do trabalho, seja por meio de medidas de proteção coletiva e/ou de EPIs, além das sanções legais por não cumprir as Normas Regulamentadoras da Portaria nº 3.214/1978, do Ministério do Trabalho e Emprego, responderá por crimes de homicídio, lesões corporais ou crimes de perigo comum, previstos nos arts. 129, 132, 135 e 203 do Código Penal, além das cominadas nos arts. 250 a 259 do mesmo código:

Art. 129. Ofender a integridade corporal ou a saúde de outrem.

Esse artigo estabelece penas que podem variar de 3 meses a 12 anos de reclusão, conforme seja o dano que a ofensa causar. As penas mais elevadas serão aplicadas em caso de morte.

> Art. 132. Expor a vida ou a saúde de outrem a perigo direto e iminente.

A pena para o caso é de três meses a um ano de reclusão, se o fato não constituir crime grave. Ressalte-se que, para a aplicação do referido artigo, não é necessário que tenha ocorrido o acidente, ou surgido a doença profissional ou do trabalho; basta, tão somente, que o empregado seja exposto ao perigo, sem a devida proteção.

> Art. 135. Deixar de prestar assistência, quando possível fazê-lo sem risco pessoal, à pessoa ferida ou em grave e iminente perigo.

A omissão do empregador em socorrer o empregado, quando ferido ou em grave e iminente perigo de vida, no ambiente de trabalho, pode ser punida com multas ou detenção de um a seis meses de reclusão.

> Art. 203. Frustração, mediante fraude ou violência, de direito assegurado pela legislação trabalhista.

O empregador poderá incorrer no art. 203 caso deixe de cumprir as Normas Regulamentadoras da Portaria nº 3.214/1978 do Ministério do Trabalho e Emprego (MTE), em particular as que se referem à proteção do empregado, como as NR-6 e NR-18. A pena correspondente varia de um mês a um ano de reclusão, sem prejuízo da que for aplicada por violência.

Se o acidente decorrer de culpa grave, devidamente caracterizada em processo criminal, o causador do evento ficará sujeito a:

- detenção de 1 a 3 anos (morte do trabalhador);
- detenção de 2 meses a 1 ano (lesão corporal grave ou incapacidade permanente).

  No caso de acidente com morte, é obrigatória a abertura de inquérito policial.

Na área de segurança poderá ser instaurado um processo criminal sem ocorrer acidente; basta que haja situação grave e iminente perigo à saúde do trabalhador, conforme dispõe o Código Penal:

> Art. 132. Expor a vida ou a saúde de outrem a perigo direto e iminente.
>
> Pena – detenção de 3 meses a um ano.

Por fim, deve ser ressaltado que o empregador que não cumprir as normas de segurança e higiene do trabalho incide em contravenção penal, conforme dispõe o § 2º do art. 19 da Lei nº 8.213/1991:

> § 2º Constitui contravenção penal, punível com multa, deixar a empresa de cumprir as normas de segurança e higiene do trabalho.

1.3.2 NR-6 – Norma Regulamentadora dos EPIs

A CLT, com relação aos EPIs, estabelece que:

> Art. 166. A empresa é obrigada a fornecer aos empregados, gratuitamente, equipamento de proteção individual adequado ao risco e em perfeito estado de conservação e funcionamento, sempre que as medidas de ordem geral não ofereçam completa proteção contra os riscos de acidentes e danos à saúde dos empregados.
>
> Art. 167. O equipamento de proteção só poderá ser posto à venda ou utilizado com a indicação do Certificado de Aprovação do Ministério do Trabalho.

A proteção individual do trabalhador contra os riscos ocupacionais é obrigatória e de responsabilidade do empregador, conforme estabelece a Norma Regulamentadora nº 6 (NR-6), da Portaria nº 3.214/1978, do Ministério do Trabalho e Emprego, sempre que as medidas de proteção coletiva mostrarem ser inviáveis ou não oferecerem completa proteção contra os agentes de acidentes de trabalho e/ou doenças profissionais.

A Norma Regulamentadora nº 6 (NR-6), da Portaria nº 3.214/1978, é o instrumento legal que define e regula o uso e a aprovação dos EPIs, seja de fabricação nacional ou estrangeira.

A seguir, para melhor orientação sobre a base legal dos EPIs, transcreve-se o texto atual da NR-6.

NR-6 – EQUIPAMENTO DE PROTEÇÃO INDIVIDUAL – EPI

> 6.1 Para os fins de aplicação desta Norma Regulamentadora – NR –, considera-se Equipamento de Proteção Individual – EPI – todo dispositivo ou produto, de uso individual utilizado pelo trabalhador, destinado à proteção de riscos susceptíveis de ameaçar a segurança e a saúde no trabalho.
>
> 6.1.1 Entende-se como Equipamento Conjugado de Proteção Individual todo aquele composto por vários dispositivos, que o fabricante tenha associado contra um ou mais riscos que possam ocorrer simultaneamente e que sejam susceptíveis de ameaçar a segurança e a saúde no trabalho.

6.2 O equipamento de proteção individual, de fabricação nacional ou importado, só poderá ser posto à venda ou utilizado com a indicação do Certificado de Aprovação – CA, expedido pelo órgão nacional competente em matéria de segurança e saúde no trabalho do Ministério do Trabalho e Emprego.

6.3 A empresa é obrigada a fornecer aos empregados, gratuitamente, EPI adequado ao risco, em perfeito estado de conservação e funcionamento, nas seguintes circunstâncias:

a) sempre que as medidas de ordem geral não ofereçam completa proteção contra os riscos de acidentes do trabalho ou de doenças profissionais e do trabalho;

b) enquanto as medidas de proteção coletiva estiverem sendo implantadas; e,

c) para atender as situações de emergência.

6.4 Atendidas as peculiaridades de cada atividade profissional, e observado o disposto no item 6.3, o empregador deve fornecer aos trabalhadores os EPI adequados, de acordo com o disposto no Anexo I desta NR.

6.4.1 As solicitações para que os produtos que não estejam relacionados no Anexo I, desta NR, sejam considerados como EPI, bem como as propostas para reexame daqueles ora elencados, deverão ser avaliadas por comissão tripartite a ser constituída pelo órgão nacional competente em matéria de segurança e saúde no trabalho, após ouvida a CTPP, sendo as conclusões submetidas àquele órgão do Ministério do Trabalho e Emprego para aprovação.

6.5 Compete ao Serviço Especializado em Engenharia de Segurança e em Medicina do Trabalho – SESMT –, ouvida a Comissão Interna de Prevenção de Acidentes – CIPA – e trabalhadores usuários, recomendar ao empregador o EPI adequado ao risco existente em determinada atividade.

6.5.1 Nas empresas desobrigadas de constituir SESMT, cabe ao empregador selecionar o EPI adequado ao risco, mediante orientação de profissional tecnicamente habilitado, ouvida a CIPA ou, na falta desta, o designado e trabalhadores usuários.

6.6 Responsabilidades do empregador

6.6.1 Cabe ao empregador quanto ao EPI:

a) adquirir o adequado ao risco de cada atividade;

b) exigir o seu uso;

c) fornecer ao trabalhador somente o aprovado pelo órgão nacional competente em matéria de segurança e saúde no trabalho;

d) orientar e treinar o trabalhador sobre o uso adequado, guarda e conservação;

e) substituir imediatamente, quando danificado ou extraviado;

f) responsabilizar-se pela higienização e manutenção periódica; e,

g) comunicar ao MTE qualquer irregularidade observada.

h) registrar o seu fornecimento ao trabalhador, podendo ser adotados livros, fichas ou sistema eletrônico.

6.7 Responsabilidades dos trabalhadores

6.7.1 Cabe ao empregado quanto ao EPI:

a) usar, utilizando-o apenas para a finalidade a que se destina;

b) responsabilizar-se pela guarda e conservação;

c) comunicar ao empregador qualquer alteração que o torne impróprio para uso; e,

d) cumprir as determinações do empregador sobre o uso adequado.

6.8 Responsabilidades do fabricante e/ou importadores

6.8.1 O fabricante nacional ou importador deverá:

a) cadastrar-se junto ao órgão nacional competente em matéria de segurança e saúde no trabalho;

b) solicitar a emissão do CA;

c) solicitar a renovação do CA quando vencido o prazo de validade estipulado pelo órgão nacional competente em matéria de segurança e saúde do trabalho;

d) requerer novo CA quando houver alteração das especificações do equipamento aprovado;

e) responsabilizar-se pela manutenção da qualidade do EPI que deu origem ao Certificado de Aprovação – CA;

f) comercializar ou colocar à venda somente o EPI, portador de CA;

g) comunicar ao órgão nacional competente em matéria de segurança e saúde no trabalho quaisquer alterações dos dados cadastrais fornecidos;

h) comercializar o EPI com instruções técnicas no idioma nacional, orientando sua utilização, manutenção, restrição e demais referências ao seu uso;

i) fazer constar do EPI o número do lote de fabricação;

j) providenciar a avaliação da conformidade do EPI no âmbito do Sinmetro, quando for o caso;

k) fornecer as informações referentes aos processos de limpeza e higienização de seus EPI, indicando, quando for o caso, o número de higienizações acima do qual é necessário proceder à revisão ou à substituição do equipamento, a fim de garantir que os mesmos mantenham as características de proteção original.

6.8.1.1 Os procedimentos de cadastramento de fabricante e/ou importador de EPI e de emissão e/ou renovação de CA devem atender aos requisitos estabelecidos em Portaria específica.

6.9 Certificado de Aprovação – CA

6.9.1 Para fins de comercialização o CA concedido aos EPI terá validade:

a) de 5 (cinco) anos, para aqueles equipamentos com laudos de ensaio que não tenham sua conformidade avaliada no âmbito do Sinmetro;

b) do prazo vinculado à avaliação da conformidade no âmbito do Sinmetro, quando for o caso.

6.9.2 O órgão nacional competente em matéria de segurança e saúde no trabalho, quando necessário e mediante justificativa, poderá estabelecer prazos diversos daqueles dispostos no subitem 6.9.1.

6.9.3 Todo EPI deverá apresentar, em caracteres indeléveis e bem visíveis, o nome comercial da empresa fabricante, o lote de fabricação e o número do CA, ou, no caso de EPI importado, o nome do importador, o lote de fabricação e o número do CA.

6.9.3.1 Na impossibilidade de cumprir o determinado no item 6.9.3, o órgão nacional competente em matéria de segurança e saúde no trabalho poderá autorizar forma alternativa de gravação, a ser proposta pelo fabricante ou importador, devendo esta constar do CA.

6.10 Revogado

6.11 Da competência do Ministério do Trabalho e Emprego/MTE

6.11.1 Cabe ao órgão nacional competente em matéria de segurança e saúde no trabalho:

a) cadastrar o fabricante ou importador de EPI;

b) receber e examinar a documentação para emitir ou renovar o CA de EPI;

c) estabelecer, quando necessário, os regulamentos técnicos para ensaios de EPI;

d) emitir ou renovar o CA e o cadastro de fabricante ou importador;

e) fiscalizar a qualidade do EPI;

f) suspender o cadastramento da empresa fabricante ou importadora; e,

g) cancelar o CA.

6.11.1.1 Sempre que julgar necessário o órgão nacional competente em matéria de segurança e saúde no trabalho poderá requisitar amostras de EPI, identificadas com o nome do fabricante e o número de referência, além de outros requisitos.

6.11.2 Cabe ao órgão regional do MTE:

a) fiscalizar e orientar quanto ao uso adequado e a qualidade do EPI;

b) recolher amostras de EPI; e,

c) aplicar, na sua esfera de competência, as penalidades cabíveis pelo descumprimento desta NR.

6.12 Revogado

Anexo I
LISTA DE EQUIPAMENTOS DE PROTEÇÃO INDIVIDUAL

A – EPI PARA PROTEÇÃO DA CABEÇA

A.1 Capacete

a) capacete para proteção contra impactos de objetos sobre o crânio;

b) capuz para proteção do crânio, face e pescoço contra agentes químicos;

c) capacete para proteção do crânio e face contra agentes térmicos;

d) capuz para proteção da cabeça e pescoço contra umidade proveniente de operações com uso de água.

A.2 Capuz ou balaclava

a) capuz para proteção do crânio e pescoço contra riscos de origem térmica;

b) capuz para proteção do crânio e pescoço contra respingos de produtos químicos;

c) capuz para proteção do crânio e pescoço contra agentes abrasivos e escoriantes.

B – EPI PARA PROTEÇÃO DOS OLHOS E FACE

B.1 Óculos

a) óculos para proteção dos olhos contra impactos de partículas volantes;

b) óculos para proteção dos olhos contra luminosidade intensa;

c) óculos para proteção dos olhos contra radiação ultravioleta;

d) óculos para proteção dos olhos contra radiação infravermelha;

e) óculos de tela para proteção limitada dos olhos contra impactos de partículas volantes.

B.2 Protetor facial

a) protetor facial para proteção da face contra impactos de partículas volantes;

b) protetor facial para proteção da face contra radiação infravermelha;

c) protetor facial para proteção dos olhos contra luminosidade intensa;

d) protetor facial para proteção da face contra riscos de origem térmica;

e) protetor facial para proteção da face contra radiação ultravioleta.

B.3 Máscara de solda

a) máscara de solda para proteção dos olhos e face contra impactos de partículas volantes, radiação ultravioleta, radiação infravermelha e luminosidade intensa.

C – EPI PARA PROTEÇÃO AUDITIVA

C.1 Protetor auditivo

a) protetor auditivo circum-auricular para proteção do sistema auditivo contra níveis de pressão sonora superiores ao estabelecido na NR-15, Anexos 1 e 2;

b) protetor auditivo de inserção para proteção do sistema auditivo contra níveis de pressão sonora superiores ao estabelecido na NR-15, Anexos 1 e 2;

c) protetor auditivo semiauricular para proteção do sistema auditivo contra níveis de pressão sonora superiores ao estabelecido na NR-15, Anexos 1 e 2.

D – EPI PARA PROTEÇÃO RESPIRATÓRIA

D.1 Respirador purificador de ar não motorizado:

a) peça semifacial filtrante (PFF1) para proteção das vias respiratórias contra poeiras e névoas;

b) peça semifacial filtrante (PFF2) para proteção das vias respiratórias contra poeiras, névoas e fumos;

c) peça semifacial filtrante (PFF3) para proteção das vias respiratórias contra poeiras, névoas, fumos e radionuclídeos:

d) peça um quarto facial, semifacial ou facial inteira para material particulado tipo P1 para proteção das vias respiratórias contra poeiras e névoas; e ou P2 para proteção contra poeiras, névoas e fumos; e ou P3 para proteção contra poeiras, névoas, fumos e radionuclídeos;

e) peça um quarto facial, semifacial ou facial inteira com filtros químicos e ou combinados para proteção das vias respiratórias contra gases e vapores e ou material particulado.

D.2 Respirador purificador de ar motorizado:

a) sem vedação facial tipo touca de proteção respiratória, capuz ou capacete para proteção das vias respiratórias contra poeiras, névoas, fumos e radionuclídeos e ou contra gases e vapores;

b) com vedação facial tipo peça semifacial ou facial inteira para proteção das vias respiratórias contra poeiras, névoas, fumos e radionuclídeos e ou contra gases e vapores.

D.3 Respirador de adução de ar tipo linha de ar comprimido:

a) sem vedação facial de fluxo contínuo tipo capuz ou capacete para proteção das vias respiratórias em atmosferas com concentração de oxigênio maior que 12,5%;

b) sem vedação facial de fluxo contínuo tipo capuz ou capacete para proteção das vias respiratórias em operações de jateamento e em atmosferas com concentração de oxigênio maior que 12,5%;

c) com vedação facial de fluxo contínuo tipo peça semifacial ou facial inteira para proteção das vias respiratórias em atmosferas com concentração de oxigênio maior que 12,5%;

d) de demanda com pressão positiva tipo peça semifacial ou facial inteira para proteção das vias respiratórias em atmosferas com concentração de oxigênio maior que 12,5%;

e) de demanda com pressão positiva tipo peça facial inteira combinado com cilindro auxiliar para proteção das vias respiratórias em atmosferas com concentração de oxigênio menor ou igual que 12,5%, ou seja, em atmosferas Imediatamente Perigosas à Vida e à Saúde (IPVS).

D.4 – Respirador de adução de ar tipo máscara autônoma:

a) de circuito aberto de demanda com pressão positiva para proteção das vias respiratórias em atmosferas com concentração de oxigênio menor ou igual que 12,5%, ou seja, em atmosferas Imediatamente Perigosas à Vida e à Saúde (IPVS);

b) de circuito fechado de demanda com pressão positiva para proteção das vias respiratórias em atmosferas com concentração de oxigênio menor ou igual que 12,5%, ou seja, em atmosferas Imediatamente Perigosas à Vida e à Saúde (IPVS).

D.5 – Respirador de fuga

a) respirador de fuga tipo bocal para proteção das vias respiratórias contra gases e vapores e ou material particulado em condições de escape de atmosferas Imediatamente Perigosas à Vida e à Saúde (IPVS).

E – EPI PARA PROTEÇÃO DO TRONCO

E.1 Vestimentas

a) vestimentas para proteção do tronco contra riscos de origem térmica;

b) vestimentas para proteção do tronco contra riscos de origem mecânica;

c) vestimentas para proteção do tronco contra agentes químicos;

d) vestimentas para proteção do tronco contra riscos de origem radioativa;

e) vestimentas para proteção do tronco contra riscos de origem meteorológica;

f) vestimentas para proteção do tronco contra umidade proveniente de operações com uso de água.

E.2 Colete à prova de balas de uso permitido para vigilante que trabalhe portando arma de fogo, para proteção do tronco contra riscos de origem mecânica.

F – EPI PARA PROTEÇÃO DOS MEMBROS SUPERIORES

F.1 Luvas

a) luvas para proteção das mãos contra agentes abrasivos e escoriantes;

b) luvas para proteção das mãos contra agentes cortantes e perfurantes;

c) luvas para proteção das mãos contra choques elétricos;

d) luvas para proteção das mãos contra agentes térmicos;

e) luvas para proteção das mãos contra agentes biológicos;

f) luvas para proteção das mãos contra agentes químicos;

g) luvas para proteção das mãos contra vibrações;

h) luvas para proteção contra umidade proveniente de operações com uso de água;

i) luvas para proteção das mãos contra radiações ionizantes.

F.2 Creme protetor

a) creme protetor de segurança para proteção dos membros superiores contra agentes químicos.

F.3 Manga

a) manga para proteção do braço e do antebraço contra choques elétricos;

b) manga para proteção do braço e do antebraço contra agentes abrasivos e escoriantes;

c) manga para proteção do braço e do antebraço contra agentes cortantes e perfurantes;

d) manga para proteção do braço e do antebraço contra umidade proveniente de operações com uso de água;

e) manga para proteção do braço e do antebraço contra agentes térmicos;

f) manga para proteção do braço e do antebraço contra agentes químicos.

F.4 Braçadeira

a) braçadeira para proteção do antebraço contra agentes cortantes;

b) braçadeira para proteção do antebraço contra agentes escoriantes.

F.5 Dedeira

a) dedeira para proteção dos dedos contra agentes abrasivos e escoriantes.

G – EPI PARA PROTEÇÃO DOS MEMBROS INFERIORES

G.1 Calçado

a) calçado para proteção contra impactos de quedas de objetos sobre os artelhos;

b) calçado para proteção dos pés contra agentes provenientes de energia elétrica;

c) calçado para proteção dos pés contra agentes térmicos;

d) calçado para proteção dos pés contra agentes abrasivos e escoriantes;

e) calçado para proteção dos pés contra agentes cortantes e perfurantes;

f) calçado para proteção dos pés e pernas contra umidade proveniente de operações com uso de água;

g) calçado para proteção dos pés e pernas contra agentes químicos.

G.2 Meia

a) meia para proteção dos pés contra baixas temperaturas.

G.3 Perneira

a) perneira para proteção da perna contra agentes abrasivos e escoriantes;

b) perneira para proteção da perna contra agentes térmicos;

c) perneira para proteção da perna contra agentes químicos;

d) perneira para proteção da perna contra agentes cortantes e perfurantes;

e) perneira para proteção da perna contra umidade proveniente de operações com uso de água.

G.4 Calça

a) calça para proteção das pernas contra agentes abrasivos e escoriantes;

b) calça para proteção das pernas contra agentes químicos;

c) calça para proteção das pernas contra agentes térmicos;

d) calça para proteção das pernas contra umidade proveniente de operação com uso de água.

H – EPI PARA PROTEÇÃO DO CORPO INTEIRO

H.1 Macacão

a) macacão para proteção do tronco e membros superiores e inferiores contra agentes térmicos;

b) macacão para proteção do tronco e membros superiores e inferiores contra agentes químicos;

c) macacão para proteção do tronco e membros superiores e inferiores contra umidade proveniente de operações com uso de água.

H.2 Vestimenta de corpo inteiro

a) vestimenta para proteção de todo o corpo contra riscos de origem química;

b) vestimenta para proteção de todo o corpo contra umidade proveniente de operações com água;

c) vestimenta condutiva para proteção de todo o corpo contra choques elétricos.

I – EPI PARA PROTEÇÃO CONTRA QUEDAS COM DIFERENÇA DE NÍVEL

I.1 Cinturão de segurança com dispositivo trava-queda

a) cinturão com dispositivo trava-queda para proteção do usuário contra quedas em operações com movimentação vertical ou horizontal.

I.2 Cinturão de segurança com talabarte

a) cinturão de segurança com talabarte para proteção do usuário contra riscos de queda em trabalhos em altura;

b) cinturão de segurança com talabarte para proteção do usuário contra riscos de queda no posicionamento em trabalhos em altura.

Nota: O presente Anexo poderá ser alterado por portaria específica a ser expedida pelo órgão nacional competente em matéria de segurança e saúde no trabalho, após observado o disposto no subitem 6.4.1.

1.3.3 Comentários à NR-6

Das disposições da NR-6 – Equipamento de Proteção Individual (EPI), cumpre ressaltar os seguintes aspectos:

a) Proteção coletiva

A NR-6 determina que o EPI será obrigatoriamente usado sempre que as medidas de proteção coletiva se mostrarem tecnicamente inviáveis ou não oferecerem completa proteção contra os riscos de acidentes do trabalho e/ou doenças profissionais e do trabalho. Por esse princípio básico, infere-se que toda empresa deve buscar implantar a proteção coletiva e só deve utilizar EPIs se for impossível implementar a proteção coletiva, seja por motivos técnicos ou econômicos.

Posto isso, quando ocorrerem condições adversas no ambiente de trabalho, geradas por agentes agressivos, como ruídos excessivos; presença de fumos, névoas, vapores tóxicos ou irritantes; poeiras que afetam a visão ou as vias respiratórias; temperaturas extremas; manuseio de substâncias corrosivas, tóxicas, irritantes; perigo de projeções de partículas ou estilhaços; possibilidade de arranhões ou de cortes por rebarbas de sucatas ou de peças não desbastadas; excesso de calor nocivo por contato direto ou por efeito de radiação infravermelha, ou, enfim, a possibilidade de que a integridade física e a saúde do trabalhador sejam afetadas por qualquer agente agressivo presente no ambiente de trabalho e que não seja possível eliminá-lo ou neutralizá-lo por meio da proteção coletiva, serão utilizados, obrigatoriamente, os EPIs adequados a cada atividade dos trabalhadores, a fim de lhes propiciar a devida proteção a sua saúde e integridade física.

b) Recomendações técnicas do EPI adequado

Caberá ao Serviço Especializado de Segurança e Medicina do Trabalho (SESMT) recomendar ao empregador o EPI adequado ao risco existente nas diferentes atividades da empresa.

Nas empresas desobrigadas de possuir o SESMT, a recomendação sobre o EPI adequado a ser adquirido caberá à Comissão Interna de Prevenção de Acidente (Cipa). Nas empresas que não possuírem Cipa, cumprirá ao empregador buscar a orientação técnica necessária; por exemplo, na Superintendência Regional do Trabalho e Emprego (SRTE), na Fundacentro ou em qualquer órgão especializado no assunto.

c) Certificado de Aprovação (CA)

O EPI deve apresentar, em caracteres indeléveis e bem visíveis, o nome comercial da empresa fabricante ou importador e o número do Certificado de Aprovação (CA).

O Certificado de Aprovação (CA), condição legal para a comercialização do EPI, expedido pelo Ministério do Trabalho e Emprego (MTE), tem validade máxima de 5 anos e indica que o Equipamento de Proteção Individual, seja de fabricação nacional ou estrangeira, foi submetido a ensaios em laboratório especializado, onde foi comprovada sua eficiência em oferecer proteção adequada contra os riscos para os quais foi construído. Vencido o período de validade do CA, o fabricante deverá providenciar novo processo para revalidação ou emissão de novo CA, e só então poderá fabricar e comercializar novamente o EPI em questão. A validade do CA está condicionada aos certificados emitidos pelo INMETRO.

Importante ressaltar que a vida útil do EPI não está vinculada ao prazo de validade do CA do EPI. O Ministério do Trabalho e Emprego, por meio da Secretaria de Inspeção do Trabalho, emitiu, em 10/7/2015, a Nota Técnica nº 146/2015/CGNOR/DSST/SIT, que esclarece questões relacionadas à validade do EPI e do Certificado de Aprovação de EPI:

> Assim, deve-se distinguir o emprego do termo "validade", que é aplicável a dois conceitos diferentes, quais sejam a validade do produto e a validade do CA [...].

Portanto, para fins de utilização do EPI, desde que adquirido dentro do prazo de validade do CA, deverá ser observada a sua vida útil (baseada na indicação do fabricante, se for o caso) segundo as condições de utilização e armazenamento. A determinação dessa validade de uso é, portanto, do empregador, que fornece os EPIs aos seus trabalhadores. Em resumo, a validade do CA é determinada pelo MTE e deve ser observada pelo empregador na aquisição do EPI. Já a vida útil do EPI é determinada pelo empregador com base nas condições de uso e armazenagem e informações específicas do fabricante.

d) Obrigações do empregador

O empregador é obrigado a fornecer gratuitamente o Equipamento de Proteção Individual (EPI) ao empregado, cumprindo o que consta nas normas regulamentadoras, particularmente quanto à utilização, que deverá envolver, no mínimo, segundo estabelece o item 9.3.5.5 da NR-9, da Portaria nº 3.214/1978:

- seleção do EPI adequado tecnicamente ao risco a que o trabalhador está exposto e à atividade exercida, considerando-se a eficiência necessária para o controle da exposição ao risco e o conforto oferecido segundo avaliação do trabalhador usuário;

- programa de treinamento dos trabalhadores quanto a sua correta utilização e orientação sobre as limitações de proteção que o EPI oferece;
- estabelecimento de normas ou procedimentos para promover o fornecimento, o uso, a guarda, a higienização, a conservação, a manutenção e a reposição do EPI, visando garantir as condições de proteção originariamente estabelecidas;
- caracterização das funções ou atividades dos trabalhadores, com a respectiva identificação dos EPIs utilizados para os riscos ambientais.

Não raras vezes, tem sido constatado que o empregador fornece o EPI, porém não treina nem obriga o empregado a usá-lo e não possui qualquer forma de controle sobre o fornecimento, uso, guarda, manutenção e reposição do equipamento distribuído. Assim, não é incomum encontrar-se EPI sem uso ou, ao contrário, em péssimo estado de conservação, já não mais cumprindo sua finalidade de proteger o usuário. É muito importante observar, quando da aquisição do EPI, se nele constam o nome do fabricante e o número do CA.

e) Obrigações do empregado

A NR-6 obriga o empregado a usar o EPI somente para a finalidade a que se destina o equipamento. Determina, ainda, que o empregado é o responsável pela guarda e conservação do EPI, devendo comunicar, de imediato, ao empregador, qualquer alteração que torne o equipamento impróprio para o uso.

Observa-se com frequência, nas empresas de pequeno porte, que os empregados recebem o EPI mas não o usam, preferindo deixá-lo pendurado nas proximidades de seu local de trabalho ou no armário. Nesse caso, tanto o trabalhador quanto o empregador estão infringindo a NR-6 e, em consequência, são passíveis de sofrer sanções pelo órgão fiscalizador.

2

Equipamento de Proteção Individual

2.1 Introdução

2.1.1 Avaliação da necessidade e seleção dos EPIs

a) Identificação de riscos – Necessidade do uso do EPI

O levantamento das condições ambientais e dos riscos ocupacionais existentes no local de trabalho é o primeiro passo para a definição dos EPIs a serem utilizados para a proteção do trabalhador.

É possível realizar uma avaliação da necessidade de utilização de EPIs em determinado ambiente de trabalho por meio de uma "identificação de riscos", como indicado no Quadro 2.1. Com base em perguntas vinculadas ao ambiente de trabalho, às atividades desenvolvidas e às operações efetivamente realizadas, é possível concluir pela existência ou não de riscos, e, em caso afirmativo, identificar a necessidade de uso de proteção para os trabalhadores.

Registre-se que, embora seja abrangente o Quadro 2.1 de *Identificação de riscos* apresentado, não estão esgotadas todas as situações de risco que podem ocorrer em dado ambiente de trabalho. Caso não esteja listada, é preciso buscar as similaridades entre as operações ou tarefas que se realizam no ambiente de trabalho e as constantes nos quadros e prever se tais operações gerarão riscos para os trabalhadores.

Uma vez identificadas as operações ou tarefas que geram riscos e, em consequência, demandam o uso do EPI, o passo seguinte é a seleção das características, propriedades e marca do equipamento de proteção individual a ser utilizado.

Quadro 2.1 Identificação de riscos

Proteção dos olhos

Perguntas	Operações típicas	Sim	Não
a) Os empregados realizam tarefas que produzem poeiras ou aerodispersoides?	Cortar, talhar, furar, esmerilhar, puncionar, limpar com jato de areia		
b) Os empregados manipulam substâncias químicas ou líquidos perigosos ou trabalham próximo a quem os manipula?	Despejar, misturar, pintar, limpar, sinfonar, imergir em tanque, realizar serviços médicos ou odontológicos		
c) Os olhos dos empregados estão expostos a potenciais irritantes físicos ou químicos?	Carregar baterias, isolar com fibra de vidro, operar ar comprimido ou gás		
d) Os empregados acham-se expostos a luz intensa ou a raios *laser*?	Soldar, cortar ou realizar operações com raios *laser*		

Proteção da face

a) Os empregados manipulam ou trabalham próximo a quem manipula líquidos químicos perigosos?	Despejar, misturar, pintar, limpar, imergir em tanques e sinfonar		
b) Os empregados expõem a face a calor extremo?	Soldar, despejar metal fundido, forjar, revestir e secar		
c) Os empregados expõem a face a potenciais substâncias irritantes?	Cortar, limpar com jato de areia, furar, derramar, misturar, pintar, limpar e sinfonar		

Proteção respiratória

a) Os empregados trabalham em atmosfera de poeiras, fumos, fibras, névoas, neblinas ou gases?	Pintar a pistola, polir, lixar, fabricar materiais com asbestos, manipular substâncias químicas voláteis, realizar combustão incompleta de materiais orgânicos, produzir condensação de substâncias líquidas e similares		

Proteção da cabeça

Perguntas	Operações típicas	Sim	Não
a) Ferramentas ou objetos pesados podem cair e atingir a cabeça dos empregados?	Ambiente de trabalho, passagens obrigatórias sob transportadores de correia, canteiros de obras e similares		
b) Ao se levantarem ou inclinarem, os empregados estão sujeitos a bater a cabeça contra barras, tubos ou outros obstáculos?	Canteiro de obras, operações em espaços confinados, manutenção de edificações e atividades similares		
c) Os empregados trabalham com ou próximos a cabos elétricos ou seus componentes?	Manutenção de edifícios, canteiros de obra, trabalho com sistema de comunicações ou computação ou outros equipamentos de alta tecnologia, trabalhos com solda a arco ou a resistência elétrica		

Proteção dos pés

a) Ferramentas, equipamentos pesados ou outros objetos podem cair, rolar e chocar-se contra os pés dos empregados?	Canteiro de obras, área de encanamentos, forjaria, manutenção de edifícios, escavação de valetas, corte de grama e operações similares		
b) Os empregados trabalham com explosivos ou em ambiente de risco devido à existência de explosivo ou, ainda, em atmosfera sujeita a explosões?	Demolir, fabricar explosivos, fresar, pintar com pistola, limpar com jato abrasivo, realizar tarefas manipulando materiais altamente inflamáveis e operações similares		
c) Os empregados trabalham com cabos elétricos ou com componentes elétricos ou próximos a eles?	Manutenção de edifícios, canteiro de obras, trabalho com sistemas ou equipamentos de comunicações, computadores ou outros equipamentos de alta tecnologia, realização de soldagem a arco voltaico ou resistência elétrica		

Proteção das mãos

a) As mãos dos empregados têm contato com instrumentos, máquinas ou ferramentas ou quaisquer outros materiais que possam raspar, cortar ou contundir?	Esmerilhar, limpar com jato de areia, martelar, cravar, serrar, manusear materiais cortantes ou pontiagudos e operações ou tarefas similares		

Continua

b) Os empregados manuseiam substâncias químicas que possam irritar a pele ou têm contato com sangue?	Despejar, misturar, pintar, limpar, sinfonar, imergir em tanques, serviços odontológicos ou hospitalares e atividades similares		
c) As tarefas laborais exigem que os empregados exponham as mãos e os braços a temperaturas intensas ou extremas?	Soldar, despejar metal fundido, forjar, revestir, secar e atividades similares		
d) As mãos e os braços dos empregados estão sujeitos ao contato com cabos elétricos ou com componentes elétricos?	Manutenção de edifícios, canteiros de obras, forjaria, trabalhos com sistemas de comunicações ou trabalho próximo a eles, solda a arco voltaico ou a resistência elétrica		

Proteção do corpo

a) O corpo dos empregados é exposto a poeiras irritantes ou a respingos de substâncias químicas?	Despejar, mexer, pintar, limpar, sinfonar, encher tanques, forjar, carregar baterias, fazer isolamento com fibra de vidro, operar ar comprimido ou gás		
b) O corpo dos empregados está exposto a objetos cortantes ou a superfícies ásperas?	Cortar, retificar, limpar com jato de areia, serrar, esmerilhar, manusear materiais cortantes ou contundentes ou atividades similares		
c) O corpo dos empregados está exposto a ácidos ou a outras substâncias perigosas e agressivas?	Despejar, misturar, pintar, limpar, sinfonar, encher tanques ou vasilhames ou atividades similares		

Proteção auditiva (ouvidos)

a) Os empregados estão expostos a ruídos intensos produzidos por máquinas, ferramentas ou sistemas musicais?	Usinar, fresar, limpar com jato de areia, trabalhar próximo a transportadores, equipamentos pneumáticos, geradores, ventiladores, motores estacionários, punções e prensas		

b) Seleção dos EPIs

A seleção de um EPI adequado às atividades do trabalhador deve ser feita por um técnico especializado em Segurança do Trabalho por meio de um estudo do ambiente ocupacional, considerando, no mínimo, as seguintes fases:

1. **identificação dos riscos**: levantamento minucioso dos riscos existentes no ambiente de trabalho que sejam ou que tenham a possibilidade de ser nocivos aos trabalhadores, afetando sua integridade física e/ou saúde;
2. **avaliação dos riscos identificados**: determinação da intensidade e/ou extensão dos riscos (condição ambiental ou operacional), bem como da frequência e do tempo de exposição a eles (forma e tempo de contato entre o fator e o receptor), concluindo quanto às consequências que poderão acarretar à integridade física e à saúde dos trabalhadores, caso não usem a proteção adequada;
3. **indicação do EPI adequado**: com as informações obtidas nas fases anteriores, é feita a indicação dos EPIs mais adequados a cada risco, sendo recomendada, inclusive, a realização de testes com os diversos tipos e marcas existentes no mercado e que tenham o Certificado de Aprovação (CA), podendo-se recorrer à assistência dos fabricantes e à literatura especializada.

A seleção de um EPI envolve, basicamente, qualidade e utilização. Quanto à qualidade, duas exigências fundamentais devem ser atendidas:

- o equipamento deve oferecer proteção adequada contra o risco para o qual foi fabricado;
- o equipamento deve ser durável, levando-se em conta a agressividade das condições ambientais em que será empregado.

Quanto à utilização, devem ser consideradas as condições seguintes, a fim de evitar rejeição e/ou resistência do usuário:

- o equipamento deve ser confortável quando usado nas condições para as quais foi fabricado;
- o equipamento deve ajustar-se à anatomia do usuário, ou seja, apresentar características de comodidade.

É importante que a seleção, a aquisição dos EPIs e o posterior treinamento sejam feitos por um técnico habilitado, de preferência um profissional de Engenharia de Segurança do Trabalho, a fim de evitar a utilização de um equipamento inadequado a determinado risco, o que, se ocorrer, estará colocando em perigo a saúde e/ou a integridade física do empregado.

2.1.2 Uso dos EPIs

A NR-6 determina que os EPIs sejam fornecidos gratuitamente ao empregado, cabendo a ele responsabilizar-se pela guarda e conservação dos equipamentos que lhe foram confiados. Determina ainda que, além do fornecimento gratuito do equipamento adequado a cada atividade, o empregador deve treinar o empregado na utilização do EPI, tornar obrigatório seu uso e substituí-lo, imediatamente, quando houver sinais de danificação ou ocorrer extravio. Para tanto, cumpre ao SESMT, à Cipa ou ao responsável pela Segurança e Medicina do Trabalho na empresa realizar, periodicamente, inspeções dos EPIs em utilização, a fim de providenciar as substituições necessárias.

O treinamento para o uso dos EPIs é uma tarefa delicada, especialmente quando o equipamento exige treinamento específico, como é o caso dos aparelhos respiratórios, cujo mau uso pode resultar em acidentes fatais, seja por treinamento inadequado, seja por falta de manutenção.

No uso dos EPIs, devem ser considerados os seguintes fatores:

- **de ordem técnica**: consiste em determinar a necessidade do uso do EPI e selecionar o tipo adequado ao risco;
- **treinamento**: instruções práticas devem obrigatoriamente ser ministradas, a fim de que o EPI seja corretamente usado; a comprovação do treinamento deve ser feita em ficha de controle contendo a assinatura do empregado;
- **psicológico**: consiste em preparar psicologicamente o usuário (empregado) para que os EPIs sejam aceitos espontaneamente como um elemento de proteção de sua saúde e integridade física e não como um objeto cujo uso resulta da imposição do empregador. Os encarregados e supervisores devem ser instruídos pelo Serviço de Engenharia de Segurança e Medicina do Trabalho da empresa, ou órgão equivalente, para buscar conscientizar os empregados quanto à necessidade e ao uso correto dos EPIs.

O empregado deve entender que um EPI, fabricado para dar proteção na execução de certa atividade, não atuará com a mesma eficiência em uma situação diferente e que cada um deve ter seus próprios equipamentos, não sendo conveniente dividi-los com seus companheiros.

2.1.3 Controle e troca

O fornecimento do EPI ao empregado, ainda que obrigatório e gratuito, deverá ser feito mediante o preenchimento de uma ficha de controle, sob a supervisão do elemento técnico da empresa responsável pela Segurança e Medicina do Trabalho.

No caso de troca, é necessário que o equipamento defeituoso ou danificado seja devidamente examinado, a fim de se verificar se não apresenta mais condições de uso, o que evitará a substituição de um equipamento utilizável, com prejuízo para a empresa. Outras vezes, como no caso dos óculos de segurança ou de protetores respiratórios, é possível a substituição de partes do equipamento, evitando trocá-lo por completo.

As manutenções periódicas do equipamento, desde seu fornecimento, são muito importantes, porque permitem à empresa avaliar a durabilidade dos EPIs, recuperar equipamentos e controlar seu estoque. A ficha de controle, com a assinatura do empregado acusando o recebimento dos equipamentos, é uma prova de que o empregador forneceu os EPIs, o que pode ser necessário e muito útil no caso de fiscalização pelo Ministério do Trabalho e Emprego, ou mesmo quando ocorre uma perícia judicial na empresa, ocasião em que o empregador pode comprovar o fornecimento dos equipamentos de proteção individual a seus empregados.

A seguir, é apresentado um exemplo de ficha de controle, a ser adaptável a cada caso.

CONTROLE DE ENTREGA DE EQUIPAMENTO DE PROTEÇÃO INDIVIDUAL
NOME DA EMPRESA: . . . . EMPREGADO (NOME): . . . . SEÇÃO: . . . . Nº DO REGISTRO: . . . .
DECLARAÇÃO Declaro, para todos os efeitos legais, ter sido orientado previamente sobre as áreas insalubres e perigosas, sobre os riscos à saúde, dos eventuais agentes agressivos de meu posto de trabalho e ter sido treinado adequadamente sobre as proteções coletivas e individuais que devo utilizar. Declaro, também, que recebi os Equipamentos de Proteção Individual discriminados nesta ficha, ter sido treinado e orientado quanto à sua correta e obrigatória utilização, ficando responsável pelo uso, guarda e conservação dos mesmos, devendo indenizá-los à empresa caso ocorram danos por comprovada negligência ou extravio. Os EPIs serão entregues conforme a seguir nas respectivas datas, em que assinarei comprovando seu recebimento. . . ./. . ./. . . ________________________ Assinatura do empregado

2.1.4 Cuidados com os EPIs

a) Guarda

A guarda e a conservação dos EPIs são de responsabilidade do empregado; todavia, é imprescindível que ele saiba as razões que o obrigam a usar os equipamentos e passe a ter consciência de sua importância e necessidade para a preservação da própria saúde e integridade física. Assim conscientizado, o empregado passará a encarar os EPIs não como uma simples imposição do empregador, mas como objetos indispensáveis à sua vida, e dispensará mais cuidados a sua guarda e conservação.

b) Higienização e manutenção

A verificação de estado geral dos EPIs em uso pelos empregados, sua higienização e manutenção devem ser realizadas por pessoas habilitadas, visto que um procedimento incorreto pode danificar e inutilizar os equipamentos. A manutenção feita por pessoa não qualificada pode ser tida como correta, mas, na verdade, o equipamento não estará oferecendo a proteção adequada ao usuário.

Deve-se ressaltar que a substituição, higienização e manutenção dos EPIs são da responsabilidade do empregador, conforme estabelece a NR-6.

c) Conservação

Os principais cuidados quanto à conservação dos EPIs variam de acordo com os materiais de que são fabricados, conforme os exemplos a seguir:

Descrição do EPI	CA	Quantidade	Recebimento: dia/mês/ano	Devolução: dia/mês/ano	Assinatura

- **EPIs de tecidos de fibras vegetais**: é necessário armazená-los em lugares secos e arejados, uma vez que se deterioram facilmente sob o efeito da umidade ou de intenso calor;
- **EPIs de borracha**: devem ser armazenados em locais limpos e arejados, procurando-se envolver as partes de borracha em talco. É importante lembrar que os equipamentos de borracha, quando armazenados por muito tempo nos almoxarifados, podem perder a flexibilidade e/ou elasticidade, endurecer e tornar-se quebradiços. Por isso, é aconselhável não manter elevados estoques de equipamentos de borracha ou em cujas partes predomine esse material;

- **EPIs de couro**: os equipamentos com peças de couro devem ser preservados, principalmente, da umidade, a fim de evitar a deterioração desse material;
- **protetores faciais e óculos de segurança**: diariamente, após o uso, no final da jornada, quando manchados pela respiração (suor), devem ser lavados com água e sabão neutro e colocados a secar em local limpo e ventilado. Jamais deverão ser guardados sujos, úmidos ou manchados de suor. Evitar o polimento da lente, a fim de não danificá-la.
- **respiradores e filtros de máscaras**: a conservação desses equipamentos deverá ser feita do seguinte modo:
  - desmontar o respirador;
  - limpar e desinfetar a máscara e o tubo de respiração com o produto indicado pelo fabricante do equipamento;
  - secá-los ao ar, em lugar limpo;
  - montá-los e armazená-los em lugar limpo e seco.
- **troca de usuário**: ao trocar de usuário, o EPI deverá ser previamente limpo, higienizado, desinfetado e/ou descontaminado.

d) Observações complementares

A empresa deve desenvolver, periodicamente, campanhas que visem à educação e à preparação dos empregados para aceitação dos EPIs, objetivando prepará-los psicologicamente para usá-los sem qualquer resistência ou dificuldade, porque se conscientizaram da importância dos equipamentos para sua própria proteção e segurança.

Os supervisores ou encarregados de pessoal devem receber instruções do setor de Engenharia de Segurança e Medicina do Trabalho, ou órgão equivalente da empresa, para despertar e consolidar a consciência dos empregados no que concerne à necessidade e ao uso correto dos EPIs.

Deve ser entendido, por todos os empregados, que um EPI destinado a determinada atividade pode não ser indicado para outra diferente, pois, certamente, não atuará com a mesma eficiência e, em consequência, não oferecerá a proteção necessária.

O uso do EPI de pouco valerá se o empregado não tiver conhecimento de suas características, utilidade e limitações.

A seguir listamos os EPIs da NR-6 considerados equipamentos e acessórios básicos para a proteção do trabalhador em suas diversas atividades laborais. Deve-se notar que outros tipos de equipamento podem ser encontrados no mercado especializado, atendendo a evolução da legislação, da tecnologia e do surgimento de novas atividades e necessidades.

2.2 Proteção para a cabeça

Serão citados, nesta seção, apenas os EPIs destinados à proteção do crânio e dos cabelos, já que os EPIs para as demais partes da cabeça serão tratados em outras seções.

Os riscos mais comuns para o crânio e os cabelos são: impactos, penetração, choque elétrico, queimaduras, arrancamento de cabelos e/ou do couro cabeludo, entre outros.

2.2.1 Proteção do crânio

O capacete é o equipamento normalmente adequado à proteção da caixa craniana; todavia, é necessário verificar se apresenta os requisitos mínimos de segurança aos riscos para os quais está sendo selecionado. Essa verificação deverá ser feita à luz das normas técnicas correspondentes ao equipamento e a sua finalidade.

O capacete de segurança é um dispositivo rígido que visa à proteção da cabeça, ou de suas partes, contra impactos e penetração, bem como contra choque elétrico, respingos de ácidos ou líquidos em elevada temperatura. Citam-se, basicamente, três classes de capacetes de segurança:

- **Classe A**: fabricados de material isolante, com resistividade de até 2.200 volts e resistentes a impactos;
- **Classe B**: fabricados de material isolante, com resistividade de até 20.000 volts e resistentes a impactos;
- **Classe C**: capacetes resistentes a impactos, mas que não possuem características de proteção para trabalhos em ambientes de fios ou cabos energizados nem de produtos químicos.

a) Partes componentes dos capacetes

São partes componentes dos capacetes:

- **casco**: construção sólida em plástico rígido, resinas prensadas com tecido (celeron), fibra de vidro reforçada com poliéster e ligas de alumínio;
- **suspensão**: armação que mantém o capacete sobre a cabeça, constituída de carneira e coroa;

- **aba total**: parte integrante do casco, que se prolonga em toda sua volta, para proteger, também, a face, o pescoço e os ombros de objetos que caem;

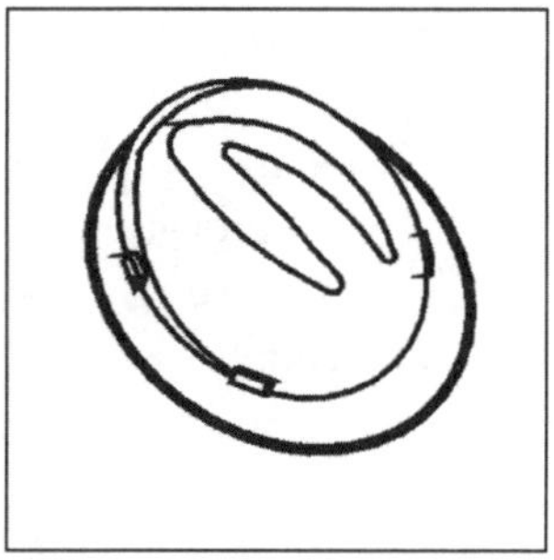

- **aba frontal**: parte integrante do casco que se estende para a frente, sobre os olhos. É usado nas atividades em que a possibilidade de bater a cabeça contra obstáculos é maior que a de ser atingido por objetos que caem;

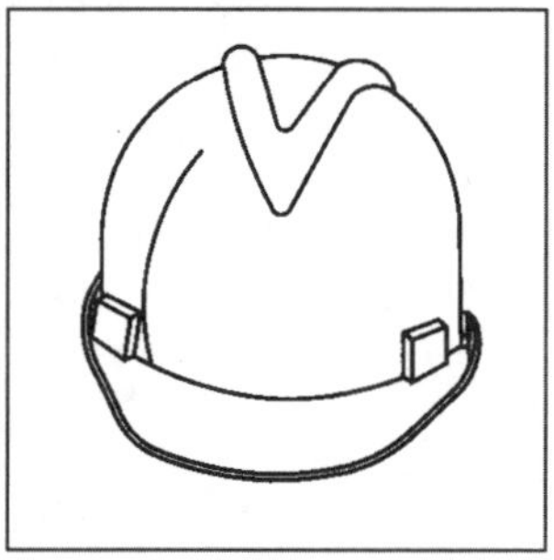

- **jugular**: tira ajustável, diretamente ligada ao casco, que passa pelo queixo do usuário, prendendo o capacete à cabeça.

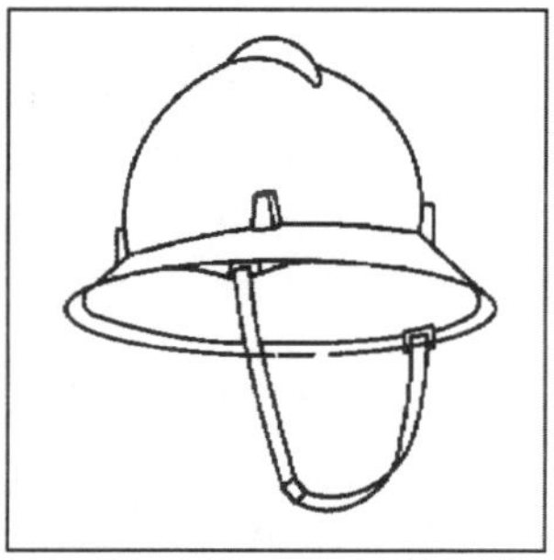

b) Acessórios para o capacete

São acessórios para o capacete:

- **capuz**: acessório usado sob o capacete com a finalidade de proteger a cabeça, as orelhas e o pescoço do frio;

- **protetor facial**: articulado ao capacete para uso nos locais de trabalho onde existe a possibilidade de choque da cabeça contra obstáculos. Os protetores, de acordo com a facilidade, podem ser de acrílico, tela ou anteparo aluminizado;

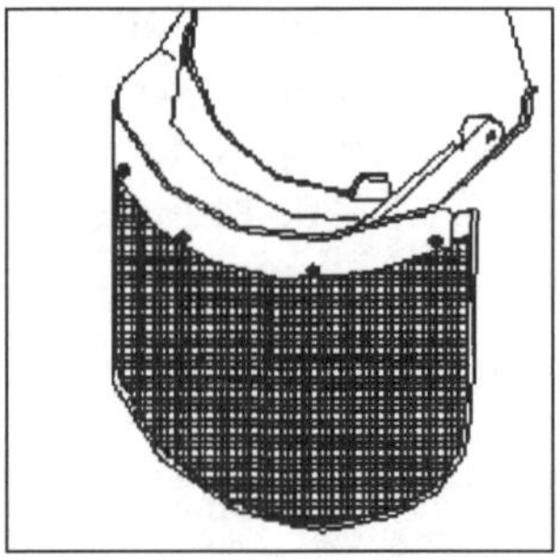

- **máscara de soldador**: máscara articulada ao capacete para trabalhos de solda, em locais confinados, onde haja risco de choque da cabeça contra obstáculos;

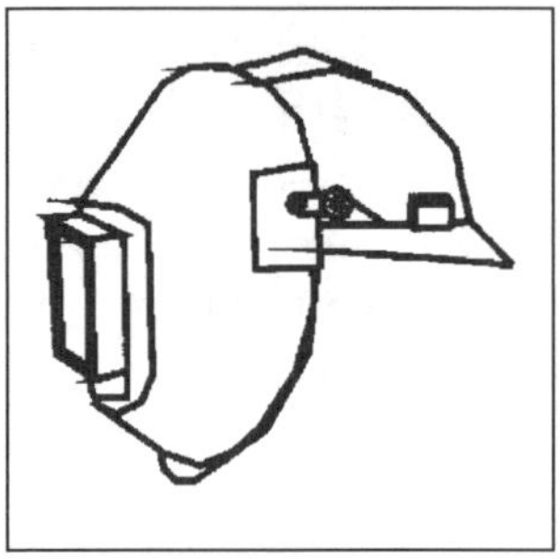

- **suporte para lanterna**: suporte articulado ao capacete com lanterna, para trabalhos em mineração;

- **proteção auricular**: protetor circum-auricular articulado ao capacete, para uso em locais ruidosos e, ainda, com risco de choque na cabeça.

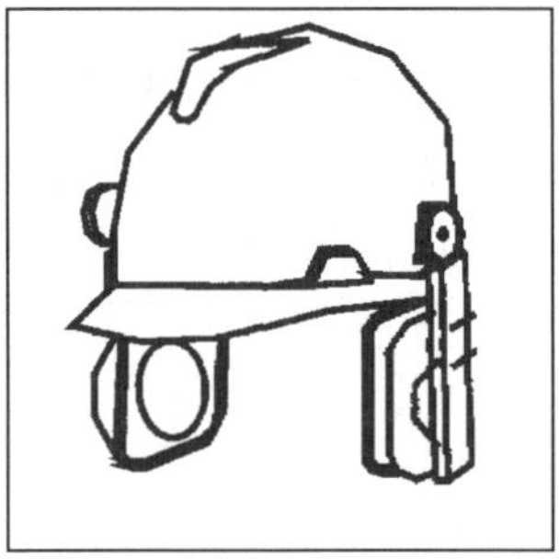

c) Manutenção

Na manutenção dos capacetes, deverão ser observados os seguintes procedimentos mínimos:

- inspecionar, frequentemente, o sistema de suspensão (coroa e carneira);
- verificar se os laços, se houver, apertam firmemente;
- revisar a distância correta entre o casco e a suspensão (40 mm);
- ter cuidado ao pintá-lo, pois os solventes e as tintas podem danificar o material, reduzindo o grau de proteção;
- limpar e esterilizar imergindo o capacete, durante um minuto, em água quente (60 °C) com detergente. Os cascos deverão ser esfregados e enxugados e a seguir inspecionados, a fim de detectar a existência de danificações (sinais de entalhes, trincas, rachaduras etc.).

2.2.2 Proteção do cabelo

Os trabalhadores com cabelos compridos devem protegê-los contra partes móveis, como correntes, correias e outros mecanismos rotativos de máquinas, a fim de que eles não sejam enredados nas referidas partes, provocando o arrasto do trabalhador, seja pela ação dos deslocamentos de ar, seja por atração das cargas eletrostáticas geradas nessas partes.

Assim, deve ser obrigatório o uso de equipamentos de proteção do cabelo, como bonés, gorros, redes e similares, visando proteger os trabalhadores de cabelos longos dos citados riscos:

- **boné de forneiro**: boné com viseira (filtros de luz) na pala para fundidores, forneiros etc. Protege a visão contra luminosidade excessiva e protege a cabeça das poeiras;

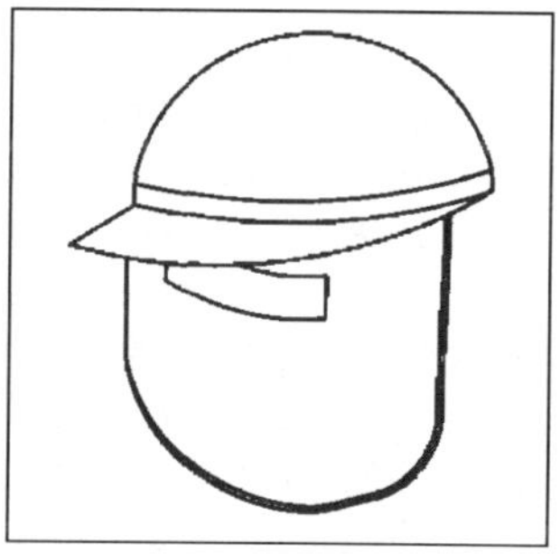

- **capuz**: capuz com visor filtrante, usado para proteger a cabeça e os olhos nos trabalhos com temperaturas elevadas;

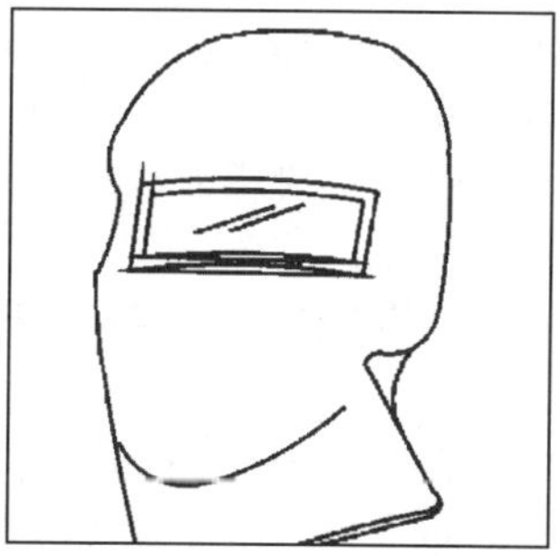

- **gorro**: proteção para atividades nas quais existam poeiras em suspensão e cavacos;

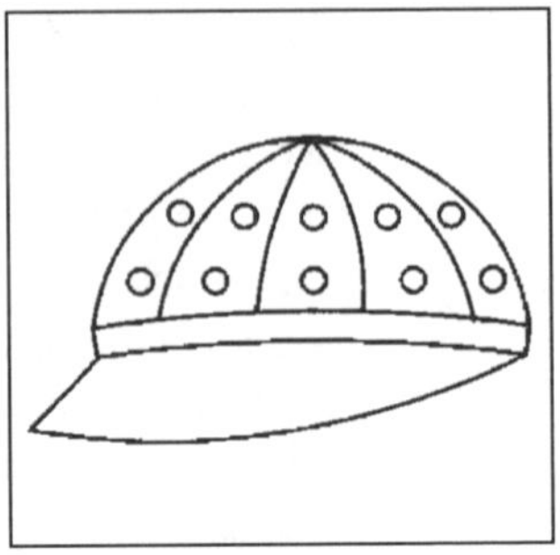

- **rede**: proteção para operadores de máquinas operatrizes ou aparelhos que ofereçam riscos de aprisionamento dos cabelos, próximo do ponto de operação.

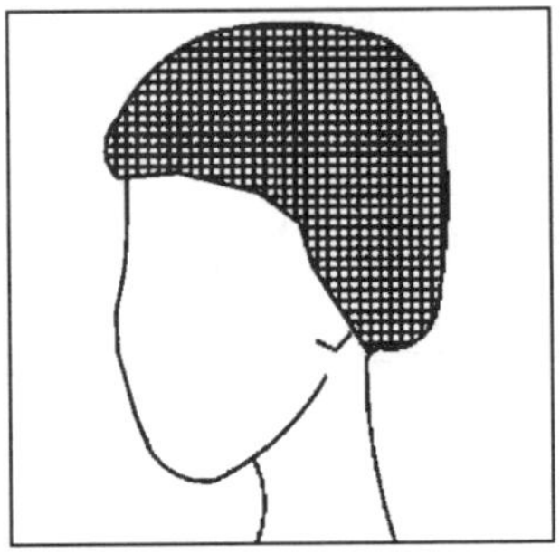

2.3 Proteção ocular e facial

Certas atividades ou operações exigem a proteção ocular e da face; todavia, a seleção do tipo adequado do EPI não é tarefa simples, pois requer a realização de um estudo detalhado das condições de trabalho onde haja riscos de produção de lesões oculares e faciais.

Não existe equipamento, tais como óculos protetores, protetores faciais e máscaras para soldadores, que ofereça proteção adequada para todos os riscos. É recomendável, sempre que possível, distribuir os equipamentos aos supervisores-chave, que os testarão e farão um relatório de seu desempenho. Com base nas observações dos supervisores, será possível aperfeiçoar o equipamento.

É desejável existir na empresa pessoa habilitada para ajustagem dos óculos no trabalhador, no local da distribuição. Se o usuário reclama que os óculos lhe provocam dores de cabeça, tonteiras e outros males, deve ser imediatamente encaminhado ao oftalmologista, a fim de serem detectadas as causas do problema, pois as aberrações periféricas, prismáticas ou cromáticas podem ser consequência de defeitos de fabricação que somente o especialista poderá determinar.

2.3.1 Proteção dos olhos

Os olhos são os órgãos que estão mais em contato com o trabalho e, portanto, são os mais susceptíveis de receber danos ou corpos estranhos, como partículas de metal, vidro ou madeira, pó de metal e produtos químicos.

a) Equipamentos de proteção dos olhos

São apresentados, a seguir, alguns tipos de óculos mais utilizados (ver Figura 2.1).

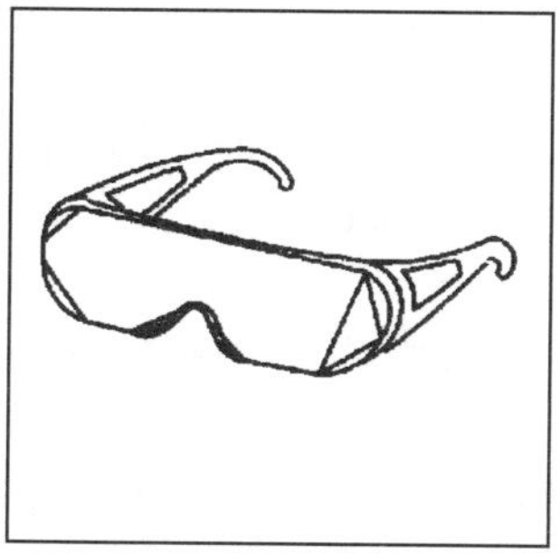

Óculos com ampla visão

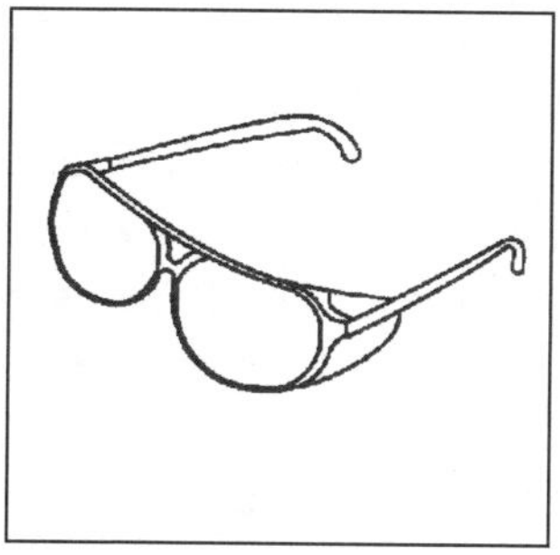

Óculos com proteção lateral

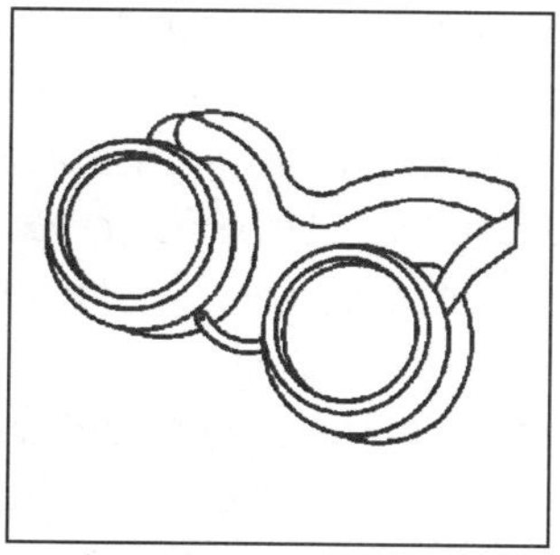

Óculos maçariqueiro

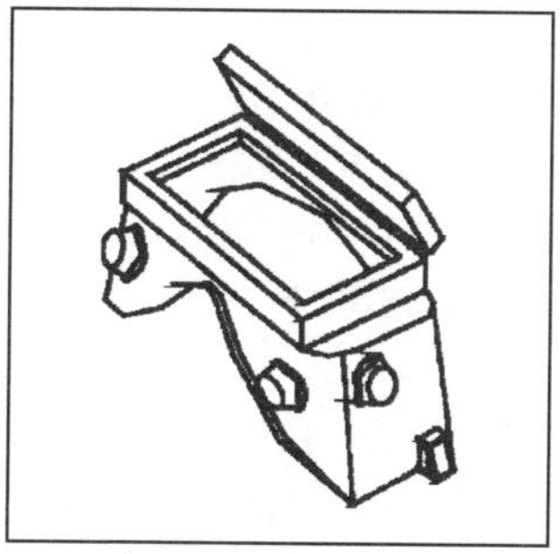

Óculos para solda

Figura 2.1 Equipamentos de proteção dos olhos.

- **óculos convencionais (comuns)**: constituídos, geralmente, de armação, haste com reforço de metal não ferroso, flexível ou não, aro, ponte, proteção lateral total ou parcial, dobradiças de alpaca, parafusos, ilhoses, pinos e, se possível, com dispositivo que facilite a substituição das partes danificadas. As lentes para esse tipo de óculos são de vidro óptico, devidamente endurecidas, ou de resina sintética de boa qualidade, para suportar altos impactos. A armadura é feita com acetato de celulose ou náilon, com reforço interno de metal não ferroso (por exemplo, cobre). A armação deve resistir a testes de flamabilidade e outros, e a lente, caso venha a quebrar-se, não formará pedaços de arestas cortantes. Para que ofereçam conforto e segurança, devem apresentar as seguintes características:
  - a armação, as hastes e os protetores laterais devem ser fabricados em náilon, acetato de celulose ou material similar, para que sejam leves, resistentes, maleáveis, permitam bom acabamento e resistam aos testes previstos nas normas legais;

- os aros devem permitir lentes cuja superfície assegure completa proteção do globo ocular e amplo campo visual. Os sulcos de encaixe devem assegurar firme fixação das lentes;
- as plaquetas devem ser moldadas para assentarem comodamente sobre o nariz;
- as hastes devem ser reforçadas internamente com filete de metal não ferroso, para aumentar a durabilidade e evitar que se deformem. Devem ser maleáveis, a fim de permitir melhor ajuste individual;
- as dobradiças devem ser de alpaca, por serem mais leves e resistentes.

- **óculos com proteção lateral**: além das características dos óculos convencionais, devem possuir proteção lateral total ou parcial, em material plástico apropriado, acetato, náilon ou tela metálica inoxidável. A proteção lateral não oferece proteção tão eficaz quanto a total, uma vez que não realiza a vedação completa contra partículas multidirecionais;
- **óculos contra gases e poeiras**: para a proteção contra a ação de gases e vapores irritantes da conjuntiva ocular, devem ser utilizados óculos com armação de borracha, vinil ou material similar, com sistema de vedação total, para que não seja possível a penetração desses agentes. Esses óculos podem ser planos ou em forma de conchas, com lentes de segurança contra impacto de partículas volantes, incolores ou nas cores verde ou azul ou com tonalidade especial, para quando houver exposição a radiações lesivas (infravermelha, ultravioleta ou térmica);
- **óculos contra aerodispersoides**: para a proteção contra poeiras, fumos, fumaças, névoas e neblinas, existem óculos de ampla visão, construídos com lente inteiriça, em vidro, plástico, acrílico ou acetato, incolores ou em cores. As lentes devem resistir ao impacto de partículas volantes. Os óculos devem apresentar perfeita vedação, com o mínimo de embaçamento;
- **óculos contra ofuscamento e radiações lesivas**: para proteção das radiações lesivas (infravermelha, ultravioleta e térmica), são providos de lentes que filtram essas radiações, em especial na faixa invisível, sem, contudo, reduzir sensivelmente a luz visível. Essas lentes devem ser endurecidas para resistir a impactos de partículas volantes, respingos, fagulhas e outros. Na seleção de proteção ocular adequada para solda a gás, deve-se preferir óculos com aros em concha ou retangular, com lentes filtrantes de boa qualidade, protegidas por anteparos resistentes a impactos. A armação deverá possuir sistema de ventilação indireta e válvula de transpiração, a fim de evitar os embaçamentos das lentes.

b) Manutenção e descarte

O usuário deve saber como zelar pela conservação de seus óculos. Para tanto, deve ser instruído a:

- não retirar nem pôr os óculos no rosto segurando-os, apenas, por uma das hastes, mas, ao mesmo tempo, pelas duas;
- limpar as lentes somente com tecido ou papel limpo e macio e, se for de resina, nunca a seco;
- lavar os óculos, diariamente, em água fria e sabão, enxugando-os e imergindo-os em uma solução de iodo em 100 ml de água (diluir 1 ml da solução de iodo em 1.000 ml de solução detergente), deixando-os secar, em seguida;
- não colocá-los sobre qualquer superfície em contato com as lentes; fechá-los e manter as lentes para cima;
- não guardá-los ou transportá-los nos bolsos traseiros das calças;
- não deixá-los em locais onde possam receber respingos de óleo, graxa, ácidos corrosivos, solventes ou qualquer substância que possa atacá-los;
- quando as lentes estiverem riscadas ou arranhadas, não procurar remover os arranhões ou marcas, mas providenciar a substituição dos óculos;
- usá-los durante todo o tempo em que permanecer nas atividades para as quais foi designado;
- ao fim da jornada, guardá-los no armário, com todo o cuidado.

2.3.2 Proteção da face

a) Características gerais e uso

Esses equipamentos têm como finalidade dar proteção à face e ao pescoço contra o impacto de partículas volantes e respingos de líquidos, bem como contra o ofuscamento e calor radiante. São constituídos, essencialmente, por um anteparo específico, articulado a uma suspensão ajustável e, quando necessário, um protetor para a cabeça.

Os protetores faciais são usados, principalmente, em:

- operações em madeira, durante as quais soltam lascas e partículas;
- operações de usinagem, que geram partículas volantes;
- operações de brunimento, polimento, limpeza com escova de arame e esmerilhamento;
- solda a ponto;
- manuseio de materiais quentes ou corrosivos.

b) Equipamentos de proteção da face

São equipamentos de proteção da face:

- **visor plástico incolor ou com tonalidade**: protege o rosto e, parcialmente, os olhos contra impactos de corpos sólidos volantes e respingos de produtos químicos e de metais fundentes. Na proteção contra radiações luminosas, são utilizados visores com tonalidades;

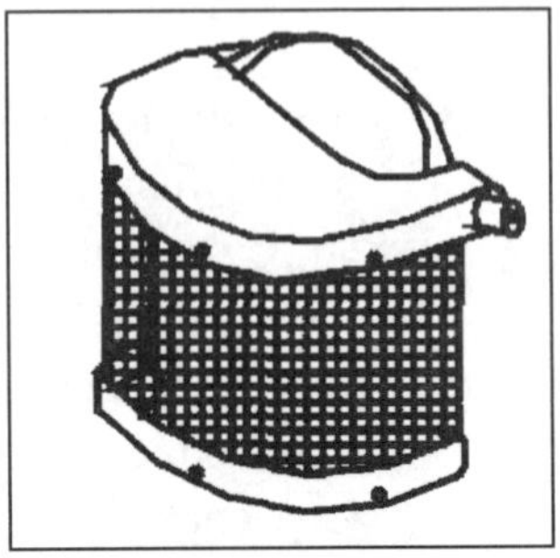

- **visor com tela**: usado na proteção contra impactos e calor radiante. Evita o inconveniente dos embaçamentos provocados pela ação do calor e transpiração do usuário. Em operações em elevadas temperaturas que exijam maior visão e ventilação, no anteparo de tela poderá existir uma janela de plástico transparente ou vidro;

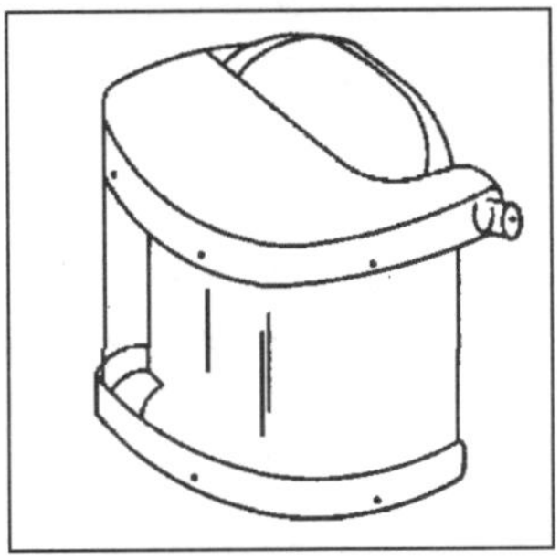

- **máscara para soldador**: para as operações de soldagem são utilizadas máscaras de soldador, que proporcionam proteção ocular, da face, das orelhas e do pescoço contra a energia radiante intensa proveniente da soldagem a arco voltaico e cortes a gás. Esse tipo de EPI é fabricado em diversos materiais: fibra de vidro, celeron ou materiais similares que vedem totalmente a passagem da luz, com visor fixo ou articulado. As máscaras para soldador são dos tipos com suspensão ou manual e devem atender aos seguintes requisitos:
  - constituir-se de um visor fixo ou articulado, comportando o filtro de luz e seu protetor, permitindo ao usuário ver o objeto radiante (arco voltaico), mas, ao mesmo tempo, impedindo que a radiação atinja seus olhos;
  - a máscara com suspensão deve ser equipada com suspensão ajustável, constituída de coroa e carneira, em material plástico ou similar, indeformável, atóxico, não irritante, de fácil substituição e perfeitamente higienizável;
  - o corpo da máscara deve ser de fibra vulcanizada ou material similar, resistente ao calor, às chamas, impermeável às radiações invisíveis (ultravioleta e infravermelho) e higienizável. Todas as partes metálicas devem ser convenientemente isoladas da superfície interna;
  - o peso da máscara, excluídos o filtro de luz e vidro ou plástico protetor, não deve ultrapassar 680 g;

– a armação deve permitir a substituição do filtro de luz e seu protetor, com facilidade e sem danificar as lentes. O visor deve ser projetado de modo que a placa (filtro de luz) não fique a menos de 50,8 mm (2″) dos olhos do usuário;
– o filtro de luz não deve ter menos que 2 mm (0,08″) nem mais que 3,8 mm (0,15″) de espessura.

As máscaras para soldadores requerem filtros escuros especiais numerados (Escala DIN) de acordo com o tipo de trabalho a que se destinam. A Tabela 2.1 mostra os filtros indicados para alguns tipos de atividades.

Tabela 2.1 Filtros indicados para trabalhos de soldagem

Atividade de solda ou corte	Tonalidade do filtro
Solda a estanho	2
Brassagem	3 ou 4
Corte leve a maçarico até 25 mm	3 ou 4
Corte médio a maçarico de 25 mm a 150 mm	4 ou 5
Corte pesado a maçarico acima de 150 mm	5 ou 6
Solda a maçarico (leve) até 3,2 mm	4 ou 5
Solda a maçarico (médio) de 3,2 mm a 12,7 mm	5 ou 6
Solda a maçarico (pesado) acima de 12,7 mm	6 ou 8
Solda a arco elétrico com eletrodo revestido até 4 mm	10
Solda a arco elétrico com eletrodo revestido de 4,8 mm a 6,4 mm	12
Solda a arco elétrico com eletrodo revestido acima de 6,4 mm	14
MAG (não ferroso)	11
MAG (ferroso)	12
TIG	12
Solda a hidrogênio atômico	12
Arco a carvão	14

Fonte: QUEIROZ, Carlos. *Apostila*. Belo Horizonte, 1996.

Novos equipamentos de soldagem utilizam filtros de escurecimento automático, de tonalidade fixa ou variável (9 a 12). São máscaras sem articulação cujas lentes mudam automaticamente do estado claro para o escuro numa fração de segundo (1125.000 s). Podem possuir sistemas de ventilação e de proteção respiratória, tornando os trabalhos de solda mais seguros e confortáveis.

Com suspensão

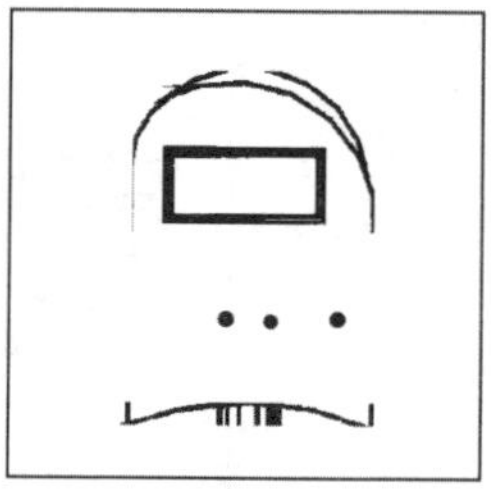

Manual

Figura 2.2 Máscaras para soldador.

2.4 Proteção para os membros superiores

Os riscos mais comuns aos membros superiores são: golpes, cortes, abrasão, substâncias químicas, calor, frio, choques elétricos, radiações ionizantes. A proteção ao trabalhador contra esses riscos é feita com os seguintes equipamentos de proteção individual: luvas, protetores da palma da mão, protetores de punho, mangas e mangotes.

As luvas são o EPI de uso mais generalizado, embora nem sempre o tipo utilizado seja o mais adequado ao risco existente no ambiente de trabalho ou ao agente agressivo contra o qual se busca proteção.

Na proteção dos membros superiores do trabalhador, é imprescindível a escolha adequada do EPI, levando em consideração fatores como:

- grau de proteção que requer o trabalhador (dedos, mãos, antebraços, braços);
- requisitos de sensibilidade para realizar determinados trabalhos;
- efeitos abrasivos dos materiais que serão manipulados;
- composição química das substâncias;
- condições de umidade;
- condições de temperatura.

a) Equipamentos de proteção das mãos e dos braços

São equipamentos de proteção das mãos e dos braços:

- **luvas de punho**: cobertura para as mãos e os pulsos, com os dedos separados;

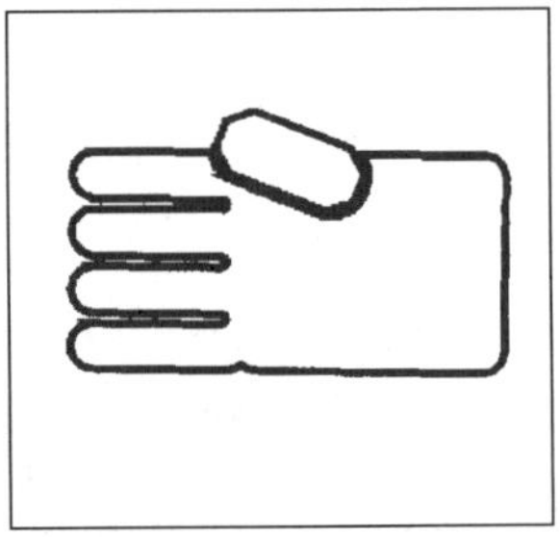

- **luvas de cano**: cobertura para as mãos, os pulsos e os antebraços, com os dedos separados;

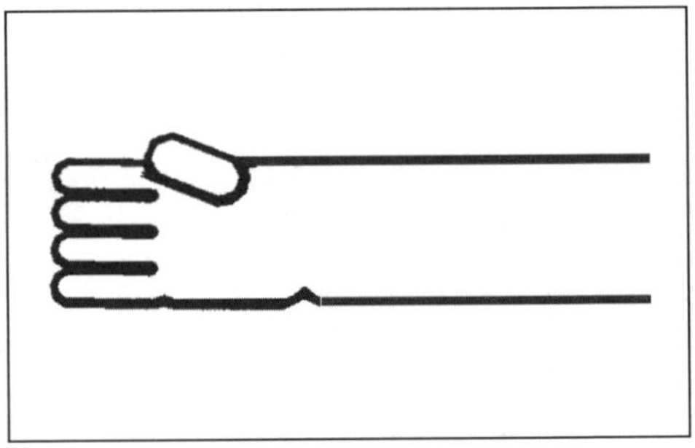

- **luvas de meio-dedo**: cobertura para as mãos, os pulsos e os dedos até os nós;

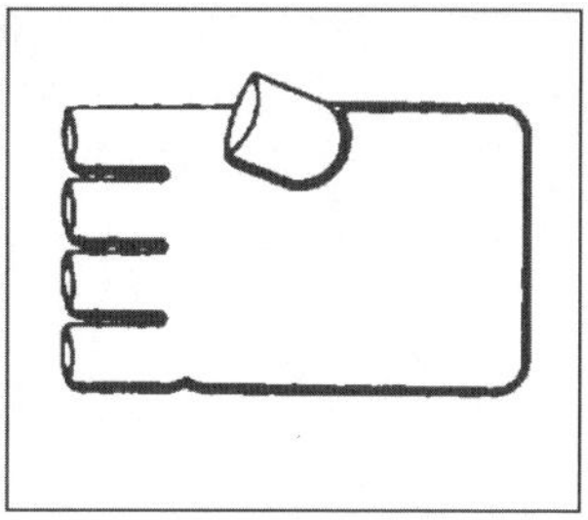

- **mitene**: cobertura para as mãos e os pulsos, tendo o polegar, ou o polegar e o indicador separados e uma cobertura comum para os dedos restantes;

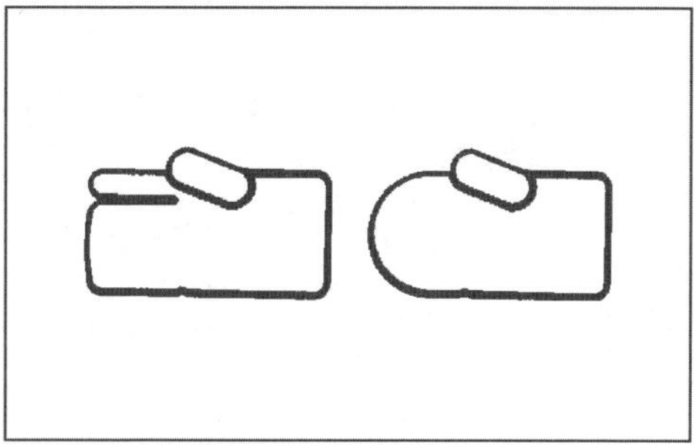

- outras luvas:
  - com grampos de aço galvanizado;
  - com ilhoses de metal;
  - de malha de aço;

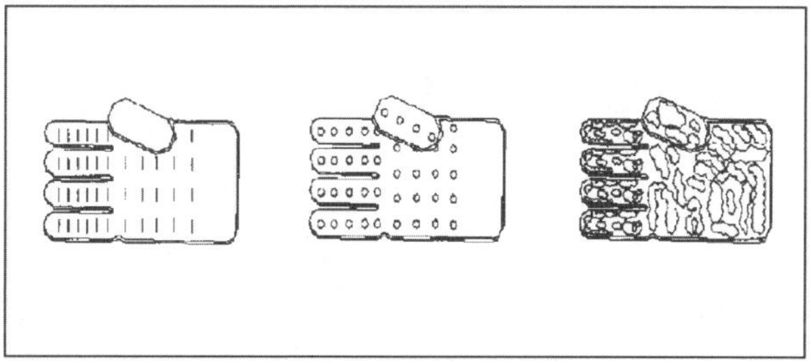

- **protetor de palma da mão**: peça destinada a cobrir a palma da mão;

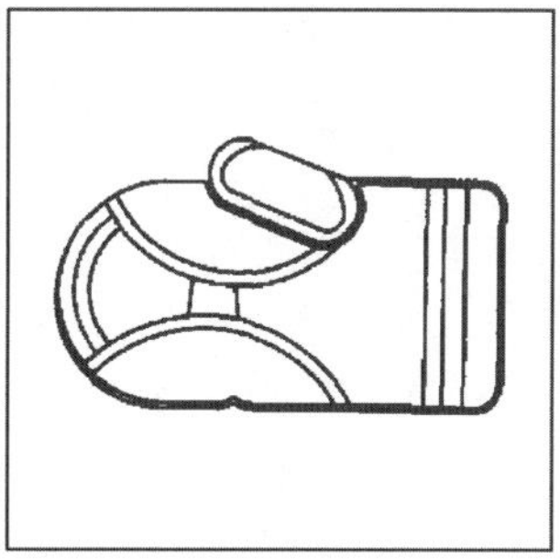

- **protetor de mão típico (sem polegar)**: possui dois buracos para o polegar em cada protetor, possibilitando o uso em uma ou outra mão;

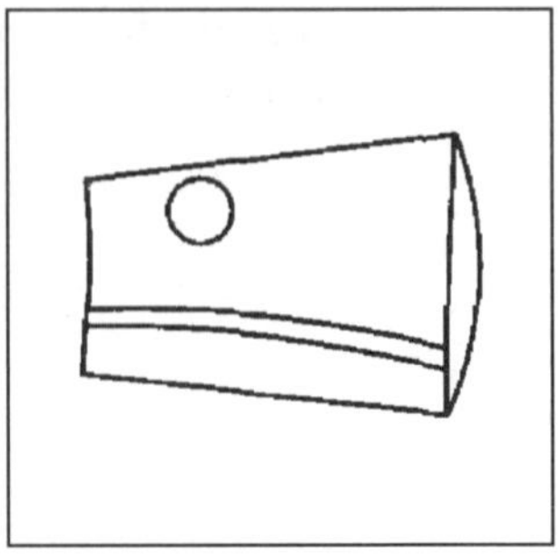

- **protetor de punho**: cobertura que envolve o punho;

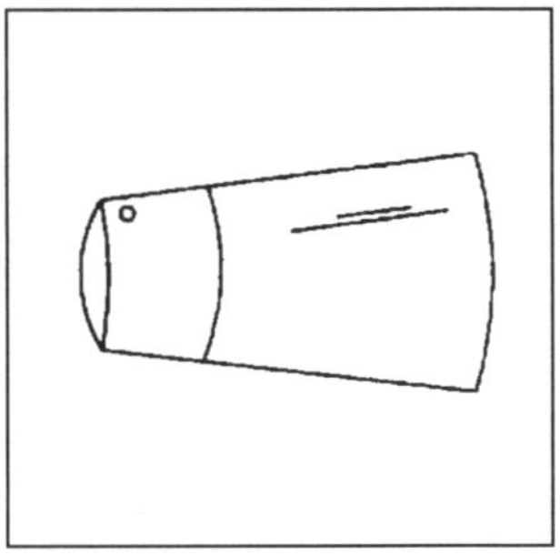

- **mangote**: cobertura protetora do antebraço;

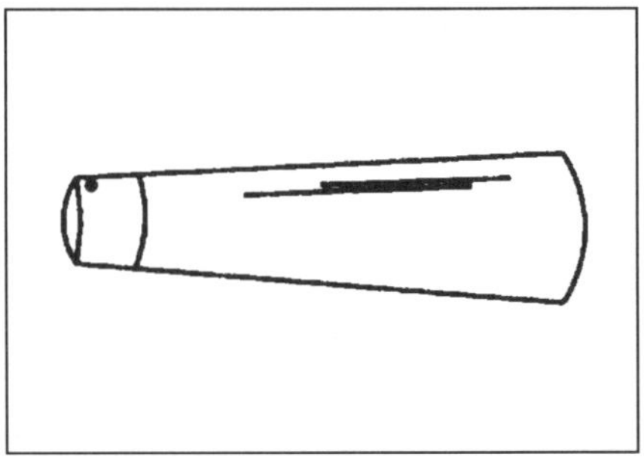

- **manga**: cobertura protetora dos braços.

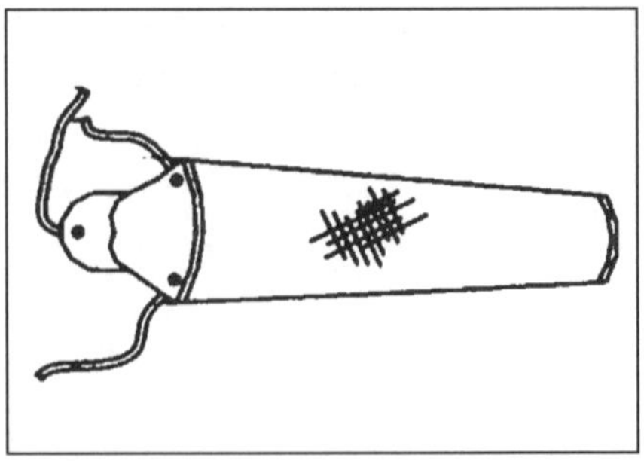

b) Materiais de fabricação das luvas

Na confecção das luvas são utilizados, entre outros, os seguintes materiais: couro, borracha (vegetal, butila ou nitrila), neoprene, cloreto de polivinila (PVC), tecidos, malha de aço. A seguir são apresentados alguns dos materiais de fabricação e as operações típicas a que se destinam.

Couro

- **vaqueta, raspa de couro**: manuseio de fundidos e forjados já frios, transporte de concreto pré-moldado, de sacos de cimento, de tijolos, cargas e descargas, transportes de materiais, montagens, polimento de peças de porte considerável, serviços de pátio, carregamento de peças quentes (até 60 °C), carregamento de peças usinadas ou forjadas, serviços gerais de oficinas, inspeções de chapas corrugadas, manuseio de peças com rebarbas, peneiramento de materiais, montagens de estruturas;
- **napa, pelica, camurça**: serviços leves em geral que requeiram tato, inspeção de peças, de chapas sem rebarbas, de pintura, de funilaria, embalagem, seleção e inspeção de pequenas peças, mormente quando o contato com a pele provoca oxidação, serviços de tapeçaria;
- **couro de porco, pecari**: serviços leves em geral que requeiram tato, seleção, embalagem e inspeção de pequenas peças, principalmente quando o contato com a pele provoca oxidação, inspeções de chapas sem rebarbas, de peças, de pintura, de funilaria, de tapeçaria. As luvas de couro de porco e as de pecari são utilizadas como luvas adicionais externas de luvas de borracha, em trabalho de eletricidade.

Borracha

Protegem os trabalhadores de queimaduras, irritações e dermatites, causadas por contato com óleos, graxas, solventes e outros produtos químicos, além de reduzir o risco de exposição ao sangue e a outras substâncias potencialmente infecciosas e são utilizadas em serviços gerais de eletricidade e serviços úmidos em geral.

- **borracha vegetal**: confortáveis e flexíveis e de reconhecidas qualidades de proteção, as luvas de látex ou borracha vegetal resistem também à abrasão provocada por operações de acabamento com jatos de areia e atividades de esmerilhamento e/ou polimento. Protegem, ainda, as mãos dos trabalhadores das soluções ácidas, alcalinas, de sais e cetonas. Ao selecionar luvas de látex, é necessário lembrar que podem causar reações alérgicas em algumas pessoas e, por isso, não se adaptam a todos os trabalhadores. Luvas antialérgicas são a alternativa.

- **borracha de butila**: proporcionam proteção contra os ácidos nítrico, sulfúrico, hidrofluórico, fumaça vermelha do ácido nítrico, óleos e peróxidos. São altamente impermeáveis a gases, produtos químicos e vapor d'água. Resistem à oxidação e à corrosão por ozônio, mostram-se resistentes à abrasão e mantêm-se flexíveis em baixas temperaturas;
- **borracha de nitrila**: são resistentes e proporcionam proteção contra solventes clorados, como o tricloroetileno e o percloroetileno. As luvas de nitrila, além de serem flexíveis e facilitarem a destreza, resistem muito bem quando empregadas em serviços que se caracterizem por exposições prolongadas a substâncias que produzem deteriorações em outros tipos de luvas. E resistem à abrasão, às punções, aos cortes e a outros esforços.

Neoprene (borracha sintética)

Serviços gerais que envolvem manipulação de óleos, graxas (gorduras), solventes, petróleo e derivados. Serviços gerais de galvanoplastia, inspeções de tanques com líquidos ácidos ou alcalinos.

Cloreto de polivinila – PVC

- **lisa ou áspera**: lavagem de peças em corrosivos, manuseio de ácidos, de óleo, de graxas (gordura), serviços gerais de galvanoplastia, lavagem de peças em decapantes, lubrificação de peças, inspeções em tanques, inspeções em tanque de lavagem de peças, submetidas a tratamento térmico (cementação), pintura a pistola ou a pincel, carregamento de lã de vidro;
- **áspera**: trabalhos com líquidos ou produtos químicos que exijam melhor aderência no manuseio, como carregamento de vidro, por exemplo.

Tecidos

- **lona**: estamparia leve, bancadas de acabamento, carregamento de chapas de pequeno porte com rebarbas, ferramentas universais, inspeções em geral (exceto pintura e funilaria), manuseio de chapas finas, montagens etc.;
- **lona flanelada**: serviços gerais de laminações (sem contato direto com fontes de calor), peças não usinadas em temperaturas médias, manuseio de peças quentes (calor moderado), serviços de cargas e descargas leves, de serralheria, de cutelaria, de vigilância noturna, de direção de automóveis ou caminhões, fabricação de ampolas ou lâmpadas, serviços em vidrarias etc.;
- **grafatex**: serviços gerais de estamparias, transporte de chapas metálicas de pequeno porte, carga e descarga de materiais com pequenas rebarbas, serviços de laminações (longe de fontes de calor), de chapas ou peças de grande porte, quando haja necessidade de flexibilidade nos movimentos das mãos;

- **feltro**: serviços gerais de laminações (sem uso contínuo), peças não usinadas em temperaturas médias, manuseio de peças quentes, serviços gerais que produzem faíscas ou fagulhas;
- **lã**: serviços gerais de laminações (sem uso contínuo), peças não usinadas em temperaturas médias, manuseio de peças quentes, serviços gerais que produzem faíscas ou fagwulhas, frigoríficos, transporte de peças geladas, em ambientes de trabalho com temperatura inferior a 15 °C;
- **suedine**: tecido fino que proporciona maior sensibilidade ao tato, utilizada na manipulação de peças delicadas, em linha de montagem, linhas de pintura, indústria eletroeletrônica etc.

Tecido de fios de sílica

Serviços em altas temperaturas, em altos-fornos, manuseio de peças cilíndricas quentes, serviços de apoio de peças grandes e quentes, retirada de peças de fornos, serviços de tratamento térmico (cementação), serviços com materiais refratários pesados e quentes, serviços de laminações, peneiramento de peças quentes, substituição de tubulações de fornos e caldeiras, carregamento de peças quentes.

Malha metálica

Serviços que apresentam abrasões intensas, serviços de matadouros, frigoríficos, nos quais o operador tem necessidade de trabalhos com lâminas de cortes afiadas e que exigem esforço no golpe, serviços de corte de cana-de-açúcar. Esse tipo de luva é fabricado com a finalidade de oferecer alto grau de proteção ao trabalhador (serviço de desossar, por exemplo), sem sacrificar a velocidade de trabalho, mobilidade ou eficiência.

c) Manutenção e descartes das luvas

A vida útil das luvas, assim como dos demais equipamentos usados na proteção dos membros superiores, depende do tipo de trabalho em que são empregadas, da qualidade do material com que são confeccionadas, do uso correto, assim como do cuidado que lhes é dispensado após as jornadas de trabalho, pois deixá-las jogadas em qualquer lugar, impregnadas de substâncias agressivas, expostas a intempéries etc. pode produzir uma deterioração precoce do material, diminuindo consequentemente o grau de proteção oferecido ao trabalhador e acelerando o processo de descarte dos equipamentos, inutilizando-os para o trabalho.

d) Agentes de risco e luvas indicadas

O Quadro 2.2 apresenta, de forma resumida, os agentes de risco mais comuns e os tipos de luvas apropriadas.

Quadro 2.2 Agentes de risco mais comuns e tipo de luvas apropriadas

Agentes de lesão	Tipos de luva indicados																
	Lona	Grafatex	Lã	Raspa	Raspa com reforço de grampos metálicos ou ilhoses	Vaqueta	Vaqueta com reforço do mesmo material, rebites ou ilhoses	Camurça	Borracha	PVC forrada	Neoprene ou hexagonal	Borracha com indicação impressa para baixa tensão	Borracha com indicação impressa para alta tensão	Tecido de fios de sílica	Tecido de algodão aluminizado	Malha de aço	Revestida de chumbo
Escoriantes				X	X	X	X										
Abrasivos	X			X	X	X	X	X		X							
Cortantes				X	X	X	X								X		
Perfurantes				X	X	X	X										
Elétricos												X					
Térmicos: quente moderado até 40 °C	X	X															
quente acentuado de 40 a 60 °C		X											X				
frio moderado até 5 °C		X	X	X		X				X							
frio acentuado inferior a 5 °C		X	X														
metais em fusão				X		X							X	X			
líquidos quentes moderados										X							
faísca e fagulhas				X													
calor irradiado intenso													X	X			
Químicos: ácido e alcalinos									X	X							
tóxicos										X							
alergizantes										X	X						
solventes										X	X						
Radiações ionizantes																X	

e) Luvas resistentes a produtos químicos

Devido à importância das luvas resistentes a líquidos e a produtos químicos, é apresentada a Tabela 2.2, indicando as luvas mais adequadas para os principais produtos químicos industriais.

Tabela 2.2 Luvas resistentes a produtos químicos

Produtos químicos	Luvas de neoprene	Luvas de látex de borracha	Luvas de borracha de butila	Luvas de látex de nitrila	Luvas de PVC
Acetaldeído	MB	B	MB	B	A
Acetato de amila	A	I	A	I	
Acetato de butil	B	A	A	I	I
Acetato de etila	B	A	B	A	
Acetato de propila	B	A	B	A	
Acetona	B	MB	MB	I	I
Ácido acético	MB	MB	MB	MB	MB
Ácido cítrico (10%)	MB	MB	MB	MB	MB
Ácido crômico (50%)	A	I	A	A	B
Ácido fórmico	MB	MB	MB	MB	MB
Ácido hidroclorídrico	MB	B	B	B	B
Ácido hidrofluorídrico	MB	B	B	B	A
Ácido lático (85%)	MB	MB	MB	MB	B
Ácido láurico (36%)	MB	A	MB	MB	
Ácido lineólico	MB	I	A	B	
Ácido maleico	MB	MB	MB	MB	
Ácido nítrico	B	A	A	A	B
Ácido nítrico fumaça vermelha/branca	I	I	I	I	
Ácido oleico	MB	A	B	MB	MB
Ácido oxálico	MB	MB	MB	MB	MB
Ácido palmítico	MB	MB	MB	MB	MB
Ácido perclórico	MB	A	B	B	B
Ácido fosfórico	MB	B	MB	MB	
Ácido tânico	MB	MB	MB	MB	B
Ácido sulfúrico	B	B	B	B	B
Álcool butílico	MB	MB	MB	MB	B

Continua

Produtos químicos	Luvas de neoprene	Luvas de látex de borracha	Luvas de borracha de butila	Luvas de látex de nitrila	Luvas de PVC
Álcool etílico	MB	MB	MB	MB	B
Álcool metílico	MB	MB	MB	MB	B
Álcool octílico (octanol)	MB	MB	MB	MB	B
Álcool propílico	MB	MB	MB	MB	B
Álcool propílico (ISO)	MB	MB	MB	MB	B
Anelina	B	A	A	I	B
Benzaldeído	A	A	B	B	A
Benzeno	I	I	I	A	
Brometo de metila	B	A	B	A	I
Cloreto de metila	I	I	I	I	
Clorobenzeno	A	I	A	I	
Clorofórmio	B	I	I	A	I
Cloronaftaleno	A	I	A	A	
Ciclohexanol	B	B	B	MB	
Cetonas	MB	MB	MB	I	I
Dissulfeto de carbono	A	A	A	A	I
Di-isobutil cetona	I	A	B	I	I
Dimetilformamida	A	A	B	B	I
Dioctil ftalato	B	I	A	MB	
Dioxano	MB	B	B	B	
Dicloreto de etileno	A	I	A	I	
Di-isocianato de tolueno (TDI)	A	B	B	A	
Éter etil	MB	B	MB	B	I
Estireno	I	I	I	A	I
Ftalato de butila	B	I	B	B	
Formaldeído	MB	MB	MB	MB	B
Freon 11	B	I	A	B	
Freon 12	B	I	A	B	
Freon 21	B	I	A	B	
Freon 22	B	I	A	B	

Continua

Produtos químicos	Luvas de neoprene	Luvas de látex de borracha	Luvas de borracha de butila	Luvas de látex de nitrila	Luvas de PVC
Fenol	MB	A	B	A	B
Furfural	B	B	B	B	
Glicol etileno	MB	MB	MB	MB	
Gasolina	B	I	A	MB	MB
Glicerina	MB	MB	MB	MB	B
Hidróxido de amônia	B	MB	MB	I	MB
Hexano	A	I	I	B	
Hidrazina	A	B	B	B	
Hidroquinona	B	B	B	A	
Hidróxido de potássio	MB	MB	MB	MB	MB
Hidróxido de sódio	MB	MB	MB	MB	MB
Iso-octano	A	I	I	MB	
Metilamina	A	A	B	B	
Metiletilcetona	B	B	MB	I	
Metilisobutilcetona	A	A	MB	I	
Metacrilato de metila	B	B	MB	A	
Monoetanolamina	MB	B	MB	MB	
Morfolina	MB	M	MB	B	
Naftaleno	B	A	A	B	
Naftas (alifáticas)	MB	A	A	MB	
Naftas (aromáticas)	B	I	I	B	
Nitrometano (95,5%)	A	I	A	A	
Nitropropano (95,5%)	A	I	A	A	
Óleo de linhaça	MB	I	A	MB	A
Óleo da china	MB	I	A	MB	
Óleo *diesel*	B	I	I	MB	MB
Óleo de rícino	A	I	A	MB	B
Percloroetileno	A	I	I	B	I
Petróleo destilado (nafta)	B	I	I	MB	
Peróxido de hidrogênio	B	B	B	B	
Querosene	MB	A	A	MB	MB

Continua

Produtos químicos	Luvas de neoprene	Luvas de látex de borracha	Luvas de borracha de butila	Luvas de látex de nitrila	Luvas de PVC
Resina epóxi seca	MB	MB	MB	MB	MB
Tetracloridro de carbono	A	I	I	B	I
Tíner de laca	MB	A	A	I	I
Tetra-hidrofurano	I	A	A	A	I
Tolueno	A	I	I	A	I
Tricloroetileno	A	A	I	B	I
Trietanolamina (85%)	MB	B	B	MB	
Terebintina	B	A	A	MB	A
Xileno	I	I	I	A	B

Fonte: Adaptação de dados do Occupational Safety and Health Administration (OSHA).
Legenda: **MB** = Muito Bom; **B** = Bom; **A** = Aceitável; **I** = Insuficiente.

2.5 Proteção para os membros inferiores

a) Características gerais

Os pés dos trabalhadores são bastante vulneráveis aos acidentes do trabalho. O chão sobre o qual se deslocam pode ser irregular, áspero ou liso, seco ou molhado, escorregadio ou não, e quase sempre existem objetos perfurocortantes (pregos, rebarbas metálicas etc.). Deve ser escolhido um calçado que tenha solado adequado, isto é, que tenha sido projetado de maneira que impeça que algum dano possa afetar os membros inferiores do usuário.

O ponto crítico da proteção dos pés, no entanto, é a biqueira do calçado de segurança, pois a maioria dos acidentes com os pés ocorre por choque contra obstáculos na parte dianteira dos calçados, que podem acontecer devido ao surgimento de um obstáculo imprevisto à frente do trabalhador (degrau, canto vivo etc.); queda de um corpo sobre o pé (por exemplo, ferramentas); pressão estática sobre o pé (como a passagem de uma roda de caminhão ou empilhadeiras sobre ele) etc.

Os calçados de segurança devem ter, portanto, uma biqueira resistente que, se for de aço, deverá ser temperado de forma que ofereça uma rigidez que suporte elevadas cargas estáticas, mas, ao mesmo tempo, flexibilidade para resistir a um choque dinâmico sem romper-se e sem deformar-se, para não colocar em risco a segurança do usuário.

É importante, ainda, que o calçado de segurança seja confortável. A maioria dos empregados trabalha em pé, e uma forma anatômica, que permita a liberdade de movimentos, sem pontos de tensão ou compressão, é fundamental para permitir um desempenho satisfatório do trabalhador durante toda a jornada de trabalho.

Os calçados de segurança atendem a normas internacionais, sendo classificados conforme o tipo de proteção que oferecem. Nessas normas são dadas definições sobre acessórios, contraforte e biqueira de segurança e são estabelecidas as características do calçado de segurança, assim como os requisitos e procedimentos de ensaios. Os ensaios são de resistência a compressão, impacto, perfuração, flexão, de corrosão e dielétrico. Dependendo, portanto, do tipo de atividade, o calçado de segurança deverá ter uma característica específica que o qualificará para aquele tipo de trabalho.

Os principais riscos aos membros inferiores são: superfícies cortantes e abrasivas, objetos perfurantes, substâncias químicas, choque elétrico, agentes térmicos (quente ou frio), impacto de objetos pesados, pressão estática (compressões) e umidade.

b) Materiais de fabricação dos EPIs

Os materiais usualmente utilizados na fabricação dos protetores são os seguintes:

- biqueira – de aço ou material com características semelhantes, isto é, com resistência a impactos e compressões;
- solado – de couro, borracha, PVC, neoprene, neolite, pneu ou madeira;
- palmilha de montagem – de couro;
- palmilha impenetrável – de aço ou material similar com grande resistência a perfurações, incorporada no solado (somente em casos especiais);
- forro – de tecido ou raspa de couro;
- corte – cano (parte traseira e superior do calçado) – de vaqueta tratada ao cromo;
- contraforte (reforço traseiro) – de couro;
- enfuste – aglomerado de cortiça, breu e cola que vai sob a palmilha;
- linhas – de fio de náilon ou rami;
- cadarço – de algodão trançado e encerado.

c) Equipamentos de proteção dos pés e das pernas

A seguir são apresentados os tipos de calçados de segurança mais comuns e a proteção que oferecem.

- **calçado com biqueira de aço**: a biqueira de aço incorporada no calçado destina-se a proteger os artelhos, que são a parte mais atingida no caso de quedas de objetos (impactos) e contra compressões acidentais;

- **calçado com palmilha de aço**: a palmilha de aço, incorporada no solado, oferece proteção à planta do pé contra penetrações de pregos, vidros ou agentes agressivos semelhantes;

- **calçado com solado antiderrapante**: o desenho da sola deve ser projetado de forma adequada; por exemplo, para que o usuário possa locomover-se com mais segurança;

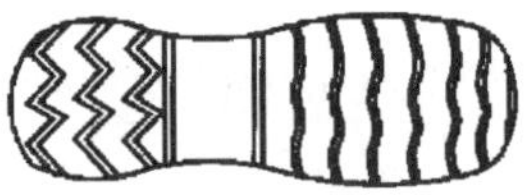

SOLADO ANTIDERRAPANTE

- **calçado condutivo**: os calçados com solado de borracha condutiva e dispositivos especiais sobre eles dissipam a eletricidade estática que se acumula no corpo do usuário, a fim de evitar que se produzam centelhas que poderiam provocar a ignição de gases explosivos, líquidos ou poeiras perigosas. Para que esses calçados sejam eficientes, os pisos, onde existe o risco, também deverão ser condutores e estar ligados à terra;

SOLADO DE BORRACHA CONDUTIVA

- **calçado isolante**: esse tipo de calçado é usado para reduzir ao mínimo os perigos provenientes da tensão de passo, que é definida como a diferença de potencial entre dois pontos de terra, a uma distância de passo normal e que aparece normalmente próximo a locais de aterramento elétrico. Serve também para aumentar a resistência à passagem de corrente, pelo corpo humano, entre a terra e o ponto de contato acidental com circuitos elétricos energizados;

SOLADO DE BORRACHA ISOLANTE

- **calçado para fundição**: protege os pés do usuário contra contatos com superfícies quentes, pisos onde há o risco de escorregar etc. Caracteriza-se pelo perfeito ajuste em torno dos tornozelos dado pelo elástico lateral, permitindo ao usuário tirá-los rapidamente em caso de penetrações acidentais de material em fusão;

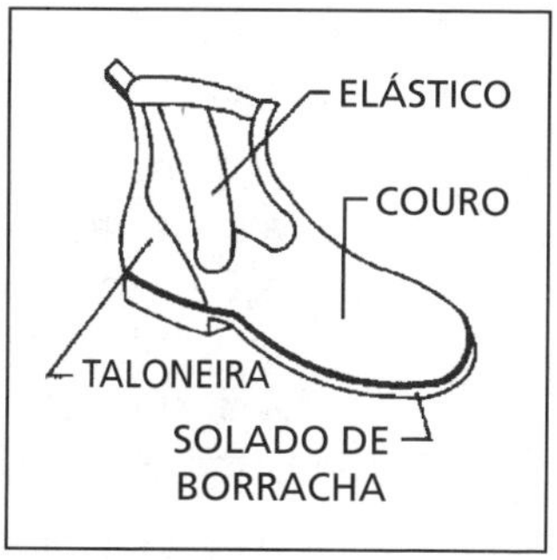

- **protetores metálicos**: esses protetores oferecem segurança ao dorso do pé e podem ser de dois tipos: a) mais leve, fixado pelo cadarço do calçado, apoiando-se a parte anterior na biqueira e lateralmente no próprio solado; e b) tipo sapatão, de aço corrugado ou armadura para os pés, usado sobre os sapatos, preso a estes por meio de elásticos ou molas. É recomendado na proteção contra impactos violentos, que são um risco em potencial em determinados trabalhos, como a carga e descarga de peças de grande massa;

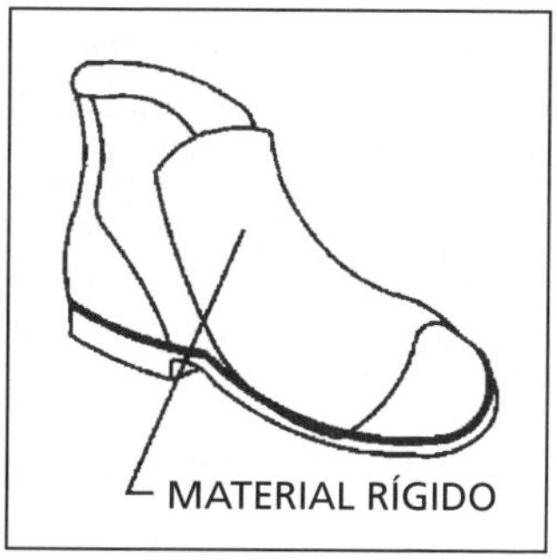

- **botas de borracha**: as botas fabricadas de borracha natural ou sintética (PVC, neoprene) são recomendadas sempre que a proteção dos pés e das pernas dos empregados for necessária. As botas de borracha, por exemplo, devem proporcionar eficiente isolamento elétrico; e as de PVC protegem nos trabalhos com derivados de petróleo, limpeza pública, nas indústrias químicas, devido à boa resistência aos ácidos e às bases, nas minas etc.

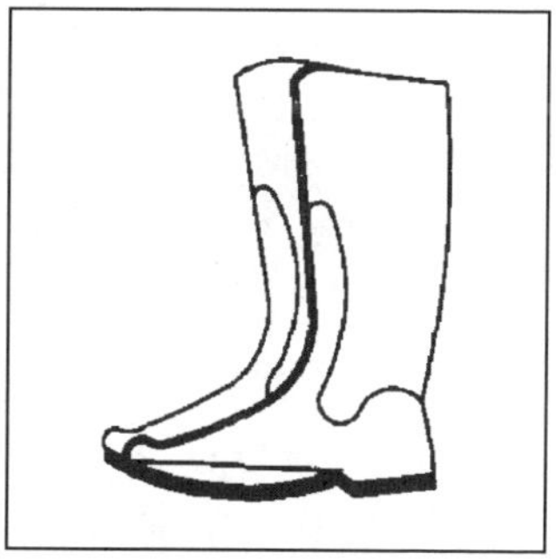

Botas especiais para câmaras frigoríficas, indústria farmacêutica e alimentícia. As botas brancas para frigoríficos devem ser resistentes a sangue, graxas etc.;

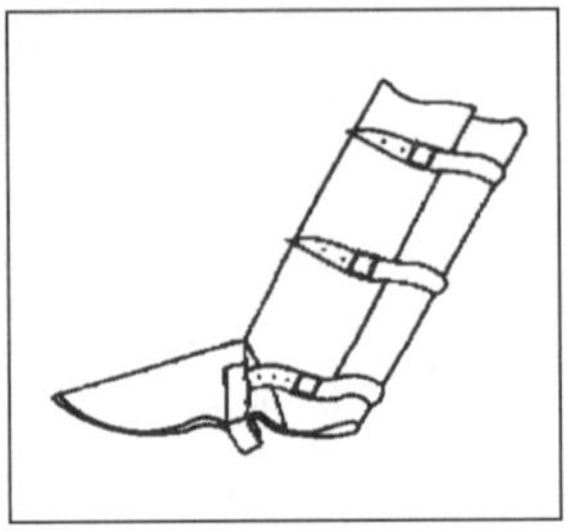

- **perneiras**: são usadas na proteção das pernas contra queimaduras, batidas, cortes e escoriações.

  Existem *perneiras comuns,* confeccionadas de raspa de couro ou similar, usadas, por exemplo, na proteção contra respingos de material em fusão, nas operações de solda e corte, e *perneiras tipo caneleiras,* confeccionadas com reforço rígido contra impactos, sendo acolchoadas internamente.

  As perneiras podem ser presas às pernas por elásticos, fivelas ou molas. Em todos os casos há sempre uma tala que cobre os pés, evitando a penetração de agentes agressivos pelas frestas do calçado.

Os calçados de segurança, para maior durabilidade, deverão ser usados somente durante a jornada de trabalho e, para maior conservação, deve-se passar no couro, periodicamente, graxa ou óleo de origem animal.

É importante que seja feito um controle efetivo quanto às causas das substituições, observando a durabilidade, o conforto e a proteção oferecidos pelo equipamento, como também submetendo os EPIs a ensaios de laboratório.

2.6 Proteção contra quedas com diferença de nível

a) Características gerais

O cinto ou cinturão de segurança tem como finalidade proteger o trabalhador, reduzindo os riscos de quedas ao solo ou a outro nível inferior, decorrentes das condições de trabalho, como os realizados em grandes alturas (trabalhadores na construção civil, armadores, torres de transmissão elétrica etc.) ou locais onde possa haver desprendimento de terra ou desmoronamento, bem como prevenir quedas por desequilíbrio.

Cumpre ressaltar que, além das medidas de proteção coletivas contra quedas de altura (como bandejas, guarda-corpo e outras), obrigatórias e prioritárias nas obras de construção civil, demolição e reparos, conforme estabelecido na NR-18, da Portaria nº 3.214/1978, o trabalhador deve usar EPIs, como cinto de segurança, como disposto no item 18.23, da NR-18:

> 18.23 Equipamentos de Proteção Individual
>
> 18.23.1 A empresa é obrigada a fornecer aos trabalhadores, gratuitamente, EPI adequado ao risco e em perfeito estado de conservação e funcionamento, consoante as disposições contidas na NR 6 – Equipamentos de Proteção Individual.
>
> 18.23.2 O cinto de segurança tipo abdominal somente deve ser utilizado em serviços de eletricidade e em situações em que funcione como limitador de movimentação.

18.23.3 O cinto de segurança tipo paraquedista deve ser utilizado em atividades a mais de 2,00 m (dois metros) de altura do piso, nas quais haja risco de queda do trabalhador.

18.23.3.1 O cinto de segurança deve ser dotado de dispositivo trava-quedas e estar ligado a cabo de segurança independente da estrutura do andaime.

18.23.4 Os cintos de segurança tipo abdominal e tipo paraquedista devem possuir argolas e mosquetões de aço forjado, ilhoses de material não ferroso e fivela de aço forjado ou material de resistência e durabilidade equivalente.

Os Equipamentos de Proteção Individual contra queda com diferença de nível são dispositivos sob a forma de cintos, confeccionados com materiais de certa resistência mecânica (náilon, couro, lona), associados a determinados elementos ou acessórios, conforme o trabalho a ser realizado. São colocados sobre os quadris e devem ser ajustados para que possam oferecer segurança e apoio ao corpo.

Como exemplo, podem ser citadas as seguintes atividades com risco de queda em diferença de nível na construção civil e que requerem o uso do cinto de segurança: serviços em tubulações/escavações/fundações, montagem e desmontagem de torre de elevador, de plataforma de proteção fixa e móvel, trabalhos de periferia de laje, montagem de andaime em poço de elevador, montagem de balancins, trabalho em fachada com balancins, limpeza de fachadas etc.

Em geral, as seguintes funções exigem o uso de cinto de segurança: carpinteiros, equipe de montagem de torre guincho, equipe de concretagem, equipe de andaimes, pastilheiro e, quando necessário, armador, pedreiro, pintor e vidraceiro.

A seleção adequada do tipo de cinto de segurança a ser utilizado depende do tipo de trabalho a ser realizado e do tipo de sustentação requerido.

b) Equipamentos de proteção contra quedas com diferença de nível

São apresentados, a seguir, os tipos de cintos ou cinturões de segurança mais utilizados.

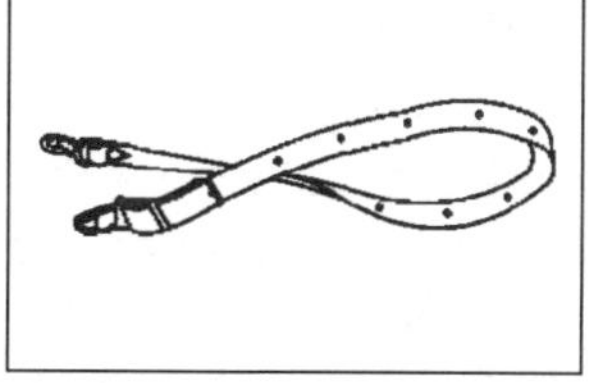

- **cinto tipo abdominal com talabarte** (sustentação estática): cinto largo reforçado, de couro, náilon ou poliéster, colocado na cintura do usuário, com os seguintes elementos:
  - talabarte: correia regulável por meio de fivela conectada ao cinturão, destinado a fixar o usuário em apoio seguro;
  - argola: peça metálica em forma de anel, presa ao cinturão para sustentar o talabarte, localizada de forma que fique uma de cada lado do corpo do usuário;

- mosquetão: gancho com trava metálica, preso às extremidades do talabarte, conectando este ao cinturão.

Acessórios:

- cinto auxiliar: suporte do cinturão, melhor acomodação, equilíbrio e segurança;
- almofada;
- porta-ferramentas;
- suporte de bolsa para luvas;

Observação: os acessórios, com exceção da almofada, acham-se fixados ao cinturão por meio de argolas metálicas em forma de "D".

- **cinto tipo paraquedista** (sustentação dinâmica): cinto reforçado com características específicas, com os seguintes elementos:
  - suspensórios: correia regulável por meio de fivelas, distribui a força de impacto em caso de queda;
  - corda: confeccionada geralmente em náilon (elástica e resistente).

  Acessórios:
  - os mesmos acessórios do tipo com talabarte.

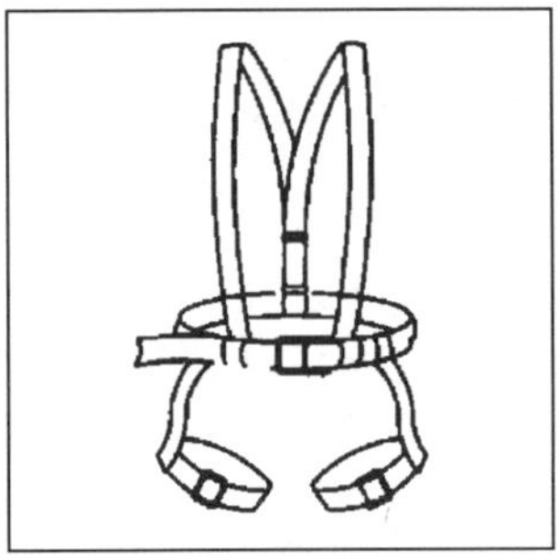

- **cinto tipo cadeira**: composto de assento e correia de couro ou náilon e cinto de segurança.

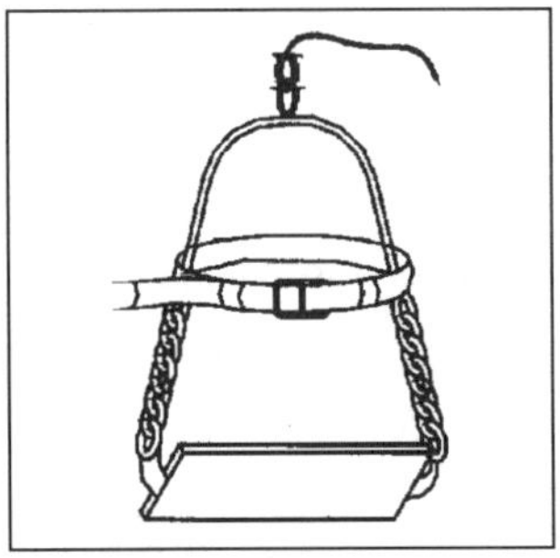

c) Manutenção

Devido a sua importância na proteção da vida do trabalhador, os cintos de segurança devem ser vistoriados constantemente, com substituição ou manutenção imediata de qualquer parte de seus componentes quando algum sinal de desgaste ou comprometimento de sua função for observado.

Os seguintes defeitos são críticos e requerem substituição imediata do componente:

- rachaduras no couro do cinturão, talabarte ou suspensório;
- sulcos, resultantes de corte, no couro;

- deformação ou trinca das ferragens;
- defeito ou enfraquecimento da mola dos mosquetões;
- rompimento de algumas pernas da corda de náilon.

O componente deverá sofrer manutenção quando apresentar os seguintes defeitos:

- costuras rompidas;
- início de processo de corrosão nas ferragens.

A corda deve ser bem amarrada em ponto firme e mais elevado, com lance de corda o mais curto possível, de modo a reduzir o impacto tanto na corda como no corpo do indivíduo, no caso de queda. O fato de a corda ser presa nas costas é para que, em caso de queda, o corpo seja forçado a dobrar-se no sentido normal, para a frente, evitando maior esforço ou impacto na espinha dorsal da pessoa. Nunca se deve prender a corda na frente, pois, em caso de queda, a pessoa poderá ter a espinha dobrada para trás com possibilidade de sérios danos.

2.7 Proteção auditiva

a) Equipamentos de proteção auditiva

O ruído é um fator de risco que atua cumulativamente, produzindo efeitos psicológicos e fisiológicos irreversíveis, como a surdez. Por isso, quando a intensidade de ruído pode ser prejudicial, deve-se fazer o possível para eliminá-lo ou reduzi-lo por meio de um controle da fonte ou do meio. Quando todos esses métodos de controle não forem suficientes ou forem inviáveis, o recurso é dotar o indivíduo exposto de equipamento de proteção auricular.

Existem no mercado dois tipos principais de protetores auriculares: protetores circum-auriculares e protetores de inserção.

- **Protetores circum-auriculares** (tipo fone ou concha): são protetores que envolvem e isolam o ouvido externo promovendo uma adequada proteção do sistema auditivo.

As conchas presas a um arco ou acopladas ao capacete, cada uma de um lado da cabeça do trabalhador, envolvem o pavilhão auditivo direito e esquerdo, promovendo a proteção. Os tipos afixados em capacetes não oferecem boa pressão sobre a têmpora e portanto possuem baixa atenuação.

A efetividade, quanto à atenuação de ruído dos protetores circum-auriculares, é muitas vezes limitada pela selagem e baixa qualidade do material empregado na fabricação da concha e do selo. A espuma colocada no interior de cada concha, assim como o selo em volta de suas bordas, deve possuir densidade adequada para que a necessária atenuação seja atingida. A melhor proteção é obtida quando as conchas estão bem apoiadas na parte óssea do crânio que circunda os ouvidos (têmporas). Brincos, óculos, cabelo e pelos faciais interferem e prejudicam a selagem.

Os protetores circum-auriculares apresentam as seguintes características:

- não requerem ajustes complexos de colocação e podem ser colocados perfeitamente por qualquer pessoa (para não provocar o incômodo, ao se colocar o protetor deve-se abrir a boca completamente);
- são perceptíveis a grande distância, permitindo razoável comunicação oral e fácil controle do seu uso;
- podem ser usados por qualquer pessoa, de ouvidos sadios ou doentes;
- sua higienização dispensa maiores cuidados, sendo fácil de fazer;
- têm a possibilidade de transmitir doença contagiosa se usados por mais de uma pessoa;
- seu custo inicial é elevado, porém sua vida útil é longa;
- são grandes e não podem ser levados nos bolsos, dificultando seu transporte;
- interferem com óculos ou outros equipamentos de proteção individual;
- podem acarretar problemas na sua utilização em locais pequenos e confinados;
- são confortáveis em ambientes frios, mas desconfortáveis em ambientes quentes.
- **protetores de inserção** (tipo plugue ou tampão) são colocados na entrada do canal externo do ouvido.

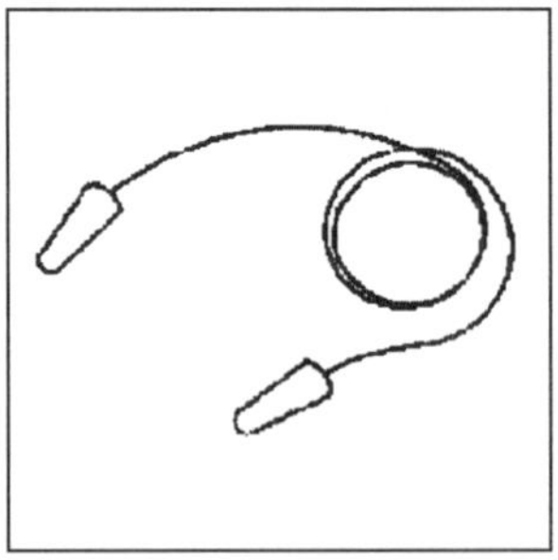

Os protetores de inserção estão divididos em dois grupos: os pré-moldados e os moldáveis, ambos apresentando ótima proteção. Os pré-moldados, feitos de PVC ou silicone, são fabricados em tamanhos pequeno, médio e grande, para melhor adequação ao ouvido do trabalhador. Os moldáveis são feitos de espuma e apresentam proteção mais eficaz, pois se ajustam de forma perfeita ao canal auditivo. Têm menor vida útil, podendo ser considerados descartáveis. Para sua perfeita inserção, é necessário pressionar o plugue, rolando-o entre os dedos polegar e indicador, para reduzir o seu diâmetro.

Os protetores de inserção possuem as seguintes características:

- são personalizados. O médico deve medir o diâmetro do conduto externo do ouvido e o comprimento do primeiro trato desse conduto. Uma vez determinado o tipo adequado a cada trabalhador, o médico ensinará o uso correto dos protetores (inserção e retirada do protetor), a fim de evitar possíveis danos ao ouvido, pelo uso inadequado desses protetores;
- não são facilmente identificáveis a distância e criam dificuldades da comunicação falada normalmente e no controle de seu uso;
- só podem ser usados por pessoa de ouvidos sadios;
- devem ser de material que permita esterilização, que deve ser feita pelo menos uma vez por semana, colocando-se os tampões e sua caixa num recipiente cheio de água e deixando-os ferver;
- na utilização desses protetores, devem ser observadas rigorosas normas de higiene, para evitar infecções nos ouvidos;
- seu custo inicial é baixo, mas têm vida útil curta;
- o uso desse tipo de protetor deve ser estabelecido de forma progressiva, principalmente por curtos períodos, os quais vão se prolongar no dia a dia até atingir a totalidade das horas de trabalho;
- são fáceis de carregar, mas também são fáceis de esquecer ou perder;
- podem ser usados com óculos ou outros EPIs;
- não produzem problemas em espaços limitados;
- temperaturas elevadas não produzem desconforto em sua utilização.

b) Características gerais

Alguns pontos devem ser salientados quanto aos protetores auriculares:

- a existência de ruído irritante no ambiente de trabalho ou a necessidade de elevar o nível da voz para se falar com uma pessoa que esteja a menos de um metro de distância são indícios de que o trabalhador deverá utilizar proteção auditiva;
- para que a adequada atenuação seja assegurada em ambientes de trabalho com nível de ruído muito elevado, é necessária a dupla proteção: o emprego simultâneo de plugue e concha;
- o trabalhador, ao se proteger contra os malefícios do ruído, poderá estar isolando-se de sons que necessita ouvir, como vozes e alarmes;
- o valor da atenuação de ruído é fornecido pelos fabricantes e também consta

do CA do equipamento, fornecido pelo MTb. Caso o fabricante não forneça os dados de atenuação de ruído do protetor, desconfie das qualidades técnicas do EPI; o nível de redução de ruído (NRR) varia conforme a frequência e, em geral, situa-se dentro dos seguintes valores:

Frequência	**1 a 20 Hz**	**20 a 100 Hz**	**100 a 800 Hz**	**800 Hz a 8 kHz**	**> 8 kHz**
Tipo concha	0 a 2 dB	2 a 15 dB	15 a 35 dB	30 a 45 dB	35 a 45 dB
Tipo plugue	5 a 10 dB	5 a 20 dB	15 a 20 dB	25 a 40 dB	30 a 40 dB
Concha + plugue	10 a 15 dB	15 a 25 dB	25 a 45 dB	30 a 60 dB	40 a 60 dB

Fonte: ÁLVARES, Pedro Alcântara. *Curso de acústica industrial*, 1996.

- é importante considerar o uso efetivo do protetor auricular, pois a não utilização do equipamento, mesmo que por pequena parte da jornada, reduz sensivelmente sua atenuação;
- a vida útil dos protetores auriculares, normalmente, não é especificada pelos fabricantes, uma vez que depende do cuidado do usuário e das condições ambientais do trabalho, como intempéries, poeira, produtos químicos etc. De maneira geral, o protetor tipo concha tem vida útil longa, podendo durar até mais de um ano. O de inserção possui vida mais curta; no caso dos de PVC ou silicone, têm vida útil de até um mês. Já os de espuma, considerados quase como descartáveis, devem ser substituídos a cada um ou dois dias de trabalho. A literatura sobre o assunto não menciona a vida útil desse equipamento;
- o National Institute for Occupational Safety and Health (NIOSH), um dos institutos prevencionistas mais respeitados do mundo, publicou em junho de 1998 a edição dos critérios de exposição ocupacional ao ruído (Criteria for a Recommended Standard – Occupational Noise Exposure – Revised Criteria 1998), na qual, entre outros procedimentos, recomenda o uso da Norma ANSI (American National Standards Institute) S12.6/1997 para estimar a atenuação de protetores auriculares. Se o Noise Reduction Rating (Nível de Redução de Ruído – NRR) fornecido pelo fabricante for resultado de métodos diferentes da ANSI S12.6/1997, o usuário deve considerar como NRR o valor da seguinte subtração, conforme o tipo do protetor:
protetor concha ⇒ subtrair 25% do NRR impresso no rótulo;
plugue moldável ⇒ subtrair 50% do NRR impresso no rótulo;
protetores tipo plugue ⇒ subtrair 70% do NRR impresso no rótulo.

Essa redução está fundamentada em vinte trabalhos científicos, de autores independentes, que testaram protetores comerciais em condições reais de exposição e não por meio da cabeça mecânica, em laboratório.

2.8 Proteção respiratória

A proteção respiratória é indispensável sempre que houver risco à saúde por inalação de substâncias tóxicas ou deficiência de oxigênio no ambiente, sendo um procedimento amplamente utilizado na indústria. Embora sejam recomendáveis práticas de higiene industrial utilizando controles de engenharia para reduzir a emissão de contaminantes diretamente nas fontes, existem operações nas quais o tipo de controle não é tecnológica ou economicamente viável ou é inapropriado.

Por não serem tão seguros quanto os controles de engenharia, podendo criar problemas adicionais, os respiradores não devem ser o método preferido para a redução dos níveis de exposição ocupacional. Seu uso, como controle primário, deve ser restrito a circunstâncias nas quais os controles e práticas de engenharia não podem ser utilizados para reduzir os contaminantes ambientais abaixo dos limites de tolerância ou níveis seguros de exposição ocupacional. Os respiradores devem ser utilizados em situações como: operações de reparos e manutenção, emergências, durante períodos de implantação dos controles de engenharia ou como proteção suplementar, quando o uso dos métodos de trabalho e controles de engenharia não for capaz de reduzir os níveis de exposição abaixo dos limites de tolerância.

Existem muitas variáveis que afetam o grau de proteção dos respiradores, colocando em risco a segurança e a saúde dos usuários. A seleção de um equipamento inadequado, um dos erros mais frequentes cometidos na proteção respiratória, pode resultar em exposição a concentrações crescentes de um contaminante nocivo. Esse equívoco pode provocar ampla variedade de efeitos na saúde causados pelos contaminantes prejudiciais, incluindo silicose, asbestose, danos permanentes nos pulmões e câncer.

Respiradores que não recebem manutenção e higienização podem ser menos eficazes e causar problemas ao sistema respiratório.

O uso do respirador pode dar a falsa sensação de segurança e suposta proteção e, se o respirador for inadequado, trazer alto risco ao usuário. Os respiradores só oferecem proteção adequada quando são selecionados para a tarefa específica, são ajustados ao usuário, utilizados adequadamente e recebem manutenção apropriada a fim de manter a proteção requerida na situação de trabalho.

Essas variáveis só podem ser eficientemente controladas se houver um programa de proteção respiratória desenvolvido e implementado em cada local de trabalho onde os respiradores são requeridos. Um programa de proteção respiratória deve seguir as seguintes etapas:

- definição clara dos riscos existentes e do grau de proteção necessário;
- seleção e uso do respirador;
- avaliação médica para seleção e uso do respirador;
- treinamento para o uso correto e cuidados com o respirador;

- implementação de um programa de manutenção que assegure a continuidade de um alto nível da proteção respiratória.

a) Equipamentos de proteção respiratória

Os respiradores protegem os usuários, removendo os contaminantes do ar antes de serem inalados ou suprindo ar respirável de uma fonte independente. Existem duas classes principais de respiradores:

- **respiradores purificadores do ar**: são mecanismos que removem os contaminantes do ar, sendo projetados para formar um perfeito ajuste da peça facial com a face do usuário. Constituem-se de uma estrutura facial, total ou parcial, de um ou mais filtros e, eventualmente, de um tubo de interligação entre as máscaras e os filtros. A máscara separa os órgãos respiratórios do ambiente externo, obrigando a respiração somente pelo filtro, que tem a função de reter a substância tóxica.

  Observe-se que o filtro purifica o ar contaminado que o atravessa, mas não aumenta o percentual de oxigênio existente nele. Portanto, as máscaras a filtro só podem ser empregadas em atmosferas de trabalho em que o teor de oxigênio seja maior ou igual a 18% do volume de ar.

  As máscaras faciais totais cobrem completamente o rosto, assegurando proteção aos olhos e garantindo hermeticidade. As máscaras faciais parciais encobrem apenas o nariz e a boca.

  A parte funcional de um respirador é o filtro, que pode ser removido e substituído quando sua vida útil se extingue. Os filtros são de três categorias:
- *filtros químicos:* asseguram proteção contra gases e vapores tóxicos. São projetados com filtros que absorvem e/ou adsorvem os vapores e gases do ar contaminado antes que ele entre na zona de respiração do trabalhador. Não devem ser empregados quando a concentração dos contaminantes no ambiente for muito elevada. Os limites de emprego variam entre 0,2% em volume (2.000 ppm) e 2% (20.000 ppm). Assim, deve-se evitar o uso do equipamento (máscaras a filtro) em locais confinados, onde as concentrações possam ultrapassar os limites citados. Convém atentar para dois aspectos muito importantes do emprego de máscaras com filtros químicos: um filtro químico não propicia proteção, indiscriminadamente, contra todos os gases e vapores tóxicos, por ser específico para dada substância ou classe de substâncias; a duração de determinado filtro químico (eficiência protetiva) não é ilimitada, cessa após certo tempo de uso, que depende da concentração do tóxico e do regime respiratório do usuário;
- *filtros mecânicos:* oferecem proteção contra suspensões particuladas (aerossóis). Os equipamentos dotados de filtros mecânicos são projetados para reduzir a concentração inalada de poeiras incômodas, fumos, névoas, poeiras tóxicas, poeiras ou fibras de asbesto, ou combinação dessas substâncias, protegendo as vias respiratórias das substâncias em suspensão;

- *filtros combinados:* quando a contaminação ocorre, simultaneamente, com gases ou vapores e partículas em suspensão, é necessário empregar filtros especiais combinados, como é o caso da pulverização com inseticidas e da pintura a pistola, nas quais à suspensão formada adicionam-se os vapores solventes.

  As máscaras descartáveis, ou máscaras de poeira, são respiradores purificadores do ar mais simples nos quais os filtros não podem ser limpos, desinfetados ou substituídos. Protegem o usuário de partículas em suspensão, como poeiras e fumos.
- **respiradores de isolamento**: são mecanismos que fornecem ar respirável puro de uma fonte não contaminada, independentemente da atmosfera ambiente, e que isolam o usuário da atmosfera ambiente. Incluem: a peça facial, capuz, capacete, gorro ou a roupa completa.

  Os aparelhos de isolamento são utilizados sempre que os ambientes ocupacionais apresentam contaminações a elevadas concentrações ou o teor de oxigênio seja inferior a 18%, casos em que é proibido o uso de máscaras de filtro.

  São classificados em dois grupos:

- *autoprotetores ou autônomos:* caso em que o oxigênio provém de meios portados pelo usuário. Esses meios podem ser: cilindros de ar ou oxigênio comprimidos ou, ainda, sistemas em que o oxigênio é liberado por processo químico. Possuem uma fonte de ar ou de oxigênio transportada pelo usuário.

Nos aparelhos autônomos a oxigênio, o ar expirado é depurado, retirando-se a umidade e o gás carbônico e, assim, torna-se próprio para a aspiração seguinte, por meio de enriquecimento com oxigênio, que pode ser obtido por um cilindro de oxigênio comprimido ou meios químicos adequados. Em ambos os casos, o aparelho funciona em circuito fechado.

Os aparelhos com enriquecimento químico também são chamados de autogeradores.

Nos aparelhos autônomos a cilindro de ar, o ar é expirado e descarregado para o exterior (funcionamento em circuito aberto).

- *aparelhos de provisão ou adução do ar:* caso em que o ar puro é trazido a distância, de uma atmosfera não contaminada e com teor normal de oxigênio (21%), por meio de uma tubulação ou nível de ar.

Os aparelhos de adução de ar abrangem dois tipos: ar aspirado e ar insuflado. No tipo ar aspirado o usuário aspira, literalmente, o ar puro, ou seja, mediante sua capacidade de depressão respiratória. Essa aspiração é feita por um tubo flexível, cujo comprimento não pode ultrapassar 8 a 10 metros, uma vez que, acima desse limite, a resistência ao fluxo é muito elevada. No aparelho a ar insuflado, o ar é enviado à máscara, através de um tubo flexível, por uma bomba manual ou motorizada ou linhas de ar comprimido (alta pressão).

A utilização dos aparelhos autônomos ou de adução de ar vai depender, entre outros fatores, da necessidade de autonomia (limitada a algumas horas nos aparelhos autônomos) e de liberdade de movimentos (os aparelhos de adução do ar têm a restrição umbilical da linha de ar).

Máscara descartável

Máscara com filtro químico

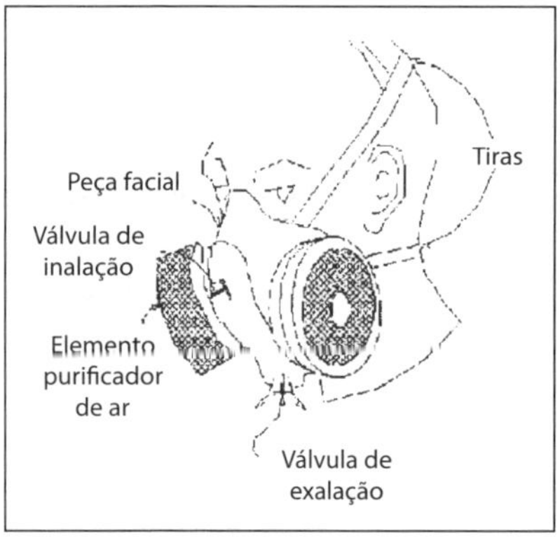

Respirador semifacial

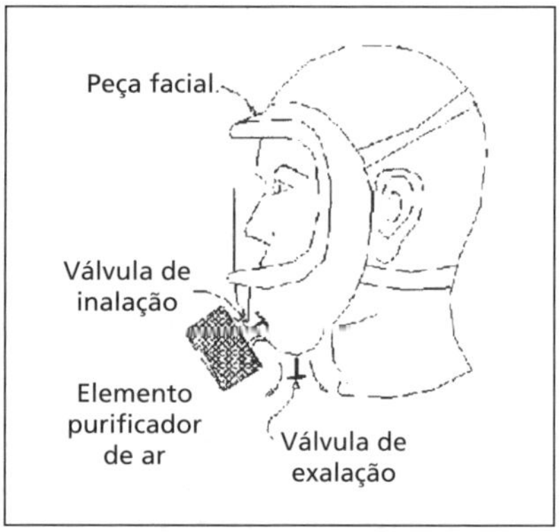

Respirador facial total

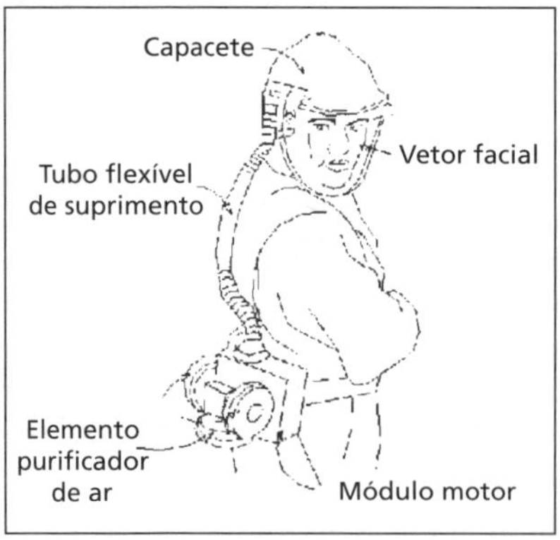

Respirador purificador

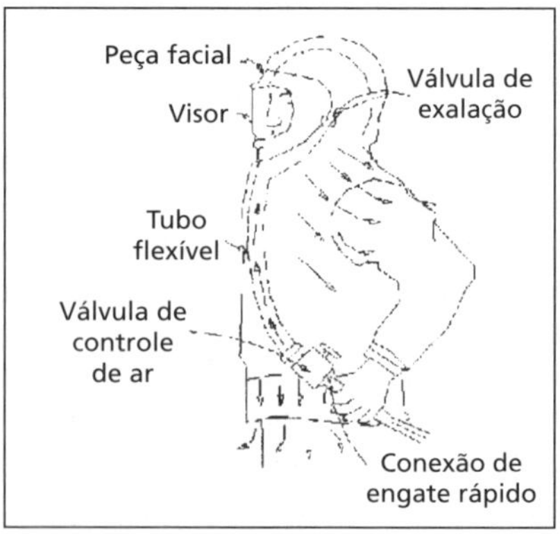

Respirador de isolamento – ar mandado

Figura 2.3 Equipamentos de proteção típicos.

b) Seleção do respirador

A seleção de um equipamento de proteção respiratória requer combinar corretamente o respirador com o risco, o grau de risco e o usuário. O respirador selecionado deve ser adequado para reduzir efetivamente a exposição do usuário em todas as condições de uso, incluindo situações emergenciais razoavelmente previsíveis. A seleção do respirador apropriado envolve a escolha de um equipamento que proteja totalmente o trabalhador dos riscos respiratórios aos quais ele pode se expor e permitir que o trabalhador execute seu trabalho com o menor desgaste físico.

Diversos fatores devem ser considerados na seleção do respirador:

- **concentração do oxigênio no ar**: uma atmosfera deficiente em oxigênio tem teor abaixo de 19,5% por volume de oxigênio. A deficiência de oxigênio pode ocorrer em espaços confinados, que podem incluir: tanques de estocagem, vasos, torres, tambores, carros-tanques, silos, caixas, canais de esgoto, tanques sépticos, túneis de utilidades, bueiros, fossas e poços de minas;
- **natureza do risco e propriedades físicas e químicas do ar contaminante**: deve ser considerada a natureza do risco, isto é, se se encontra na forma combinada ou não. Devem ser consideradas, também, as propriedades físicas e químicas do contaminante, que afetam a seleção do respirador, e a seleção dos componentes do respirador: filtros, cartuchos etc. Nas propriedades físicas devem ser incluídos fatores como tamanho das partículas de poeira e pressão de vapor dos gases e vapores. Cumpre observar, também, as propriedades químicas que afetam o ritmo respiratório e a eficiência do material do filtro em remover, absorver ou adsorver os contaminantes;
- **concentração dos contaminantes**: o grau de exposição no local de trabalho deve ser amostrado e analisado, para então ser determinada a proteção necessária. A concentração do contaminante deve ser comparada com os níveis de exposição ocupacional permitidos, estabelecendo-se qual deve ser a redução, pelo respirador, a níveis ocupacionais seguros;
- **limite de exposição permitida ou limites de tolerância previstos na legislação**: o respirador selecionado deve ser capaz de manter a exposição abaixo dos limites de tolerância estabelecidos pela legislação brasileira: Portaria nº 3.214/1978, NR-15, Anexos 11 e 12. A American Conference of Governmental Industrial Hygienists (ACGIH) possui valores de limites de tolerância para outros contaminantes além dos previstos na legislação brasileira;
- **natureza da operação ou processo**: o tipo de operação, o equipamento, as ferramentas utilizadas ou qualquer movimentação no desenvolvimento das atividades podem influenciar o tipo de respirador a ser selecionado, particularmente no caso dos respiradores de isolamento, que necessitam de conexão com uma fonte de ar limpo;

- **tempo de uso do respirador**: o empregador deve considerar, também, o período no qual o respirador é utilizado pelo trabalhador durante a jornada de trabalho. O ritmo respiratório pode variar bastante, dependendo do agente químico, de sua concentração e das características do respirador, inclusive da temperatura e da umidade. Um respirador que protege de forma adequada contra um agente químico pode ser inadequado para outro agente químico em diferentes ritmos respiratórios. Para a utilização de respiradores por longos períodos, devem ser selecionados aqueles que provoquem o menor desgaste físico possível;
- **as atividades no trabalho e o estresse físico/psicológico**: o tipo de atividade física com o uso dos respiradores deve ser analisado. Trabalhos pesados, desgastantes fisicamente, podem afetar a capacidade de uso de certos tipos de respiradores. As condições de temperatura e de umidade no local de trabalho podem afetar o nível de estresse físico/psicológico associado com o uso do respirador ou com a efetividade dos filtros e cartuchos. Esses fatores devem ser analisados na seleção do equipamento apropriado a cada situação particular de trabalho;
- **teste de adaptação**: alguns trabalhadores podem não encontrar um modelo de respirador ao qual se adaptem adequadamente. Nesse caso, é necessário providenciar um número suficiente de modelos e tamanhos de respiradores, para que o empregado possa escolher um respirador que se ajuste corretamente;
- **características físicas, capacidade funcional e limitação dos respiradores**: os respiradores selecionados não devem impedir a visão, a audição, a comunicação e os movimentos físicos necessários do trabalhador, na execução segura de seu trabalho. Por exemplo, respiradores de isolamento com adução do ar não devem ser utilizados em atividades itinerantes, como ao redor de máquinas e equipamentos, para evitar acidentes com a tubulação de adução de ar.

c) Teste e ajustagem do respirador

Os respiradores devem ajustar-se adequadamente, para que ofereçam a necessária proteção. Para se obter a adequada proteção respiratória, deve-se combinar de forma apropriada o respirador com o usuário. Respiradores que não selam apropriadamente o rosto oferecem somente a ilusão de proteção. Para adequar a grande variabilidade de características de faces entre os indivíduos, os fabricantes oferecem peças faciais de vários tamanhos e modelos.

O primeiro objetivo, ao se testar um respirador, é a identificação do melhor modelo, tipo, tamanho e fabricante do respirador para cada empregado. Além disso, essa é uma oportunidade para checar possíveis problemas na colocação e utilização do respirador.

Antes de testar o equipamento, é necessário mostrar ao empregado como colocar o respirador, a posição no rosto, a tensão das tiras. A seguir, deve ser permitido ao empregado escolher um respirador entre diversas opções de modelos e tamanhos, de forma a encontrar um respirador que se ajuste corretamente. Uma vez encontrado o respirador, será procurada a posição no rosto para a adequada selagem.

Os respiradores necessitam ser testados de forma qualitativa e quantitativa, com o usuário portando o equipamento há pelo menos cinco minutos antes do teste. O teste qualitativo é feito espalhando vapor, gás ou aerossol em torno da cabeça do usuário do respirador. Se o usuário detectar a presença do agente por meio do odor ou irritação nasal, o respirador será considerado inadequado. Antes de iniciado o teste do equipamento, o usuário deve ser testado quanto a sua sensibilidade para determinar o odor ou reação à substância. O teste quantitativo é realizado com medições, utilizando instrumentação apropriada.

Se um empregado achar inaceitável o respirador, deve lhe ser dada a oportunidade de selecionar um novo equipamento. Por outro lado, novo teste é necessário quando for observada uma mudança nas condições físicas do usuário.

d) Uso dos respiradores

Uma vez selecionado e testado, é necessário garantir que o respirador seja utilizado adequadamente no local de trabalho. Algumas condições podem comprometer o uso efetivo do respirador e pôr em risco a proteção do trabalhador: selagem deficiente da peça facial, retirada do respirador no momento errado em atmosferas perigosas, selagem inadequada pelo usuário, reparos inadequados das partes defeituosas. Nessas circunstâncias, existe o perigo de os empregados terem a falsa sensação de segurança, achando-se protegidos, quando realmente não estão.

Os empregadores devem estar atentos também aos locais de trabalho onde estão sendo utilizados os respiradores. Por meio de avaliações rotineiras das condições do local de trabalho, do grau de exposição e do estresse físico, é possível preparar proteções adicionais ou diferentes quando necessário. Observando o uso do respirador nas condições de trabalho, é possível notar mudanças na colocação do respirador devido à interferência de outros equipamentos de proteção ou condições individuais.

Não deve ser permitido que os respiradores sejam utilizados por usuários que tenham cabelos compridos, barba, costeletas, deformidades faciais (cicatrizes, ossos proeminentes etc.) ou estejam utilizando brincos, bonés etc., que podem comprometer a selagem e o funcionamento das válvulas. Óculos ou outros equipamentos de proteção individual só podem ser utilizados quando não interferem na selagem da peça facial.

Os seguintes pontos são importantes no uso contínuo dos respiradores:

- **irritação dos olhos e da pele**: irritação dos olhos e da pele pode ocorrer quando os respiradores são utilizados em condições de calor e umidade. Tais irritações podem ser desgastantes para os trabalhadores, havendo necessidade de retirada e reajuste do respirador. Assim, para prevenir a irritação associada ao uso de respiradores, é conveniente possuir uma área de segurança onde o equipamento possa ser retirado e o rosto possa ser lavado quando necessário;

- **filtros e cartuchos dos respiradores purificadores de ar**: quando o usuário perceber vapor, mudança do ritmo respiratório ou perda da selagem da peça facial, é necessário que ele busque a área de segurança, para reposição do respirador, do filtro ou do elemento danificado;
- **reparos dos respiradores**: uma vez que os respiradores só devem ser utilizados quando estão em boas condições de funcionamento, não deve ser permitido o uso, sob nenhuma hipótese, de equipamentos danificados, incluindo tiras rompidas, perda da forma do respirador, longo período sem manutenção etc. É necessária a substituição, o reparo ou o descarte de um respirador que não esteja em perfeitas condições de uso. Os fabricantes possuem peças de reposição.

Merecem atenção especial os trabalhos realizados em atmosferas de risco iminente. São atmosferas de risco iminente para a saúde ou a vida aquelas que ofereçam ameaça imediata para a vida, ou possam ter efeitos irreversíveis na saúde ou interferir na habilidade individual para escapar da atmosfera perigosa, como atmosfera contendo monóxido de carbono (CO). Devem ser tomados cuidados especiais nessas situações, uma vez que qualquer defeito no respirador pode resultar em danos sérios ou morte. Portanto, é necessário que alguns procedimentos específicos sejam desenvolvidos e implementados, em locais com atmosferas de risco iminente:

- pelo menos um empregado (empregado *stand by*) se localizará fora do ambiente de atmosfera de risco iminente, mantendo uma linha de comunicação visual, sonora ou por sinal com o empregado na atmosfera de risco iminente;
- o empregado fora da atmosfera de risco iminente precisa ser treinado e equipado para efetuar um efetivo resgate de emergência se necessário;
- outro empregado deve ser designado para ser notificado antes que o empregado *stand by* ingresse na atmosfera de risco iminente para fazer o resgate;
- o empregado, assim que for notificado, prepara a necessária assistência para a situação;
- o empregado *stand by* deve estar equipado com outro equipamento auxiliar de proteção respiratória;
- o empregado *stand by* deve estar preparado para a remoção do empregado na atmosfera de risco iminente.

Os respiradores têm limitações em seu uso e nem todos os trabalhadores podem utilizá-los. Pessoas com as funções dos pulmões enfraquecidas, devido a asma ou enfisema, por exemplo, podem ser fisicamente incapazes de utilizar um respirador. Indivíduos que não tenham boa adaptação à peça facial, incluindo aqueles cuja barba ou costeletas interferem na selagem da máscara facial, são incapazes de usar respiradores ajustados. Um ajuste adequado é necessário para um respirador ser efetivo. Além disso, os respiradores podem também provocar problemas associados à comunicação, problemas de visão, fadiga e redução da eficiência no trabalho.

Por princípio, os respiradores são normalmente capazes de realizar uma proteção adequada. Contudo, problemas associados com a seleção, a colocação e uso, às vezes, reduzem a eficiência de sua utilização; a prevenção desses problemas assegura a proteção consistente e confiável em relação à capacidade teórica dos respiradores.

e) Manutenção e cuidados

É obrigação do empregador cuidar para que um respirador esteja limpo, higienizado e em boas condições de uso. Esses requisitos são a parte vital de um programa de proteção respiratória. Para assegurar que um respirador permaneça utilizável, é necessária a implantação de um programa de manutenção, incluindo, pelo menos: procedimento de limpeza e desinfecção, armazenamento adequado, inspeção sistemática de defeitos e métodos de reparos. Os fabricantes possuem instruções e orientações para inspeção, limpeza e manutenção dos respiradores, sendo conveniente consultá-los a respeito. Um bom programa de manutenção garante que um respirador continue funcionando tão bem quanto se fosse novo e deve constar de:

- **limpeza e desinfecção**: para facilitar a aceitação pelos trabalhadores e prevenir irritações de pele e dermatites, os respiradores precisam estar limpos e higienizados. Em locais cujos contaminantes são poeira, fumo ou neblina, a selagem da peça facial fica dificultada, e o respirador pode reduzir sua proteção. É necessário que respiradores utilizados por mais de um empregado estejam limpos e desinfetados antes do uso por um empregado diferente. Respiradores utilizados em testes ou emergência precisam ser higienizados após cada uso;
- **armazenamento**: é conveniente que todos os respiradores sejam armazenados em locais protegidos contra danos, contaminações, poeira, luz solar, temperaturas extremas, umidade excessiva e danos químicos. Devem ser estocados de forma a prevenir deformações na peça facial e nas válvulas, mantendo sua configuração original. É necessário que os respiradores de emergência sejam colocados em área de fácil acesso, visíveis, mas de forma que não fiquem expostos a contaminações ou fiquem inacessíveis;

- **inspeção**: um equipamento de proteção respiratória deve ser inspecionado de forma regular, para assegurar uma confiança contínua. A frequência de inspeção depende do tipo de uso. Os fabricantes têm instruções quanto à frequência e às partes a serem inspecionadas;
- **reparo**: respiradores defeituosos não podem permanecer em uso, sendo, portanto, retirados de uso e descartados, reparados ou ajustados. Reparos ou ajustes devem ser feitos de acordo com as recomendações do fabricante, apenas por pessoal especializado e treinado e utilizando somente elementos de reposição aprovados pelo fabricante do respectivo respirador. É conveniente que os respiradores com componentes complexos e essenciais ao funcionamento seguro do equipamento sejam reparados somente pelo fabricante.

f) Programa de treinamento

O treinamento do empregado é uma parte importante do programa de proteção respiratória, sendo uma obrigação imposta pela legislação ao empregador, de acordo com o estabelecido pela NR-6, da Portaria nº 3.214/1978. A implantação de um programa de treinamento envolve:

- desenvolvimento de um programa de treinamento baseado no nível educacional e na linguagem dos trabalhadores. Tal procedimento facilita a aceitação do treinamento e permite tornar mais efetivo o uso dos respiradores;
- treinamento incluindo uma discussão sobre a necessidade do uso do respirador, uma identificação dos riscos envolvidos, a extensão da exposição ao risco dos empregados e os efeitos potenciais à saúde de tal exposição;
- informar aos empregados as consequências do uso ou da manutenção inadequada na eficiência do respirador. O ajuste, o uso e a manutenção são críticos para assegurar a proteção do trabalhador;
- informar ao usuário as limitações e capacidades do respirador selecionado, bem como discutir as condições de funcionamento do respirador, como é o sistema de filtragem do ar, absorção dos gases e vapores etc.;
- orientar aos empregados, também, como agir em situações de emergência, incluindo as de defeito do respirador, especialmente nos casos de atmosferas de risco iminente;
- incluir no treinamento os procedimentos de inspeção, montagem e desmontagem, checagem do ajuste e da selagem e colocação do respirador. Os empregados devem ser habilitados a reconhecer qualquer problema que possa ameaçar a capacidade de proteção do respirador. O treinamento deve incluir, também, os passos a serem seguidos caso sejam identificados problemas na inspeção, a quem se reportar e como obter peças de reposição;

- instruir os usuários quanto à armazenagem e manutenção dos respiradores. A extensão do treinamento varia conforme as condições do local de trabalho. Nos casos em que os próprios empregados são responsáveis pelo armazenamento e pela manutenção dos respiradores, devem ser realizados treinamentos mais detalhados. Tais treinamentos permitem aos usuários identificar, mais facilmente, os problemas de funcionamento nos respiradores;
- incluir no treinamento informações médicas de forma a ser possível reconhecer sinais e sintomas das condições médicas (por exemplo, dificuldades de respiração, tonturas etc.);
- informar aos empregados os limites de tolerância estabelecidos pela legislação, bem como de outros parâmetros dos programas de proteção respiratória;
- efetuar pelo menos um programa de treinamento por ano;
- mudanças nos ambientes de trabalho, tais como locais, novos riscos, alteração de processos, novos equipamentos etc., ou mudança dos respiradores, exigem novos programas de treinamento;
- manter registros dos treinamentos, com assinatura dos participantes.

2.9 Proteção do corpo e vestimentas especiais

2.9.1 Proteção do tronco

Muitos riscos podem ameaçar o corpo e o tronco do trabalhador: calor, respingos de metais quentes e líquidos, impactos, cortes, ácidos e radiação. São riscos associados a atividades para as quais o trabalhador necessita de proteção do tronco ou de todo o corpo. Essa proteção é proporcionada pelo uso de um vestuário adequado, incluindo aventais, jaquetas, capas etc., e cuja escolha dependerá do tipo de risco envolvido. Os próprios uniformes ou roupas de trabalho exercem a função de vestimenta de proteção, uma vez que protegem contra poeiras, óleos, graxas etc.

Na seleção de uma roupa de proteção adequada, devem ser considerados os seguintes aspectos:

- a roupa deve ser razoavelmente confortável na temperatura em que será utilizada;
- deve ter ajuste perfeito, para que não interfira nos movimentos do trabalhador;
- deve proporcionar proteção adequada ao risco existente;
- deve ser durável.

a) Equipamentos de proteção do tronco

Os principais riscos a que pode estar sujeito o tronco do trabalhador são: cortes e atritos, projeção de partículas, golpes, abrasão, calor radiante, respingos de ácidos, substâncias nocivas, umidade.

Para a proteção desses riscos, são utilizados os seguintes protetores principais: aventais, jaquetas, conjuntos de jaquetas e calça e capas.

Aventais

No Quadro 2.3 são apresentados os materiais de confecção mais comuns dos aventais, conforme os riscos envolvidos nas respectivas atividades.

Quadro 2.3 Materiais de fabricação dos aventais

Material	Riscos	Operações
Couro – vaqueta, raspa	Fagulhas incandescentes, peças cortantes, chapas com rebarbas	Trabalho de soldagem elétrica, oxiacetilênica e corte a quente
PVC	Substâncias químicas, eventualmente proteção contra abrasões e cortes, óleos, graxas e demais derivados de petróleo	Trabalhos em que haja manuseio de peças úmidas ou riscos de respingos de produtos químicos
Tecidos especiais	Altas temperaturas	Serviços que exijam o contato com peças quentes, tubulações de fornos, de caldeiras etc.
Aluminizado	Calor radiante	Para trabalho em que há necessidade de refletir parte do calor incidente sobre o trabalhador
Lona, outros	Agentes cortantes, abrasivos e outros	Trabalho em funilaria, oficinas, armazéns etc.
Oleado (impermeável)	Umidade (água)	Trabalhos de lixamento a água e lavagem de peças em serviços leves
Borracha	Respingos de produtos químicos, pós-corrosivos etc.	Tinturaria, galvanoplastia, petroquímica e outros
Malha de aço	Agentes cortantes e perfurantes	Frigoríficos (cortes, desossamento)

Fonte: FUNDACENTRO. *Equipamento de proteção individual*. São Paulo, 1983.

Jaquetas ou conjuntos de jaqueta e calça

Utilizados, geralmente, em trabalhos em que há o risco de queimaduras, exposição a calor radiante e a agentes térmicos (como altas temperaturas provenientes do trabalho em fundições etc. e baixas temperaturas de câmaras frigoríficas). Sua confecção obedece praticamente aos mesmos critérios empregados para os aventais.

Capas

Confeccionadas, geralmente, com materiais impermeáveis (tecidos emborrachados, plastificados etc.), utilizadas em locais onde o trabalhador esteja sujeito a intempéries; por exemplo, em serviços de construção civil, aeroportos, vigilância etc.

Avental Jaqueta Capa contra chuva ou frio

Figura 2.4 Equipamentos de proteção do tronco.

b) Manutenção e cuidados

As roupas de proteção devem ser inspecionadas periodicamente, para assegurar a adequada função de proteger continuamente o trabalhador. A vida útil das roupas de proteção depende em grande parte do cuidado que recebem: limpeza e manutenção periódicas para eliminar o acúmulo de solventes, produtos químicos agressivos etc. O recondicionamento pode incluir limpeza, esterilização e reparos. Os protetores defeituosos devem ser descartados e substituídos.

Alguns pontos a serem observados:

- o avental pode se transformar em fonte de acidentes se for usado frouxo ou esvoaçante, principalmente próximo a partes rotativas de máquinas;
- é conveniente que os aventais tenham um requisito de fabricação imprescindível referente às alças do pescoço e da cintura: estas devem se desprender com facilidade, caso o avental enrosque ou seja arrastado por alguma parte móvel de uma máquina.

2.9.2 Vestimentas especiais

Muitos problemas específicos de saúde ocupacional ocorrem em situações de trabalho nas quais medidas de controle no ambiente tornam-se impossíveis, recorrendo-se, nesses casos, a roupas especiais que ofereçam aos trabalhadores a proteção necessária a suas atividades.

Algumas situações frequentes envolvendo riscos e que exigem roupas especiais são: temperaturas extremas, radiações e visualização.

- **condições de temperatura**: ação do calor e frio excessivos, procedentes de fogo ou proximidade de qualquer outro objeto a alta ou baixa temperatura. As roupas de proteção colocam, a níveis aceitáveis, a carga térmica suportada pelo homem em algumas condições de trabalho, devendo ser constituídas por materiais que apresentem uma resistência térmica relativamente alta. Essas roupas:
  - não podem ser inflamáveis (no caso de altas temperaturas);
  - devem opor-se à penetração do calor procedente de paredes radiantes (calor radiante) e transmitido pelo ar (convecção);
  - têm de eliminar o calor que penetra por ela e o produzido pelo organismo (também no caso de ambientes a altas temperaturas);
  - em ambientes a baixa temperatura (frigoríficos), têm que reter o calor produzido pelo organismo.

Protetor	Risco	Material
Blusão, calça, capuz, macacão, japona	Calor (radiante) Frio	Tecido aluminizado Tecido especial acolchoado de espuma de poliéster e lã

- **índice de radiação** (radiações ionizantes e não ionizantes): radiações ionizantes são os raios α, β, γ e χ emitidos por substâncias radioativas; radiações não ionizantes são caracterizadas pelos raios infravermelhos (luz solar, forjarias de ferro, fundições de vidro etc.) e ultravioleta, ou UV (soldagem elétrica, aparelhos germicidas etc.). As roupas devem ter um alto poder refrativo no caso das radiações não ionizantes do tipo UV e *laser*, e absorventes nas ionizantes, ou ambas as características, se for o caso. Os tecidos aluminizados são largamente empregados como refletores de radiações não ionizantes do tipo UV e *laser*, devendo estar associados a isolantes térmicos. Essa observação deve-se ao fato de que o melhor índice de reflexão conseguido, na prática, gira em torno de 80%. Assim, 20% da radiação atravessa o tecido sob a forma de calor, o qual deverá ser retido no isolante térmico colocado sob o anterior.

Protetor	Risco	Material
Macacões	Radiações do tipo UV e *laser*	Tecido aluminizado
Aventais	Raios α, β, γ e χ	Chumbo e similares

- **visualização** (trabalhos noturnos): no transporte de materiais ou movimentação veicular, como manobra de aviões em aeroportos, há necessidade de uma visualização ou sinalização das pessoas envolvidas, pretendendo-se em determinados casos aliar a proteção a um efeito funcional. O efeito da visualização desejada é conseguido pela impregnação de substâncias luminescentes no tecido das roupas. Se o objetivo visado for somente a visualização, é usado apenas na parte do tronco sob a forma de coletes. Se, entretanto, exige-se, além do efeito protetivo, funcionalidade, surge a necessidade da utilização nos membros superiores, ou até mesmo nos inferiores. É o caso da manobra de aviões em aeroportos, onde a operação é realizada pela movimentação dos braços pelo "guia", no estacionamento das aeronaves.

Protetor	Risco	Material
Colete, manta, avental, capa, luva, boné	Movimentação de veículos	Tecido sintético ou plastificado (material luminescente – poliuretano)

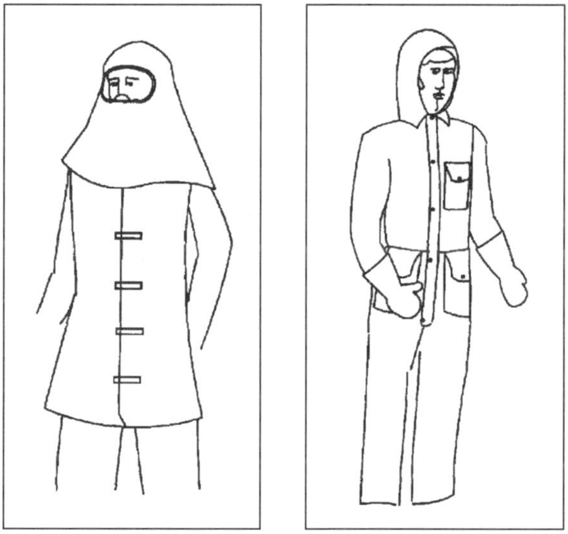

Roupa de tecido especial contra o calor

Roupa acolchoada contra o frio

Figura 2.5 Roupas contra o calor e o frio.

2.10 Proteção da pele

Os cremes protetores para a pele foram classificados como equipamentos de proteção individual pelo Ministério do Trabalho, pela Portaria nº 3, de 20/2/1992, sendo incluídos na NR-6 pela Portaria nº 26, de 29/12/1994.

Devem ser destacados os seguintes trechos dessa portaria:

- considera que os cremes protetores vêm sendo utilizados regularmente em outros países, a ponto de a literatura internacional recomendá-los como barreiras contra agentes nocivos externos;
- numerosas empresas vêm utilizando livremente esses cremes, atestando sua eficácia em benefício dos trabalhadores;
- os estudos e as demonstrações práticas realizadas com cremes protetores de fabricação nacional apresentaram resultados satisfatórios;
- para a obtenção do certificado de aprovação, o fabricante de cremes deverá apresentar, além dos documentos previstos na NR-6, os seguintes procedimentos, exigências e laudos técnicos emitidos por laboratórios qualificados:

Art. 3º

. . . .

1. comprovante laboratorial sobre a capacidade de proteção do creme produzido, informando através do teste de salubridade ou equivalente o grupo ao qual se integra: se água-resistente; óleo-resistente ou creme especial;

2. relatório e garantia de que o creme não causa irritação, sensibilização da pele e de que não interfere no sistema termorregulador humano;

3. cópia da publicação do registro do creme protetor no órgão de Vigilância Sanitária do Ministério da Saúde, conforme previsto na Lei nº 6.360, de 23/9/1976,

4. laudo laboratorial comprovando que o creme não tem ação reagente ou catalisadora em contato com as substâncias para as quais se destina a proteger;

5. cópia da anotação de responsabilidade técnica – ART de profissional responsável pela produção e controle da qualidade do produto;

6. cópia do registro no Ministério do Trabalho como fabricante – CRF ou o de importador – CRI.

Os cremes de proteção foram desenvolvidos em função da necessidade de maior tato requerido por operações em que haja produtos químicos e seus derivados que possam agredir a pele do usuário, como óleos, graxas, tintas solventes etc.

Em contato constante, os agentes agressores vão penetrando na pele e, com o passar do tempo, aparecem as dermatoses e outros tipos de moléstias ocupacionais. Comprovadamente, com o uso constante dos cremes de proteção, o índice desses problemas desapareceriam completamente do ambiente de trabalho. Com o uso de cremes, o trabalhador não terá contato com o produto que será manipulado e, como benefício, na limpeza da pele não será necessário o uso de qualquer outro produto desengraxante ou pasta contendo abrasivos, que iriam ressecar e agravar pequenos cortes, com probabilidade de contaminação.

Os cremes de proteção dividem-se em três grupos, de acordo com o uso a que se destinam:

- Grupo 1 – água-resistente: não são facilmente removíveis com água;
- Grupo 2 – óleo-resistente: não são facilmente removíveis com óleo ou solventes;
- Grupo 3 – cremes especiais: com indicações e usos definidos e bem especificados pelo fabricante (exemplos: cremes com filtro solar, desengraxantes etc.).

São comercializados no mercado diversos tipos de cremes para a pele que oferecem proteção específica contra a ação dos raios ultravioleta, meios ácidos, cremes com ação bactericida e desodorante, entre outros.

Quanto ao uso dos cremes protetores, alguns pontos devem ser destacados:

- antes do início do trabalho, com as mãos bem secas e limpas, o trabalhador deve aplicar uma pequena quantidade (cerca de 2 gramas), espalhando bem nas palmas e costas das mãos, entre os dedos, sob as pontas das unhas e junto das cutículas. Em poucos segundos, o creme secará formando uma película protetora à agressividade dos agentes existentes nos ambientes de trabalho;
- a aplicação é normalmente feita duas vezes ao dia (no início de cada expediente de trabalho), mas nos casos em que houver necessidade de limpeza completa das mãos mais vezes durante a jornada de trabalho, um maior número de aplicações será necessário.

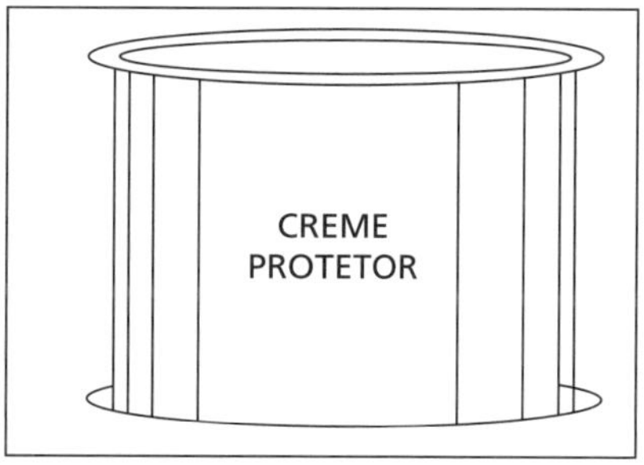

Figura 2.6 Exemplo de embalagem de creme protetor.

2.11 Vida útil dos EPIs

A vida útil de cada EPI é determinada pelas condições ambientais do local de trabalho, pelo cuidado que o usuário lhe dispensa e por sua qualidade.

Para a determinação da vida útil média, é recomendável que a empresa, por meio de seu especialista em Segurança do Trabalho, acompanhe a utilização do EPI, na situação normal de uso, em diversos trabalhadores, estabelecendo, assim, a vida útil média de acordo com suas próprias peculiaridades de trabalho. O Programa de Prevenção de Riscos Ambientais (PPRA) da empresa, baseado na vivência do local de trabalho, é a fonte mais segura para estabelecer o programa de reposição de EPI. Vale ressaltar, entretanto, que, não possuindo condições de uso, os EPIs devem ser repostos ou suas peças substituídas, independentemente de sua vida útil.

Apenas para efeito de referência e com base na experiência de diversas empresas e de profissionais de Segurança do Trabalho, é apresentado no Quadro 2.4 um resumo da vida útil estimada dos principais EPIs utilizados nas indústrias.

Quadro 2.4 Vida útil estimada de equipamentos de proteção individual (EPIs)

EPI	Vida útil estimada
Avental	
Impermeável/PVC	até 6 meses
Raspa	até 6 meses
Bota/Botina	
Borracha	até 6 meses
Couro	até 12 meses
Eletricista	até 12 meses
Capacete	até 2 anos
Cinturão de segurança	Indeterminado
Cremes protetores (220 g)	1 a 2 meses
Luvas	
Borracha/Látex/PVC	até 8 semanas
Grafatex	até 8 semanas
Raspa/Vaqueta	até 6 meses
Máscara de soldador/Filtro	Até 1 ano
Óculos de segurança	até 12 meses
Perneira de raspa	até 8 meses
Protetor auricular	
Abafador, concha	até 12 meses
Plugue moldável	até 10 dias
Plugue pré-moldado	até 3 meses
Protetor facial	até 2 meses
Respiradores	
Filtro mecânico	até 16 semanas
Filtro químico	até 4 semanas
Máscara descartável	até 7 dias
Touca de brim	até 12 meses
Uniforme	
Calça/Camisa	até 12 meses
Jaleco	até 6 meses
Japona	até 2 anos
Sapato	até 12 meses

3

Proteção nas Operações Insalubres

3.1 Operações insalubres

3.1.1 Aspectos legais

a) Conceituação

O art. 189 da Consolidação das Leis do Trabalho (CLT) define atividades ou operações insalubres:

> Serão consideradas atividades ou operações insalubres aquelas que, por sua natureza, condições ou métodos de trabalho, exponham os empregados a agentes nocivos à saúde acima dos limites de tolerância, fixados em razão da natureza e da intensidade e do tempo de exposição aos seus efeitos.

A palavra *insalubre,* de origem latina, significa doentio ou tudo o que pode gerar doença.

Os agentes nocivos à saúde são definidos pela NR-9 – Programa de Prevenção de Riscos Ambientais, da Portaria nº 3.214/1978 do MTE, que considera riscos ambientais os agentes físicos, químicos e biológicos existentes nos ambientes de trabalho que, em função de sua natureza, concentração ou intensidade e tempo de exposição, são capazes de causar danos à saúde do trabalhador.

Os agentes físicos são as diversas formas de energia a que possam estar expostos os trabalhadores, como ruídos, calor, radiações ionizantes, condições hiperbáricas ou pressões anormais, radiações não ionizantes, frio ou temperaturas extremas, umidade, ultrassom e infrassom.

Os agentes químicos são substâncias, compostos ou produtos que possam penetrar no organismo pelas vias respiratórias, nas formas de gases ou vapores, poeiras, fumos, névoas, neblinas ou que, pela natureza da atividade de exposição, possam ter contato ou ser absorvidos pelo organismo por meio da pele ou por ingestão.

Os agentes biológicos são as bactérias, os fungos, os bacilos, os parasitas, os protozoários, os vírus, entre outros.

Embora a legislação defina insalubridade em função dos limites de tolerância fixados em razão da natureza, da intensidade e do tempo de exposição, a NR-15 – Atividades e Operações Insalubres, da Portaria nº 3.214/1978 do MTE, estabelece os critérios quantitativo e qualitativo para caracterizar as condições de insalubridade nos ambientes de trabalho:

- **critério quantitativo**: é o que utiliza os limites de tolerância relativos ao agente nocivo para caracterizar as condições de insalubridade do meio ambiente de trabalho;
- **critério qualitativo**: é aquele em que o agente nocivo não tem limite de tolerância estabelecido, e a insalubridade é caracterizada pela constatação de sua presença por meio de laudo de inspeção técnica do local de trabalho.

A NR-15 define o Limite de Tolerância (LT) da seguinte forma:

> A concentração ou intensidade máxima ou mínima, relacionada com a natureza e o tempo de exposição ao agente, que não causará dano à saúde do trabalhador, durante a sua vida laboral.

Assim, devem ser avaliadas, pelo critério quantitativo, as atividades e operações que se desenvolverem na presença dos seguintes agentes nocivos, relacionados conforme os anexos citados na NR-15:

Anexo nº 1 – Ruído contínuo ou intermitente
Anexo nº 2 – Ruído de impacto
Anexo nº 3 – Calor
Anexo nº 5 – Radiações ionizantes
Anexo nº 8 – Vibrações
Anexo nº 11 – Gases e vapores
Anexo nº 12 – Poeiras minerais

Deve ser avaliada pelo critério qualitativo a insalubridade provocada pelos seguintes agentes nocivos, constantes dos anexos da NR-15:

Anexo nº 6 – Trabalho sob condições hiperbáricas
Anexo nº 7 – Radiação não ionizante
Anexo nº 9 – Frio
Anexo nº 10 – Umidade
Anexo nº 13 – Agentes químicos
Anexo nº 14 – Agentes biológicos

b) Graus de insalubridade

A NR-15 estabelece três graus de insalubridade, em função da natureza do agente: máximo, médio e mínimo.

O exercício do trabalho em condições de insalubridade assegura ao trabalhador a percepção de adicional sobre o salário mínimo, nos percentuais a seguir, de acordo com o grau de insalubridade:

grau máximo 40%
grau médio................... 20%
grau mínimo 10%

O Quadro 3.1 apresenta, de forma sintética, os anexos da NR-15, os agentes de insalubridade e seus respectivos graus, os percentuais e o critério de caracterização ou avaliação da insalubridade.

Quadro 3.1 Agente nocivo e grau de insalubridade

Anexo da NR-15	Agente nocivo	Grau	Adicional	Critério (*)
1	Ruído contínuo/ intermitente	Médio	20%	Qt
2	Ruído de impacto	Médio	20%	Qt
3	Calor	Médio	20%	Qt
5	Radiações ionizantes	Máximo	40%	Qt
6	Pressões hiperbáricas	Máximo	40%	Ql
7	Radiações não ionizantes	Médio	20%	Ql
8	Vibrações	Médio	20%	Qt
9	Frio	Médio	20%	Ql
10	Umidade	Médio	20%	Ql
11	Gases e vapores	Mínimo/Médio/ Máximo	10%/20%/40%	Qt
12	Poeiras minerais	Máximo	40%	Qt
13	Agentes químicos	Mínimo/Médio/ Máximo	10%/20%/40%	Ql
14	Agentes biológicos	Médio/Máximo	20%/40%	Ql

(*) Qt – critério quantitativo
Ql – critério qualitativo

c) Eliminação ou neutralização da insalubridade

A eliminação ou neutralização da insalubridade é assim definida pela NR-15:

> 15.4 A eliminação ou neutralização da insalubridade determinará a cessação do pagamento do adicional respectivo.
>
> 15.4.1 A eliminação ou neutralização deverá ocorrer:
>
> a) com a adoção de medida de ordem geral, que conserve o ambiente de trabalho dentro dos níveis de tolerância;
>
> b) com a utilização de equipamento de proteção individual.

As medidas de eliminação ou neutralização dos agentes nocivos ou de insalubridade são referentes à melhoria das condições ambientais do trabalho e/ou de proteção individual do trabalhador.

As medidas de ordem geral de proteção do ambiente de trabalho são as que visam eliminar o problema na fonte ou na trajetória, como a instalação de sistema de exaustão em uma bancada de polimento, a colocação de barreiras acústicas reduzindo a intensidade dos ruídos ou a adoção de medidas administrativas, a fim de reduzir o tempo de exposição ao agente insalubre. Essas medidas são ditas coletivas e deverão ser buscadas prioritariamente. Não sendo, porém, possível o controle ambiental, por meio de medidas de proteção coletiva, deve ser utilizada a proteção individualizada, com o uso de Equipamento de Proteção Individual (EPI).

3.1.2 Medidas de controle

Os empregadores devem adotar as medidas necessárias e suficientes para a eliminação, a minimização ou o controle dos riscos ambientais, sempre que forem constatadas uma ou mais das seguintes situações:

- identificação de risco potencial à saúde do trabalhador;
- verificação de risco real à saúde do trabalhador;
- quando o resultado das avaliações quantitativas da exposição dos trabalhadores exceder os valores dos limites de tolerância previstos na NR-15, da Portaria nº 3.214/1978 – MTb, ou, na ausência desses, os valores-limite de exposição ocupacional adotados pela American Conference of Governmental Industrial Hygienists (ACGIH), ou, ainda, os que venham a ser estabelecidos em negociação coletiva de trabalho, desde que mais rigorosos que os critérios técnico-legais estabelecidos;
- quando, por meio do controle médico de saúde, ficar caracterizado o nexo causal entre os danos observados na saúde dos trabalhadores e a situação de trabalho a que eles ficam expostos.

As medidas de proteção coletiva devem ser prioritárias, e seu estudo, desenvolvimento e implantação obedecerão à seguinte precedência:

1º) medidas que eliminam a utilização ou a formação de agentes prejudiciais à saúde;

2º) medidas que previnam a liberação ou disseminação dos agentes prejudiciais à saúde no ambiente de trabalho;

3º) medidas que reduzam a concentração ou os níveis dos agentes (prejudiciais à saúde) no ambiente de trabalho.

É importante que a implantação de medidas de caráter coletivo seja acompanhada de treinamento dos trabalhadores quanto aos procedimentos que assegurem sua eficiência e de informações sobre eventuais limitações de proteção que ofereçam.

Quando o empregador comprovar a inviabilidade técnica da adoção de medidas de proteção coletiva, ou quando essas não forem suficientes ou encontrarem-se em fase de estudos, planejamento ou implantação, ou ainda em caráter complementar ou emergencial, deverão ser adotadas, de imediato, outras medidas, obedecendo-se à seguinte precedência:

1º) medidas de caráter administrativo ou de organização do trabalho;

2º) utilização de Equipamentos de Proteção Individual (EPI).

A utilização do EPI deverá obedecer às normas legais e administrativas e envolver, no mínimo, o seguinte:

- seleção do EPI adequado tecnicamente ao risco a que o trabalhador está exposto e à atividade exercida, considerando-se a eficiência necessária para o controle da exposição ao risco e o conforto oferecido, segundo a própria avaliação do trabalhador usuário;
- programa de treinamento dos trabalhadores quanto à correta utilização e orientação sobre as limitações de proteção que o EPI oferece;
- estabelecimento de normas ou procedimentos para promover o fornecimento, o uso, a guarda, a higienização, a conservação, a manutenção e a reposição do EPI, visando garantir as condições de proteção originariamente estabelecidas;
- caracterização das funções ou atividades dos trabalhadores, com a respectiva identificação dos EPIs utilizados para os riscos ambientais.

3.1.3 Nível de ação

A NR-9, da Portaria nº 3.214/1978, no item 9.3.6, define Nível de Ação como:

> o valor acima do qual devem ser iniciadas as ações preventivas, de forma a minimizar a probabilidade de que as exposições a agentes ambientais ultrapassem os limites de exposição.

Esse conceito é importante, uma vez que procura prevenir, com uma margem segura, a exposição aos agentes ambientais que possam provocar danos à saúde do trabalhador. As ações preventivas devem incluir o monitoramento periódico da exposição, a informação aos trabalhadores e o controle médico.

As situações que apresentarem exposição ocupacional acima dos níveis de ação deverão ser objeto de rigoroso controle sistemático, conforme o seguinte:

a) para agentes químicos, a metade dos limites de exposição ocupacional, sempre que os resultados das avaliações quantitativas da exposição dos trabalhadores excederem os valores dos limites previstos na NR-15, ou, na ausência desses, os valores de limites de exposição ocupacional adotados pela American Conference of Governmental Industrial Hygienists (ACGIH), ou os que venham a ser estabelecidos em negociação coletiva de trabalho, desde que mais rigorosos do que os critérios técnico-legais estabelecidos;
b) para o ruído, a dose 0,5 (dose superior a 50%), conforme critério estabelecido na NR-15, Anexo 1, item 6.

3.2 Agentes físicos

3.2.1 Ruído

a) Aspectos gerais

Entre os agentes nocivos à saúde, o mais frequente nos ambientes de trabalho é o ruído. Ele tem sido responsável por distúrbios auditivos temporários e permanentes e por comprometimentos orgânicos diversos, contribuindo para o aumento do número de acidentes do trabalho.

A permanência de pessoas em níveis de ruído elevados pode causar a perda de audição. Como ela ocorre de maneira lenta e gradual, sua prevenção não tem merecido a devida importância.

A perda auditiva pode ocorrer sem o conhecimento da própria pessoa, pois o ruído pode causar danos ao sistema auditivo sem gerar nenhuma dor. A verificação da perda auditiva do trabalhador é feita por meio de estudo seriado e regular desde sua admissão até demissão (Análise Sequencial de Testes Audiométricos Ocupacionais).

Conceitua-se ruído como o som ou a mistura de sons capazes de causar danos à saúde de quem o percebe, isto é, o ruído é qualquer som indesejável, desagradável e que perturba física e psicologicamente o indivíduo. Não existe, fisicamente, qualquer diferença entre som e ruído. O som é uma percepção sensorial, e o ruído é um som indesejado. Som é a sensação auditiva provocada por um movimento oscilatório que se propaga em um meio elástico, dentro da faixa audível. Para que o som seja percebido, é necessário que ele esteja dentro da faixa de frequência captável pelo ouvido humano, que varia de 16 a 20.000 Hz. De forma genérica, problemas de emissão de ruídos envolvem um sistema composto de três elementos: uma fonte, um meio de transmissão e um receptor.

Com o desenvolvimento do processo econômico das indústrias e o aumento do número de máquinas, visando melhorar o desempenho operacional, a perda da audição passou a ser um dos maiores problemas de saúde ocupacional.

A maioria das operações industriais envolve ruído. Maquinário leve ou pesado, fixo ou móvel, veículos automotores em geral, serras, compressores e outros dão origem a níveis bastante elevados de ruído. O ruído é gerado por uma fonte, geralmente uma máquina ou equipamento em funcionamento, e se transmite num meio, geralmente o ar atmosférico.

A Organização Mundial de Saúde (OMS) define o limite de 75 dB(A) como o início do desconforto auditivo.

Quando uma pessoa é submetida a *estresse auditivo* constante, ocorre a amnésia parcial do cérebro, como defesa e alívio contra o impacto do som no organismo. A mesma substância que induz à amnésia provoca, também, prazer e, com o tempo, dependência. É por essa razão que os frequentadores de locais excessivamente ruidosos, como discotecas, não sentem, a curto prazo, os efeitos maléficos a que estão sujeitos; todavia, com o passar do tempo, sobrevém a progressiva perda da capacidade auditiva, podendo atingir a surdez.

O ruído de intensidade muito elevada pode causar: distúrbios do sono, estresse, perda da capacidade auditiva, dores de cabeça, alergias, distúrbios digestivos, incapacidade de concentração, aumento de tensão muscular, hipertensão arterial, surdez, entre outros males à saúde do ser humano.

O Quadro 3.2 mostra algumas fontes de ruídos intensos, comuns ao dia a dia das pessoas, e prejudiciais à saúde.

Quadro 3.2 Fontes de ruídos comuns e prejudiciais ao ser humano

Fontes de ruídos intensos	Níveis dos ruídos dB(A)
Avião a jato a cinco metros	130 a 140
Discoteca Britadeira a cinco metros Martelo pneumático a cinco metros Impressora de jornal a cinco metros Buzina de automóvel a cinco metros	110 a 130
Tráfego sentido rua/casa Despertador a um metro Televisão a um metro Lavadora de roupas a um metro	70 a 90

b) Legislação básica

NR-15 – ANEXO Nº 1

LIMITES DE TOLERÂNCIA PARA RUÍDO CONTÍNUO OU INTERMITENTE

Nível de ruído dB(A)	Máxima exposição diária permissível
85	8 horas
86	7 horas
87	6 horas
88	5 horas
89	4 horas e 30 minutos
90	4 horas
91	3 horas e 30 minutos
92	3 horas
93	2 horas e 40 minutos
94	2 horas e 15 minutos
95	2 horas
96	1 hora e 45 minutos
98	1 hora e 15 minutos
100	1 hora
102	45 minutos
104	35 minutos
105	30 minutos
106	25 minutos
108	20 minutos
110	15 minutos
112	10 minutos
114	8 minutos
115	7 minutos

1. Entende-se por ruído contínuo ou intermitente, para os fins de aplicação de Limites de Tolerância, o ruído que não seja de impacto.

2. Os níveis de ruído contínuo ou intermitente devem ser medidos em decibéis (dB), com instrumento de nível de pressão sonora operando no circuito de compensação "A" e circuito de resposta lenta (SLOW). As leituras devem ser feitas ao nível do ouvido do trabalhador.

3. Os tempos de exposição aos níveis de ruído não devem exceder os limites de tolerância fixados no quadro deste anexo.

4. Para os valores encontrados de nível de ruído intermediário, será considerada a máxima exposição diária permissível ao nível imediatamente mais elevado.

5. Não é permitida exposição a níveis de ruído acima de 115 dB(A) para indivíduos que não estejam adequadamente protegidos.

6. Se durante a jornada de trabalho ocorrerem dois ou mais períodos de exposição a ruído de diferentes níveis, devem ser considerados os seus efeitos combinados, de forma que, se a soma das seguintes frações:

$$C_1/T_1 + C_2/T_2 + C_3/T_3 + \text{———} + C_n/T_n$$

exceder a unidade, a exposição estará acima do limite de tolerância.

Na equação acima, C_n indica o tempo em que o trabalhador fica exposto a um nível de ruído específico e T_n indica a máxima exposição diária permissível a esse nível, segundo o quadro deste Anexo.

7. As atividades ou operações que exponham os trabalhadores a níveis de ruído contínuo ou intermitente, superiores a 115 dB(A), sem proteção adequada, oferecerão risco grave e iminente.

NR-15 – ANEXO Nº 2

LIMITES DE TOLERÂNCIA PARA RUÍDOS DE IMPACTO

1. Entende-se por ruído de impacto aquele que apresenta picos de energia acústica de duração inferior a 1 (um) segundo, a intervalos superiores a 1 (um) segundo.

2. Os níveis de impacto deverão ser avaliados em decibéis (dB), com medidor de nível de pressão sonora operando no circuito linear e circuito de resposta para impacto. As leituras devem ser feitas próximas ao ouvido do trabalhador. O limite de tolerância para ruído de impacto será de 130 dB (LINEAR). Nos intervalos entre os picos, o ruído existente deverá ser avaliado como ruído contínuo.

3. Em caso de não se dispor de medidor do nível de pressão sonora com circuito de resposta para impacto, será válida a leitura feita no circuito de resposta rápida (FAST) e circuito de compensação "C". Neste caso, o limite de tolerância será de 120 dB(C).

4. As atividades ou operações que exponham, os trabalhadores, sem proteção adequada, a níveis de ruído de impacto superiores a 140 dB (LINEAR), medidos do circuito de resposta para impacto, ou superiores a 130 dB(C), medidos no circuito de resposta rápida (FAST), oferecerão risco grave e iminente.

c) Medidas de controle/equipamento de proteção individual

As medidas de controle de ruído em um ambiente de trabalho são, fundamentalmente:

- **coletivas**: as que buscam reduzir o ruído na fonte ou na trajetória;

- **individuais**: as que visam reduzir os efeitos do ruído por meio da redução do tempo de exposição ou por meio da utilização de equipamento individual de proteção auricular.

Medidas de controle na fonte

Por ser de caráter coletivo, é a medida prioritária e que, portanto, será sempre perseguida, antecipando-se a todas as outras.

Entre as várias medidas de controle da fonte, podem ser citadas as seguintes:

- substituir o equipamento por outro, menos ruidoso;
- balancear ou equilibrar as partes móveis da máquina ou equipamento;
- lubrificar correta e sistematicamente rolamentos, mancais etc.;
- reduzir os impactos, choques, na medida do possível;
- alterar o processo de produção ou de fabricação, por exemplo: substituir rebitagem (operação ruidosa) por soldagem;
- programar as operações, de forma que permaneçam poucas máquinas funcionando simultaneamente no mesmo ambiente de trabalho;
- reduzir as vibrações com aplicação de materiais absorventes;
- regular os motores;
- reapertar as estruturas;
- substituir engrenagens metálicas por outros materiais menos ruidosos (plástico, celeron etc.).

Medidas de controle no meio

Não sendo viável o controle da fonte, deve ser buscado, como segunda prioridade, o controle no meio, por ser, também, medida de caráter coletivo, que consiste, basicamente, em:

- evitar a propagação do som por meio de isolamento acústico;
- obter o máximo de perdas da energia sonora por absorção.

O isolamento acústico poderá ser conseguido das seguintes maneiras:

- evitando que o som se propague da fonte, como indica o seguinte esquema:

Fonte ||||||||||||||||||||||||||||||||||||||||||||||||||||||| Meio ——— Homem
(barreira)

Trata-se da construção de uma barreira que separe a fonte do meio que a rodeia, evitando que o som se propague.

- evitando que o som chegue ao receptor, conforme indica o seguinte esquema:

Fonte ——— Meio ||||||||||||||||||||||||||||||||||||||||||||||||||||||| Homem
(barreira)

Trata-se da construção de uma barreira que separe a fonte e o meio do indivíduo exposto ao ruído.

O isolamento acústico das fontes ruidosas é obtido com a colocação de barreiras isolantes e absorventes de som. São obtidos melhores resultados se as barreiras forem revestidas, internamente, com materiais absorventes de som (cortiça, lã de vidro etc.) e face externa em material isolante de som (alvenaria, por exemplo).

O máximo de retenção de energia sonora é obtido por absorção, fazendo o tratamento acústico das superfícies, revestindo-as com material absorvente, a fim de evitar a reflexão sonora.

Medidas de controle no homem

O controle no homem deve ser o último recurso a ser adotado, ou seja, será usado quando demonstrarem ser inviáveis os controles na fonte e no meio. Entretanto, o controle no homem pode ser adotado como medida complementar, sempre que as medidas de controle na fonte e no meio não forem suficientes para reduzir, satisfatoriamente, o ruído.

Como medidas de controle no homem podem ser citadas:

- **limitação do tempo de exposição**: consiste em reduzir o tempo de exposição do indivíduo aos níveis de ruído superiores a 85 dB(A);
- **protetores auriculares**: são equipamentos de proteção individual ou dispositivos colocados nos ouvidos da pessoa e utilizados sempre que não for possível reduzir, por outras medidas, o ruído a nível satisfatório. Os tipos mais comuns são os de concha e os de inserção (*plug*). O simples uso do protetor auricular não elimina o risco de o empregado vir a sofrer diminuição de sua capacidade auditiva, caso o equipamento não apresente os requisitos de qualidade para atenuar o ruído, bem como seja usado de forma incorreta.

Exames médicos

Os empregados expostos a níveis de ruídos superiores a 0,5 (nível de Ação – NR-9), ainda que utilizem protetor auricular, deverão ser submetidos a exames médicos periódicos, a fim de se determinar, preventivamente, problemas auditivos, bem como verificar a eficácia das medidas de proteção adotadas.

3.2.2 Calor

a) Aspectos gerais

O calor vem sendo empregado desde épocas remotas, quando o homem descobriu que os metais poderiam ser fundidos para dar origem a outras formas, ou para alterar suas propriedades físico-químicas, podendo trabalhar e moldar peças metálicas com maior facilidade. Na atualidade, é grande o número de processos industriais que empregam o calor como fonte de energia, nos quais os trabalhadores desenvolvem atividades, podendo ser citadas, como exemplo, as seguintes situações:

- atividades metalúrgicas – nas proximidades de fornos, altos-fornos, conversores, operações de lingotamento, laminações;
- atividades de mineração, em minas profundas;
- alimentação de fornos a lenha ou a carvão;
- atividades de caldeiraria, nas proximidades das forjas.

Nesses processos, o trabalhador é exposto a situações térmicas extremas com desgaste físico, que poderá tornar-se irreparável se medidas de controle não forem adotadas. Desde que adequadamente protegido, o ser humano consegue tolerar variações de temperatura entre extremos de – 50 °C até + 100 °C. Todavia, não tem condições de suportar variações de 4 °C em sua temperatura interna sem que ocorram comprometimentos da capacidade física e mental, com risco de vida.

Trocas térmicas

O mecanismo das trocas térmicas entre um corpo, exposto a uma ou a várias fontes de calor e o meio ambiente, pode ocorrer por meio dos seguintes processos:

- **condução**: é o processo que ocorre quando dois corpos sólidos ou líquidos, com temperaturas diferentes, que não estejam em movimento, entram em contato. Cria-se um fluxo de calor do corpo com temperatura maior para o de temperatura menor. O fluxo se tornará nulo quando ocorrer o equilíbrio térmico entre os corpos em contato;
- **condução/convecção**: a troca térmica processa-se como no caso anterior; todavia, pelo menos um dos corpos é fluido. Dessa forma, a transferência de calor entre os dois corpos provocará a movimentação do fluido;
- **radiação**: é o processo em que a transferência de calor entre os dois corpos se faz sem nenhum suporte material, por emissão de radiação infravermelha, do corpo de maior temperatura para o de menor temperatura. Esse fenômeno ocorre mesmo não havendo um suporte (meio) de propagação entre os dois corpos. O calor transmitido por meio desse mecanismo é denominado calor radiante;
- **evaporação**: é o processo da passagem de um líquido, que envolve um sólido, a determinada temperatura, para o estado gasoso. Esse fenômeno é função da quantidade de vapor já existente no meio e da velocidade do ar na superfície do sólido. No caso, o líquido retira calor do sólido para passar a vapor, ou seja, o sólido perde calor para o meio ambiente pelo mecanismo da evaporação.

Fatores que influenciam as trocas térmicas

Ao contrário de outros agentes físicos, os efeitos do calor no organismo humano são muito difíceis de ser avaliados em razão da variedade de fatores ambientais e individuais, que contribuem para a formação da sensação térmica, sendo principais os seguintes:

- **temperatura do ar**: é necessário que haja uma defasagem entre a temperatura do ar e a da pele, a fim de que ocorra a troca térmica. Quando a temperatura da pele for superior à temperatura do ar, cederá calor a este; quando for mais baixa, o fluxo será inverso, ou seja, o organismo ganhará calor, que se somará ao calor gerado pelo metabolismo;
- **umidade do ar**: a perda de calor no organismo por evaporação dependerá da umidade relativa do ar, ou seja, da quantidade de vapor d'água existente em determinada quantidade de ar. Assim, quanto maior for a umidade relativa do ar, menor será a perda do organismo por evaporação;
- **velocidade do ar**: a velocidade do ar no ambiente tende a alterar as trocas térmicas. Se a temperatura do ar for menor que a do corpo, o aumento da velocidade do ar contribuirá para o aumento da perda de calor do corpo para o meio ambiente e vice-versa. O aumento da velocidade do ar, no entanto, sempre favorecerá a evaporação;
- **calor radiante**: o organismo poderá ganhar ou perder calor, caso esteja exposto a fontes apreciáveis de calor, ou se os meios não existirem ou forem controlados;
- **tipo de atividade**: a quantidade de calor produzida pelo metabolismo humano, constituinte de parte do calor ganho pelo organismo, varia, diretamente, com a intensidade da atividade física.

Equilíbrio homeotérmico – sobrecarga térmica

O ser humano é homeotérmico, ou seja, sua temperatura interna é, praticamente, a mesma. O calor que o organismo precisa dissipar para manter o equilíbrio homeotérmico pode originar-se de duas fontes: a) fonte interna – calor produzido pelo metabolismo, resultante de processos celulares, presentes mesmo no indivíduo em repouso; b) fonte externa – calor produzido por condução/convecção e radiação, que dependem das condições ambientais.

As trocas de calor entre o corpo humano e o ambiente tendem ao estabelecimento do equilíbrio. A equação que descreve o estado de equilíbrio denomina-se Balanço Térmico e tem a seguinte expressão:

$$M \pm C \pm R - E = S$$

onde:

M = calor produzido pelo metabolismo;

C = calor ganho ou perdido por condução/convecção;

R = calor ganho ou perdido por radiação;

E = calor perdido por evaporação;

S = calor acumulado no organismo (sobrecarga térmica).

Efeitos do calor no organismo humano

O organismo humano é uma máquina térmica de baixo rendimento, pois, dos combustíveis, sob a forma de alimento, que recebe para ser queimado nas atividades celulares, apenas 20% das calorias são transformadas em trabalho; o restante é perdido sob a forma de calor. O homem é, assim, uma fonte de calor metabólica e tem necessidade de ceder o excesso de calor ao meio ambiente, a fim de que se estabeleça o equilíbrio homeotérmico. Ocorre, todavia, que, quando o calor cedido pelo organismo ao meio ambiente é inferior ao recebido ou produzido pelo metabolismo total (metabolismo basal + metabolismo de trabalho), o próprio organismo tende a aumentar sua temperatura (hipertermia) e, para evitar que esse processo se agrave, entram em ação os processos de defesa, que são:

- **vasodilatação periférica**: o aumento de calor do meio ambiente provoca a vasodilatação periférica, a fim de facilitar a troca de calor entre o organismo e o meio ambiente;
- **ativação das glândulas sudoríparas**: verifica-se o aumento do intercâmbio de calor, pela mudança do suor do estado líquido para vapor.

Quando a sudorese e a vasodilatação periférica não são suficientes para manter a temperatura do corpo em torno de 37 °C, há consequências para o organismo, que podem assumir uma das seguintes formas:

- **exaustão térmica**: consiste na dilatação dos vasos sanguíneos, em razão do calor acentuado, provocando insuficiência do suprimento de sangue do córtex cerebral, resultando em hipotensão arterial;
- **desidratação**: consiste na perda de água pelo organismo, o que provoca a redução do volume de sangue, produzindo a exaustão térmica;
- **câimbras de calor**: durante a sudorese há perda de água e sais minerais, principalmente do cloreto de sódio (NaCl), o que poderá provocar espasmos musculares e câimbras;
- **choque térmico**: ocorre quando a temperatura do núcleo do corpo atinge certo nível que possa comprometer algum tecido vital em funcionamento.

Conforto térmico

Em variadas situações de trabalho, embora o tipo de atividade não provoque desgaste físico acentuado, a incidência do calor no ambiente ocupacional causa desconforto e mal-estar. A temperatura ambiente, no entanto, não deve ser estudada isoladamente, pois sua influência sobre o trabalhador depende, também, do grau de umidade do ar. No caso de calor excessivo, as perdas de calor por evaporação poderão ser dificultadas pelo grau de umidade do ar, ou seja, quanto maior for a umidade do ar, menor será a dissipação do calor. Portanto, na busca do conforto térmico, devem ser analisadas as variáveis temperatura e umidade ambiente, para que seja estabelecido até que ponto a umidade é desejável.

O Quadro 3.3 apresenta a variação do conforto térmico conforme a temperatura e a umidade relativa.

Quadro 3.3 Valores ideais de umidade relativa em função da temperatura

Temperatura (°C)	Umidade relativa (%)	Situação resultante
20 a 25	40	Conforto
26 a 31	20	Conforto
26 a 31	65	Mal-estar
26 a 31	80	Necessidade de repouso
26 a 31	85	Conforto no repouso e fadiga no trabalho
32	80	Limite de tolerância mesmo no repouso
32	20	Desconforto no trabalho

Fonte: TAVARES, Moacir. *Temperaturas extremas*. Belo Horizonte: EEUFMG, 1996. Apostila.

b) Legislação básica

NR-15 – ANEXO Nº 3

LIMITES DE TOLERÂNCIA PARA EXPOSIÇÃO AO CALOR

1. A exposição ao calor deve ser avaliada por meio do Índice de Bulbo Úmido – Termômetro de Globo (IBUTG), definido pelas equações apresentadas a seguir.

Ambientes internos ou externos sem carga solar:

$$IBUTG = 0{,}7\ tbn + 0{,}3\ tg$$

Ambientes externos com carga solar:

$$IBUTG = 0{,}7\ tbn + 0{,}1\ tbs + 0{,}2\ tg$$

onde:

tbn = temperatura de bulbo úmido natural

tg = temperatura de globo

tbs = temperatura de bulbo seco

2. Os aparelhos que devem ser usados nesta avaliação são: termômetro de bulbo úmido natural, termômetro de globo e termômetro de mercúrio comum.

3. As medições devem ser efetuadas no local onde permanece o trabalhador, à altura da região do corpo mais atingida.

Limites de tolerância para exposição ao calor, em regime de trabalho intermitente, com períodos de descanso no próprio local de prestação de serviço.

1. Em função do índice obtido, o regime de trabalho intermitente será definido no Quadro 1.

Quadro 1

Regime de trabalho intermitente com descanso no próprio local de trabalho (por hora)	Tipo de atividade		
	Leve	Moderada	Pesada
Trabalho contínuo	até 30,0	até 26,7	até 25,0
45 minutos de trabalho 15 minutos de descanso	30,1 a 30,6	26,8 a 28,0	25,1 a 25,9
30 minutos de trabalho 30 minutos de descanso	30,7 a 31,4	28,1 a 29,4	26,0 a 27,9
15 minutos de trabalho 45 minutos de descanso	31,5 a 32,2	29,5 a 31,1	28,0 a 30,0
Não é permitido o trabalho sem a adoção de medidas adequadas de controle	acima de 32,2	acima de 31,1	acima de 30,0

2. Os períodos de descanso serão considerados tempo de serviço para todos os efeitos legais.

3. A determinação do tipo de atividade (leve, moderada ou pesada) é feita consultando-se o Quadro 3.

Limites de tolerância para exposição ao calor, em regime de trabalho intermitente, com período de descanso em outro local (local de descanso).

1. Para os fins deste item, considera-se como local de descanso, ambiente termicamente mais ameno, com o trabalhador em repouso ou exercendo atividade leve.

2. Os limites de tolerância são dados segundo o Quadro 2.

Quadro 2

M (Kcal/h)	Máximo IBUTG
175	30,5
200	30,0
250	28,5
300	27,5
350	26,5
400	26,0
450	25,5
500	25,0

Onde: M é a taxa de metabolismo média ponderada para uma hora, determinada pela seguinte fórmula:

$$M = \frac{Mt \times Tt \times Md \times Td}{60}$$

Sendo:

Mt – taxa de metabolismo no local de trabalho.

Tt – soma do tempo, em minutos, em que se permanece no local de trabalho.

Md – taxa de metabolismo no local de descanso.

Td – soma do tempo, em minutos, em que se permanece no local de descanso.

$\overline{IBUTG}$ – é o valor IBUTG médio ponderado para uma hora, determinado pela seguinte fórmula:

$$\overline{IBUTG} = \frac{IBUTG_t \times T_t + IBUTG_d \times T_d}{60}$$

Sendo:

$IBUTG_t$ – valor do IBUTG no local de trabalho.

$IBUTG_d$ – valor do IBUTG no local de descanso.

T_t e T_d – como anteriormente definidos.

Os tempos Tt e Td devem ser tomados no período mais desfavorável do ciclo de trabalho, sendo Tt + Td = 60 minutos corridos.

3. As taxas de metabolismos Mt e Md serão obtidas pela consulta ao Quadro 3.

4. Os períodos de descanso serão considerados tempo de serviço para todos os efeitos legais.

Quadro 3 Taxas de metabolismo por tipo de atividade

Tipo de atividade	Kcal/h
Sentado em repouso	100
Trabalho leve	
Sentado, movimentos moderados com braços e tronco (ex.: datilografia).	125
Sentado, movimentos moderados com braços e pernas (ex.: dirigir).	150
De pé, trabalho leve, em máquina ou bancada, principalmente com os braços.	150
Trabalho moderado	
Sentado, movimentos vigorosos com braços e pernas.	180
De pé, trabalho leve em máquina ou bancada, com alguma movimentação.	175
De pé, trabalho moderado em máquina ou bancada, com alguma	220
movimentação.	300
Em movimento, trabalho moderado de levantar ou empurrar.	
Trabalho pesado	440
Trabalho intermitente de levantar, empurrar ou arrastar pesos (ex.: remoção com pá).	550
Trabalho fatigante.	

c) Medidas de controle

Para o controle do calor, as soluções definitivas são as que corrigem os equipamentos. Entretanto são inviáveis na maioria das vezes da prática industrial, uma vez que implicariam a mudança do processo produtivo. Assim, devem ser consideradas, inicialmente, as medidas relativas ao ambiente ocupacional, geralmente complementadas por aquelas relativas ao pessoal.

Há casos, porém, por razões de ordem técnica, que as únicas medidas aplicáveis são as referentes ao pessoal, que podem ser bastante eficazes na solução dos problemas de calor. As principais medidas, com relação ao pessoal, visando minimizar a sobrecarga térmica, são as seguintes:

- **aclimatação**: é uma medida imprescindível, que consiste na adaptação lenta e progressiva do indivíduo a atividades que o exponham ao calor. Em geral, um trabalhador não aclimatado a um ambiente ocupacional quente poderá apresentar sintomas como mal-estar, tonturas, náuseas, avermelhamento da face, inchaços, além de precária disposição para o trabalho. No entanto, com a adaptação que ocorre tanto no plano fisiológico como no psicológico, o trabalhador sente-se melhor, e os sintomas citados não assumem proporções significativas, podendo executar suas tarefas normalmente. Deve ser ressaltado, no entanto, que há limites na sobrecarga térmica, acima dos quais não há adaptação possível. Na primeira semana de trabalho gradativo em local quente são obtidos cerca de 80% de aclimatação, e o restante conseguido nas duas semanas subsequentes;

- **limitação do tempo de exposição**: essa medida, a ser adotada de acordo com a análise da sobrecarga térmica, objetiva a adição de períodos de descanso, alternados com os tempos de trabalho, visando reduzir a sobrecarga térmica a níveis compatíveis com o organismo humano. Como se pode inferir da análise do IBUTG, a limitação do tempo de exposição é medida de controle prevista e muito importante. Assim, quando os tempos de exposição ao calor não forem compatíveis com as condições de trabalho observados, deve ser promovido um reestudo dos procedimentos de trabalho, a fim de determinar um regime de trabalho-descanso que atenda aos limites recomendados. O local de descanso, em princípio, deve possuir cabine ventilada e isolada do calor radiante;
- **educação sanitária e treinamento**: os trabalhadores deverão ser orientados quanto à higiene pessoal, sobre como a limpeza da pele e dos poros é importante para a saúde, particularmente no caso da exposição à sobrecarga térmica. Más condições de higiene poderão predispor o organismo à aquisição de moléstias com origem na debilidade orgânica, pois as condições precárias de higiene geram ambiente propício à proliferação de micro-organismos. A empresa, por outro lado, deve fornecer ao trabalhador todas as condições de limpeza, com instalação higienizada para banhos após turnos, por exemplo. É fundamental, também, a educação e o treinamento dos trabalhadores expostos a calor intenso, pois a orientação quanto à prática correta de suas tarefas pode evitar esforços físicos desnecessários ou longa permanência perto de fontes de calor;
- **controle médico**: os exames médicos pré-admissionais são muito importantes, pois permitem diagnosticar preventivamente indivíduos portadores de problemas cardiocirculatórios, renais ou de pele, hipertensos e outros, que não devem ser admitidos para trabalhar em locais quentes, para que sua condição preexistente não se agrave. Devem ser realizados exames periódicos (NR-7, Portaria nº 3.214/1978 do MTb) para a prevenção de estados patológicos em suas formas ainda latentes, evitando a ocorrência de doenças e desgastes físicos irrecuperáveis.

d) Equipamentos de proteção individual

Os seguintes EPIs são recomendados para atividades que envolvam calor:

- **óculos protetores**: indispensáveis em locais onde há calor radiante intenso, a fim de proteger o trabalhador contra o risco potencial de catarata;
- **roupas especiais**: existe no mercado uma grande variedade de luvas, aventais, polainas etc., adequados aos trabalhos em ambiente quente e em operações com risco de queimaduras, como:
  - *aventais de tecidos especiais:* para proteger o trabalhador quando em ambiente de alta temperatura, em serviços que exijam o contato com peças quentes, tubulações de fornos, de caldeiras etc.;
  - *aventais aluminizados:* em ambiente de calor radiante, para operações em que há necessidade de refletir parte do calor incidente sobre o trabalhador;
  - *luvas de vaqueta/raspa de couro:* para o manuseio de peças a quente (até 60 °C), carregamento de peças usinadas ou forjadas;
  - *luvas de tecidos especiais:* para serviços em altas temperaturas, em altos-fornos; manuseio de peças cilíndricas quentes; serviços de apoio de peças grandes e quentes; retirada de peças de fornos; serviços com materiais refratários pesados e quentes; serviços de tratamento térmico (cementação); serviços de laminações, peneiramento de peças quentes; substituiçao de tubulaçoes de fornos e caldeiras e carregamento de peças quentes;
  - *punhos de couro:* para serviços de soldagens, fundições, aciarias, fornos, esmeril e outros;
  - *manga/mangote em couro, tecidos especiais ou aluminizada:* para trabalhos em fundição, altos-fornos, retirada de peças de fornos, estufas, serviços com materiais refratários pesados e quentes, serviços gerais de laminação;
  - *calçado para fundição:* para proteção dos pés do trabalhador contra contatos com superfícies quentes e pisos em que há risco de escorregar. Caracterizam-se pelo perfeito ajuste da taloneira (cano) em torno dos tornozelos, pelo efeito do elástico lateral, permitindo ao trabalhador retirar o calçado rapidamente em caso de penetração acidental de materiais quentes ou em fusão;
  - *perneiras:* para proteção das pernas contra queimaduras, batidas, cortes ou escoriações. Podem ser de raspa de couro ou similar, usadas para proteção contra respingos de materiais em fusão, nas operações de solda e corte. Perneiras tipo caneleiras são as que apresentam um reforço rígido contra impactos, sendo acolchoadas internamente. Em todos os tipos de perneiras há sempre uma tala ou polaina que cobre os pés, evitando a penetração de agentes agressivos pelas frestas do calçado;

– *capacetes:* em todas as atividades em temperaturas elevadas deve ser utilizado o capacete, que é uma cobertura de material rígido, destinado a proteger a cabeça ou partes dela contra impactos ou penetração, assim como respingos de materiais quentes, evitando queimaduras.

3.2.3 Radiações ionizantes

a) Aspectos gerais

As radiações são uma forma de energia associada a partículas extremamente pequenas, acionadas a velocidades muito elevadas, que atinge o espaço. Algumas dessas partículas possuem carga elétrica, como prótons ou elétrons (ou partícula beta negativa); alguns núcleos são desnudos, como o núcleo de hélio (partícula α); outras não têm carga (nêutrons); outras, ainda, são apenas *quantum* de energias elevadas, como os raios X e os raios gama.

As radiações, ao se propagarem e atingirem um átomo, podem produzir dois efeitos principais: a ionização e a excitação. A ionização ocorre quando a radiação, ao atingir o átomo em seu percurso, subdivide-se em duas partes, eletricamente carregadas, formando o que se denomina par iônico. Essa interação eletrostática provoca uma perturbação na estrutura periférica atômica. A excitação verifica-se quando a radiação, ao atingir o átomo, apenas o excita, fazendo com que sua energia rotacional aumente.

Dos fenômenos citados – ionização e excitação do átomo –, surge a classificação das radiações em dois grupos: radiações ionizantes e não ionizantes. A diferença entre ambas deve-se à sua origem e à quantidade de energia, variando, pois, a capacidade de penetrar na matéria e destruir, ou não, os átomos que a constituem. As radiações com nível energético igual ou inferior a 12 eV são consideradas não ionizantes, enquanto aquelas com nível energético acima desse valor são consideradas ionizantes.

Aplicação da radiação ionizante

Entre as radiações ionizantes encontradas na indústria, na medicina, em trabalhos de pesquisa e em materiais bélicos, destacam-se as partículas alfa (α) e beta (β) e os nêutrons, que são corpusculares, e as radiações gama (γ) e os raios X (χ), que são de natureza eletromagnética.

Quanto menor o comprimento de onda da radiação, maior a energia transportada e, portanto, maior será seu poder de penetração; em consequência, maior será o risco para o organismo humano.

Por serem de natureza eletromagnética, portanto desprovidos de carga elétrica, os raios X e a radiação γ não são desviados por campos elétricos e magnéticos.

Na indústria, as aplicações mais importantes das radiações referem-se aos Ensaios Não Destrutivos, em que é aproveitada a propriedade de penetração da radiação na matéria, a fim de detectar eventuais descontinuidades ou heterogeneidades dos materiais. Esses ensaios são chamados de radiografias ou gamagrafias, respectivamente raios X ou radiações gama (γ).

Nos ensaios citados, usados em processo de controle de qualidade, uma pequena parcela da radiação é absorvida pelo corpo de prova, e o restante vai impressionar um filme fotográfico, colocado por trás do corpo, onde se poderá visualizar toda a estrutura do corpo de prova. Por meio da radiografia ou da gamagrafia, pode-se analisar desde falhas muito finas de diversos materiais até placas de aço, com espessura de cerca de 30 cm. Esses ensaios, tendo em vista sua complexidade e a nocividade das radiações, somente são feitos por técnicos devidamente habilitados.

A escolha da radiação a ser utilizada é função de vários fatores, como densidade e espessura do material, forma geométrica do objeto e acesso ao corpo de prova. Em muitos ensaios, a fonte (aparelho de raios X ou gerador de radiação gama) é conduzida ao local de teste, como ocorre em inspeções em soldas de cascos de navios, em tubulações de gás ou água, em estruturas de pontes, em detecção de trincas ou defeitos de fabricação de aviões.

Vale citar, a título de informação, que, dos 60 radioisótopos utilizados com sucesso em gamagrafias industriais, quatro são usados em 90% dos testes: césio-137, cobalto-60, irídio-292 e túlio-170.

Danos ao organismo humano

As radiações ionizantes, por seu alto poder energético, têm capacidade para ionizar a matéria orgânica ao incidir sobre ela. As radiações não ionizantes, ao incidir sobre a matéria orgânica, não possuem energia suficiente para provocar a ionização.

Deve-se ter em mente que qualquer tipo de radiação pode destruir os tecidos, causando graves lesões a quem se exponha a radiações.

O perigo das radiações ionizantes reside no fato de que o organismo humano não possui mecanismo sensorial capaz de detectá-las.

Para avaliar a extensão dos perigos aos quais o homem se expõe e formular medidas de proteção, é preciso averiguar, sobretudo, se existe limite inferior de exposição à radiação considerada que não prejudique os organismos vivos.

Acredita-se que alguns danos somáticos sejam reversíveis; no entanto, os genéticos parecem definitivamente cumulativos e irreversíveis. Por essa razão, atualmente, admite-se que não existe limiar mínimo de exposição que não cause danos e, em consequência, procura-se reduzir, de todos os modos possíveis, a exposição do trabalhador e da população em geral às radiações.

Avaliação da radiação ionizante

A radiação ionizante pode ser avaliada no ambiente ocupacional com o uso de contador Geiger ou monitor de radiação, ou, ainda, individualmente, com dosímetros de filmes de bolsos.

b) Legislação básica

No Brasil, a Comissão Nacional de Energia Nuclear (CNEN) é a responsável pela legislação e regulamentação da segurança relativa ao uso da radiação e dos materiais nucleares, da construção e operação de instalações para a produção de energia nuclear e de sua aplicação.

O Anexo nº 5, da NR-15, da Portaria nº 3.214/1978 do MTE, dispõe que:

> LIMITES DE TOLERÂNCIA PARA RADIAÇÕES IONIZANTES
>
> Nas atividades ou operações em que os trabalhadores possam ser expostos a radiações ionizantes, os limites de tolerância, os princípios, as obrigações e os controles básicos para a proteção do homem e seu meio ambiente contra possíveis efeitos indevidos causados pela radiação ionizante são os constantes da Norma CNEN – NE-3.0.1: "Diretrizes Básicas de Radioproteção", de julho de 1988, aprovada, em caráter experimental, pela Resolução CNEN nº 12/1988 ou daquela que venha a substituí-la.

A Portaria nº 3.393, de 17/12/1987, considera a exposição do trabalhador a radiações ionizantes ou substâncias radioativas, nas condições constantes do Quadro de Atividades e Operações Perigosas com Radiações Ionizantes ou Substâncias Radioativas, anexo à NR-16, como uma atividade perigosa, por ser potencialmente prejudicial à saúde, uma vez que o presente estágio da tecnologia nuclear não permite evitar ou reduzir a zero o seu risco potencial.

c) Medidas de controle

Pelo menos três princípios devem ser aplicados para prevenir ou controlar a exposição do pessoal a radiações:

- observar as características da fonte utilizada e sua remoção;
- ter a fonte sob controle, com a finalidade de evitar concentrações perigosas;
- cuidar da proteção do pessoal, ou seja, observar as características da proteção radiológica do pessoal que executa diretamente o trabalho com a fonte (operadores, auxiliares e técnicos), assim como das pessoas não profissionalmente expostas, mas que, ocasionalmente, tenham acesso a áreas em que as fontes se encontrem ou sejam influenciadas por suas radiações.

Esses princípios referem-se à proteção do pessoal. O primeiro deles, embora óbvio, nem sempre é viável. O segundo implica estudo do local, envolvendo trabalho, lugar e aparelhagem, com a finalidade de evitar concentrações perigosas. O terceiro refere-se às medidas necessárias ao levantamento periódico da exposição a que está sujeito quem trabalha com radiação. É evidente que a aplicação daqueles princípios para a proteção radiológica, em qualquer caso específico, somente pode ser realizada após exame completo das condições de trabalho, envolvendo a técnica, os meios e os demais aspectos, o que demanda conhecimentos especializados, particularmente de física e de biologia.

As principais medidas de controle são:

- controle da distância entre o trabalhador e a fonte;
- blindagem adequada;
- limitação do tempo de exposição;
- impedimento de fontes radioativas atingirem as vias de absorção do organismo;
- sinalização;
- controle médico (exames periódicos);
- uso de barreiras;
- limpeza adequada do ambiente de trabalho.

3.2.4 Condições hiperbáricas

Os trabalhos realizados sob condições hiperbáricas são aqueles em que a pressão do ambiente é maior que a atmosférica, em que o trabalhador é obrigado a suportar elevadas pressões. São atividades muito especializadas, que envolvem pessoal com treinamento específico, equipamentos sofisticados, equipes e infraestrutura especiais de apoio.

Considerando a complexidade das atividades em condições hiperbáricas, o assunto não será abordado em suas especificidades, mas apenas indicada a legislação que o normaliza.

O Anexo nº 6, da NR-15, da Portaria nº 3.214/1978, normaliza o trabalho sob condições hiperbáricas, tratando de dois tipos de atividades: trabalhos sob ar comprimido e trabalhos submersos, definindo-os como se segue:

- **trabalho sob ar comprimido**: são os efetuados em ambientes em que o trabalhador é obrigado a suportar pressões maiores que a atmosférica e é exigida cuidadosa descompressão, de acordo com as tabelas do Anexo nº 6, da NR-15;
- **trabalho submerso**: é qualquer trabalho realizado ou conduzido por mergulho em meio líquido.

O Anexo nº 6 estabelece as normas especiais em que os dois tipos de trabalhos citados podem ser realizados, sempre objetivando expor o trabalhador ao menor risco possível e, sobretudo, preservar sua saúde e integridade física. Deve ser salientado que o descumprimento das várias normas estabelecidas para as atividades desenvolvidas sob pressão será considerado risco grave e iminente para fins e efeitos previstos na NR-3, da Portaria nº 3.214/1978, expondo o trabalhador a risco de vida.

Os trabalhos realizados sob condição hiperbárica, de acordo com a NR-15, da Portaria nº 3.214/1978, são classificados como insalubres do grau máximo, assegurando ao trabalhador a percepção de adicional de 40% (quarenta por cento), incidente sobre o salário mínimo.

3.2.5 Radiações não ionizantes

a) Aspectos gerais

As radiações não ionizantes são radiações eletromagnéticas cuja energia não é suficiente para ionizar os átomos dos meios nos quais incide ou atravessa. Pela legislação brasileira, são consideradas não ionizantes as radiações de micro-ondas, ultravioleta e *lasers*.

Os efeitos das radiações não ionizantes sobre o organismo humano dependem dos seguintes fatores: duração da exposição, intensidade da exposição, comprimento da onda da radiação e região do espectro em que se situam.

Micro-ondas

São ondas eletromagnéticas, originadas em um oscilador de alta frequência e lançadas no espaço por meio de uma antena, com frequências que variam entre 300 MHz e 300 GHz.

São produzidas em estações de radar, radiotransmissão, comunicação via satélite, processos industriais (fornos eletrônicos), transmissores de TV em UHF, GPS, telefonia celular, unidade móvel de reportagem de TV, além de fornos domésticos. As micro-ondas possuem propriedades semelhantes às da luz, isto é, podem ser refletidas, difratadas ou absorvidas.

Os efeitos produzidos pelas micro-ondas sobre o organismo humano podem ser agudos ou crônicos e dependem da quantidade de energia absorvida pelos tecidos. Essa quantidade está sujeita aos seguintes fatores:

- intensidade da radiação incidente sobre a superfície do tecido;
- tempo de exposição;
- frequência ou comprimento de onda da radiação;
- composição do tecido.

Como exemplo, são citados os seguintes efeitos sobre o organismo humano, para eventuais exposições a níveis muito elevados, o que quase nunca acontece na prática:

- efeitos agudos: catarata ou queimaduras em geral;

- efeitos crônicos: inibição do ritmo das contrações do coração, hipertensão arterial, intensificação da atividade da glândula tireoide, debilitação do sistema nervoso central (SNC), redução da sensibilidade do olfato e aumento da histamina no sangue.

Raios ultravioleta

As radiações ultravioleta são radiações eletromagnéticas com comprimentos de onda que variam de 10 nm a 400 nm. As radiações mais perigosas podem surgir na indústria como subproduto; por exemplo, nas atividades de soldagens a arco voltaico (com gases inertes), nas operações com tubos eletrônicos com cátodos de esponja metálica, na exploração fotoelétrica, na sopragem de vidro, nas operações com metais quentes (acima de 1.000 °C), na operação de aluminotermia etc.

As aplicações da radiação ultravioleta são múltiplas, como na análise e na síntese industrial química, na esterilização de alimentos, na água e no ar (lâmpadas germicidas), na produção de vitaminas, nos tratamentos médicos e outros.

As fontes de radiação ultravioleta são principalmente artificiais, porém o Sol é uma fonte importante, com um limite inferior de 290 nm.

Os efeitos sobre o organismo estão limitados à pele e aos olhos, tendo em vista que as radiações UV não têm penetração profunda no corpo humano. Os principais efeitos são:

- efeitos eritêmicos (queimaduras);
- efeitos carcinogênicos (câncer de pele);
- conjuntivite e ceratite (inflamação da conjuntiva e da córnea);
- efeitos indiretos (decorrentes de elevadas radiações ultravioleta): as moléculas gasosas contidas no ar podem dissociar e formar outros compostos mais perigosos que a radiação em si;
- bactericidas (conjunto de onda em torno de 160 nm).

De forma arbitrária, divide-se a faixa ultravioleta em três bandas:

- zona próxima – 400 nm a 300 nm, responsável por ações fotoquímicas (luz negra) e eritêmicas (queimaduras);
- zona afastada – de 300 nm a 200 nm, responsável por eritemas (queimaduras), ações germicidas e produção de ozona;
- zona de extremo vácuo – de 200 nm a 10 nm, responsável por produção de ozona e absorção e ação sobre ligação molecular.

Laser

Os *masers* e os *lasers* são novos meios, de grande importância, utilizados na indústria e na medicina.

O *maser* (Microwave Amplification Stimulated Emission of Radiation) é um dispositivo que pode amplificar micro-ondas. Trata-se, portanto, de amplificação de micro-ondas mediante emissão estimulada de radiação.

O *maser* óptico é chamado de *laser* (Light Amplification Stimulated Emission of Radiation), isto é, um dispositivo que produz um feixe potente de luz capaz de atravessar grandes distâncias ou grossas chapas de aço. Tem-se, portanto, a amplificação da luz mediante emissão estimulada de radiação.

A radiação de um *laser,* ao contrário de outras fontes de radiação, é contida, apenas, em uma direção e com o mesmo comprimento da onda, o que a torna uma radiação concentrada, com dispersão insignificante. Os *lasers* podem ser projetados para emitir radiação na faixa infravermelha, visível ou ultravioleta, mas sempre com um comprimento de onda ou frequência.

Os *lasers* são usados na indústria, em medicina, em pesquisa científica, em levantamentos geológicos, entre outros. Na indústria da construção civil, um dos tipos mais usados é o *laser* hélio-neônio, que pode projetar uma linha de referência em operações como dragagem, abertura de túneis, construção de pontes etc. É usado, também, em levantamentos telemáticos de alta precisão, soldagens e montagens de peças microscópicas, alinhamento óptico, fotografias, medições de distâncias microscópicas etc. Na medicina, é usado em microcirurgia, em oftalmologia, para destruir tecidos malignos etc.

A radiação dos *lasers*, direta ou refletida, pode afetar os olhos e a pele, sendo seus efeitos de natureza térmica ou fotoquímica. Outro risco possível é a produção de compostos tóxicos.

b) Legislação básica

NR-15 – ANEXO Nº 7

1. Para os efeitos desta norma, são radiações não ionizantes as micro-ondas, as ultravioleta e as *laser*.

2. As operações ou atividades que exponham os trabalhadores às radiações não ionizantes, sem a proteção adequada, serão consideradas insalubres, em decorrência de laudo de inspeção realizada no local de trabalho.

3. As atividades ou operações que exponham os trabalhadores às radiações de luz negra (ultravioleta na faixa – 400 – 320 nanômetros) não serão consideradas insalubres.

São destacados como importantes os seguintes pontos do Anexo nº 7, da NR-15:

- as operações ou atividades serão consideradas insalubres quando não houver proteção adequada;
- a obrigatoriedade de laudo de inspeção para a caracterização da insalubridade,
- a exclusão da faixa de 440-320 nanômetros (luz negra – ultravioleta) das atividades ou operações insalubres;

- o não estabelecimento de limites de tolerância para a caracterização da insalubridade; na prática, são utilizados os limites de tolerância fornecidos pela American Conference of Governmental Industrial Hygienists (ACGIH).

Ressalta-se que a ACGIH considera também como radiação não ionizante as radiofrequências e sub-radiofrequências, incluindo ELF (Extremely Low Frequency) na faixa de 10 Hz até 300 MHz.

c) Medidas de controle/equipamentos de proteção individual

Micro-ondas

Os métodos de engenharia para controle dos riscos incluem, particularmente, a absorção da energia que pode escapar da fonte para o meio ambiente. Nesse caso, podem ser usadas telas de arames, blindagens eletromagnéticas, distância da fonte emissora, além de dispositivos de bloqueio e alarmes.

Outras medidas de controle são:

- blindar e aterrar adequadamente os emissores de micro-ondas;
- revisar periodicamente os sistemas de vedação, desligadores de segurança e condição dos aparelhos;
- instalar quadros de aviso com informe sobre o risco potencial e as precauções que devem ser observadas;
- limitar ao mínimo o número de pessoas que possam ter acesso ao equipamento ou às suas imediações;
- isolar a zona de emissores de micro-ondas com materiais absorventes, para evitar que as radiações atinjam zonas adjacentes e afetem o pessoal;
- não permitir inspeções detalhadas dos equipamentos emissores de micro-ondas em funcionamento;
- não se aproximar de antenas de micro-ondas em operação;
- jamais se colocar na parte frontal de uma parábola de micro-ondas.

Raios ultravioleta

A absorção pelo ar de radiações ultravioleta de comprimentos de onda menores que 200 nm é muito forte; todavia, são necessários apenas alguns metros para detê-las. Ao contrário, as radiações ultravioleta de comprimentos de onda superiores a 200 nm são, praticamente, insignificantes, porém são necessárias algumas centenas de metros para reduzir sua intensidade.

Em geral, a maior parte das radiações ultravioleta, naturais ou artificiais, tem comprimentos de onda superiores a 200 nm. Por essa razão, para evitar a exposição ocupacional nas indústrias, é necessário usar barreiras (metálicas ou filtrantes de radiação) para proteger os funcionários que não estão trabalhando diretamente na fonte. Para os diretamente expostos, é obrigatório o uso de EPIs para proteção de olhos, face, mãos, braços e tórax. Os soldadores e ajudantes expostos à radiação ultravioleta devem receber avental, luvas, perneiras, mangas de raspa e protetor facial com lentes filtrantes de ultravioleta, conforme estabelece a NR-6, da Portaria nº 3.214/1978.

Ao pessoal que permanentemente é exposto ao Sol, como os trabalhadores agrícolas, recomenda-se o uso de chapéus adequados, com a cobertura do pescoço, dos ombros e dos braços, e protetor solar com fator de proteção apropriado.

As vestimentas opacas de tecido denso, como brim ou lona, oferecem boa proteção contra os raios ultravioleta.

Os trabalhadores expostos à radiação ultravioleta, além da proteção individual e coletiva, devem ser submetidos a exames médicos periódicos.

3.2.6 Vibrações

a) Aspectos gerais

As vibrações podem reduzir o rendimento do trabalho, afetando a eficiência do trabalhador e gerando efeitos adversos a sua saúde. De forma progressiva, as vibrações são capazes de causar desordens irreversíveis à saúde.

As vibrações podem ser geradas das seguintes formas:

- resultantes dos processos de transformação, como atividades com marteletes pneumáticos;
- originadas por funcionamento de máquinas e materiais consequentes de forças alternativas não equilibradas, como compressores, ferramentas percussivas, vibrações decorrentes de terrenos irregulares que suportam as máquinas;
- decorrentes de defeitos de máquinas ou de seu mau funcionamento, como desequilíbrio de motores, ressonância de equipamentos;
- por fenômenos naturais, como tormentas, ventos, fenômenos sísmicos.

Os efeitos das vibrações sobre o organismo humano, particularmente do trabalhador, estão associados a seu sentido de orientação e postura e ao sistema cortical-verticular. Podem ser considerados os seguintes efeitos:

- endocrinológico e metabólico;
- no sistema cardiovascular, em consequência, abaixo de 20 Hz, há um aumento na taxa de batimento cardíaco e, como resposta do organismo, ocorre a vasoconstrição periférica;

- existe dificuldade na manutenção da postura e da atividade muscular, com redução dos reflexos súbitos, na faixa ampla de 10 Hz a 200 Hz;
- a vibração do corpo inteiro pode provocar efeitos cardiopulmonares, como o aumento da oxigenação e da ventilação pulmonar;
- distúrbios no sistema nervoso central (SNC), com debilitação e mal-estar geral;
- distúrbios no sistema gastrointestinal, com possíveis sangramentos no tecido gástrico;
- distúrbios do mal do movimento (cinetose), que ocorrem na faixa de 0,1 Hz a 1 Hz e que desaparecem quando se retira o trabalhador desse intervalo de vibração. Para esse mal, a frequência de 0,3 Hz parece ser a pior situação.

Na avaliação das vibrações, é utilizado o acelerômetro, que avalia os sinais recebidos segundo dois métodos: Ponderação de Frequência e Análise de Frequência.

No método de Ponderação de Frequência são obtidos sinais de frequência ponderada para determinado nível de vibração, que é função direta da exposição. A ponderação de frequências abrange as seguintes faixas: vibração do corpo inteiro, de 1 Hz a 80 Hz; vibração de mão e braço, de 8 Hz a 1.000 Hz, dependendo, também, da direção dominante da vibração. No valor ponderado, obtém-se valores pontuais de níveis nos três eixos do sistema de ordenadas.

No método de Análise de Frequência, a faixa de frequências não pode ser superior a 1/3 de oitava. Para cada frequência central obtém-se um valor de aceleração, que será comparado com os níveis estabelecidos pela norma ISO.

Os limites da norma ISO 2.631/1985, para o corpo inteiro, consideram os seguintes aspectos:

- redução do conforto;
- redução da eficiência do trabalho em razão de fadiga;
- limite de exposição (saúde e segurança).

b) Legislação básica

NR-15 – ANEXO Nº 8
VIBRAÇÃO

1. Objetivos

1.1 Estabelecer critérios para a caracterização da condição de trabalho insalubre decorrente da exposição às Vibrações de Mãos e Braços (VMB) e Vibrações de Corpo Inteiro (VCI).

1.2 Os procedimentos técnicos para a avaliação quantitativa das VCI e VMB são os estabelecidos nas Normas de Higiene Ocupacional da Fundacentro.

2. Caracterização e classificação da insalubridade

2.1 Caracteriza-se a condição insalubre caso seja superado o limite de exposição ocupacional diária a VMB correspondente a um valor de Aceleração Resultante de Exposição Normalizada (aren) de 5 m/s^2.

2.2 Caracteriza-se a condição insalubre caso sejam superados quaisquer dos limites de exposição ocupacional diária a VCI:

a) valor da aceleração resultante de exposição normalizada (aren) de 1,1 m/s^2;

b) Valor da Dose de Vibração Resultante (VDVR) de 21,0 $m/s^{1,75}$.

2.2.1 Para fins de caracterização da condição insalubre, o empregador deve comprovar a avaliação dos dois parâmetros acima descritos.

2.3 As situações de exposição a VMB e VCI superiores aos limites de exposição ocupacional são caracterizadas como insalubre em grau médio.

2.4 A avaliação quantitativa deve ser representativa da exposição, abrangendo aspectos organizacionais e ambientais que envolvam o trabalhador o exercício de suas funções.

2.5 A caracterização da exposição deve ser objeto de laudo técnico que contemple, no mínimo, os seguintes itens:

a) objetivo e datas em que foram desenvolvidos os procedimentos;

b) descrição e resultado da avaliação preliminar da exposição, realizada de acordo com o item 3 do Anexo 1 da NR-9 do MTE;

c) metodologia e critérios empregados, inclusas a caracterização da exposição e representatividade da amostragem;

d) instrumentos utilizados, bem como o registro dos certificados de calibração;

e) dados obtidos e respectiva interpretação;

f) circunstâncias específicas que envolveram a avaliação;

g) descrição das medidas preventivas e corretivas eventualmente existentes e indicação das necessárias, bem como a comprovação de sua eficácia;

h) conclusão.

c) Medidas de controle

São adotadas, de preferência, na fonte e a seguir na trajetória. As principais medidas de controle são:

- evitar o contato entre o trabalhador e a ferramenta. Por exemplo: construir braços articulados para o manuseio de serras elétricas portáteis, esmerilhadeiras etc.;
- reduzir as vibrações das máquinas, por meio de dispositivos técnicos que limitam tanto a intensidade como a transmissão das vibrações para o homem;

- suprimir o meio transmissor, por meio de arco entre a transmissão e a propagação. Por exemplo: cabine ligada a uma máquina e que, posteriormente, é segregada;
- realizar montagens antivibratórias. Por exemplo: usar sapatas de borracha, calços entre a máquina e a superfície;
- aumentar a inércia de um equipamento ou sistema. Por exemplo: aumentar a massa de um eixo do mancal de um britador.

Quanto à neutralização com o uso de equipamentos de proteção individual, não há equipamento adequado e eficiente para tal fim, comercializado no Brasil. Portanto, a proteção do trabalhador somente poderá ser feita com a adoção de medidas de controle no ambiente de trabalho (proteção coletiva).

3.2.7 Frio

a) Aspectos gerais

Fisiologia da exposição ao frio

O corpo humano, quando exposto a baixas temperaturas, perde calor para o meio ambiente, baixando a temperatura da pele e das extremidades. Nessa situação, entra em ação o mecanismo termorregulador, que atua de forma a manter o equilíbrio homeotérmico do corpo. Se as perdas de calor forem superiores ao calor produzido pelo metabolismo, haverá a vasoconstrição periférica na tentativa de evitar as perdas em excesso, e o fluxo sanguíneo será reduzido em razão direta da queda de temperatura, buscando o equilíbrio. Se, no entanto, a temperatura interior do corpo baixar de 36 °C, ocorrerá redução das atividades fisiológicas, diminuição da taxa metabólica, queda de pressão arterial e, consequentemente, queda da frequência do pulso, entrando a pessoa na fase de tiritar, ou seja, tremor incontrolável que busca, por meio da atividade muscular (contratura muscular), a produção de calor visando obter o equilíbrio. Esse fenômeno, denominado hipotermia, pode ter consequências graves, levando a um estado de sonolência, redução da atividade mental e da capacidade de tomar decisões, perda da consciência, coma e até a morte.

A exposição ocupacional ao frio é comum em indústrias alimentícias, de produtos farmacológicos, em indústrias bioquímicas e em frigoríficos, com atividades frequentes em câmaras frias. Há, também, atividades que expõem o trabalhador a intempéries, como as minerações a céu aberto, os trabalhos de manutenção de serviços de transmissão de energia elétrica e telecomunicações, geralmente executados em grandes alturas; as atividades nas cidades ou no campo, em que o trabalhador se expõe ao frio do inverno em regiões de clima temperado, como no Sudeste e Sul do país.

As principais doenças causadas pelo frio, que podem afetar a saúde do trabalhador, quando não devidamente protegido, são:

- **ulcerações do frio**: entre as mais frequentes reações do organismo contra o frio citam-se feridas, bolhas, rachaduras e necrose dos tecidos superficiais;
- **enregelamento dos membros**: o enregelamento dos membros (*frostbite*) poderá provocar gangrena, sendo necessária sua amputação;
- **pés de imersão**: acontece quando os trabalhadores permanecem por longos períodos com os pés imersos em água fria;
- **outros**: outras enfermidades, como doenças reumáticas, respiratórias ou ataques cardíacos.

As doenças respiratórias (infecções das vias respiratórias superiores, como amigdalites, rinites, faringites, sinusites e infecções pulmonares como pneumonias) são consequência do choque térmico provocado pela respiração de ar artificialmente frio e do ar a temperatura quente ou normal e vice-versa.

Os acidentes com o trabalhador tendem a aumentar em temperaturas inferiores a 18 °C, uma vez que o tiritar tende a reduzir a destreza nas operações dos equipamentos e no manejo de ferramentas. Por outro lado, o uso de luvas grossas e vestimentas pesadas reduz a sensibilidade aos comandos, diminuindo a eficiência no trabalho e aumentando as chances de ocorrer acidentes.

Avaliação da exposição ao frio

Nada impede o técnico de mensurar a intensidade do agente frio, por meio do termômetro de bulbo seco, para enriquecer um laudo técnico, embora o Anexo nº 9, da NR-15, da Portaria nº 3.214/1978 do MTb, estabeleça o critério qualitativo para caracterizar esse agente. Em verdade, na literatura técnica brasileira não existem informações precisas em relação à exposição ao frio. Sabe-se, no entanto, que o organismo humano chega a perder 8 kcal a 20 °C e que a –10 °C esse valor é duplicado. Os efeitos da exposição ao frio não obedecem à função linear em relação à velocidade do ar, mas quadrática. Pode-se afirmar que a temperatura de 0 °C, com a velocidade do ar de 6 m/s, equivale a –10 °C a uma velocidade igual a zero.

Verifica-se, pois, que é fundamental que seja medida a velocidade do ar em ambientes frios.

O Quadro 3.4 apresenta os efeitos da exposição ao frio, mesmo que as pessoas estejam protegidas por vestimentas adequadas.

Quadro 3.4 Efeitos da exposição ao frio – pessoas protegidas por vestimentas adequadas

Temperaturas	Movimentação do ar	Efeitos físicos
Até –30 °C	Fraca	Não apresenta riscos significativos
De –30 °C a –50 °C	Fraca	Riscos de danos físicos ao homem
Menor que –50 °C	Fraca	Risco de vida

Para a avaliação do agente frio, deve ser usado o termômetro de bulbo seco, com escalas que atendam à variação da temperatura local a ser medida; por exemplo, de –50 °C a +50 °C, com subdivisão de 0,1 °C. O termômetro deverá ser afixado em tripé à altura da parte do corpo mais afetada pelo frio.

b) Legislação básica

O Anexo nº 9, da NR-15, da Portaria nº 3.214/1978 do MTb, estabelece que a caracterização do risco físico frio seja feita de forma qualitativa, isto é, sem medição para sua avaliação:

> 1. As atividades ou operações executadas no interior de câmaras frigoríficas, ou em locais que apresentem condições similares, que exponham os trabalhadores ao frio, sem a proteção adequada, serão consideradas insalubres em decorrência de laudo de inspeção realizada no local de trabalho.

O Quadro 3.5, com dados da Fundacentro, apresenta a limitação da exposição ao frio.

Quadro 3.5 Limites de exposição ao frio

Faixa de temperatura de bulbo seco °C	Máxima exposição diária permissível para pessoas adequadamente vestidas para exposição ao frio
15 a –17,9 (1) 12 a –17,9 (2) 10 a –17,9 (3)	Tempo total de trabalho em ambiente frio de 6 (seis) horas e 40 (quarenta) minutos, sendo quatro períodos de 1 (uma) hora e 40 (quarenta) minutos alternados com 20 (vinte) minutos de repouso e recuperação térmica, fora do ambiente frio.
–18 a –33,9	Tempo total de trabalho no ambiente frio de 4 (quatro) horas, alternando-se 1 (uma) hora de trabalho com 1 (uma) hora de recuperação térmica fora do ambiente frio.
–34 a –56,9	Tempo total de trabalho no ambiente frio, de 1 (uma) hora, sendo dois períodos de 30 (trinta) minutos com separação mínima de 4 (quatro) horas para recuperação térmica, fora do ambiente frio.
–57 a –73	Tempo total de trabalho no ambiente frio de 5 (cinco) minutos, sendo o restante da jornada de trabalho cumprida, obrigatoriamente, fora do ambiente frio.
Abaixo de –73	Não é permitida a exposição ao ambiente frio, seja qual for a vestimenta utilizada.

(1) Faixa de temperatura válida para trabalhos em zona climática quente, de acordo com o mapa oficial do IBGE.

(2) Faixa de temperatura válida para trabalhos em zona climática subquente, de acordo com o mapa oficial do IBGE.

(3) Faixa de temperatura válida para trabalhos em zona climática mesotérmica, de acordo com o mapa oficial do IBGE (região Sul).

c) Medidas de controle/equipamentos de proteção individual

Vestimentas adequadas

A roupa protetora tem por finalidade evitar ou controlar a perda de calor do indivíduo para o meio ambiente, ou seja, quanto maior for a diferença de temperatura entre a pele e o ambiente, maior deverá ser o coeficiente de isolamento térmico da vestimenta.

A roupa, quando bem projetada, permitirá a saída do excesso de calor provocado pelo metabolismo, função das atividades, retendo o necessário para manter uma temperatura de equilíbrio. A roupa deverá incluir a proteção total para os membros e extremidades, com capas, proteção, proteção das orelhas etc., completando com meias de lã e botas para proteção da umidade e do frio.

Aclimatação

A adaptação gradativa do indivíduo ao frio fará com que seu organismo, por meio da reação termorreguladora, torne-se mais tolerante à sensação do frio, conseguindo trabalhar com mais eficácia nos ambientes cujas atividades, sem o devido treino, seriam impraticáveis.

A aclimatação ao frio fará com que as extremidades do corpo do indivíduo exposto sejam irrigadas geralmente de sangue, mantendo-as aquecidas, sem o desconforto, que de outra maneira poderia ocorrer.

Exames médicos periódicos

Os exames médicos periódicos têm por finalidade detectar possíveis doenças que acometem os trabalhadores em câmaras frias, como vasculopatias periféricas, ulcerações, dores articulares, perda de sensibilidade tátil e infecções das vias respiratórias superiores (amigdalite, rinites, faringites, sinusites), assim como prevenir pneumonias. Os trabalhadores que apresentarem esses sintomas ou outros sinais de suscetibilidade deverão ser transferidos para outras atividades.

3.2.8 Umidade

a) Aspectos gerais

A caracterização de insalubridade pelo agente umidade é feita pela inspeção visual do local de trabalho, no qual necessita ser constatado que o trabalhador desenvolve atividades em ambiente alagado ou encharcado, com umidade excessiva, capaz de produzir danos a sua saúde.

b) Legislação básica

NR-15 – ANEXO Nº 10

1. As atividades ou operações executadas em locais alagados ou encharcados, com umidade excessiva, capazes de produzir danos à saúde dos trabalhadores, serão consideradas insalubres em decorrência de laudo de inspeção realizada no local de trabalho.

Os trabalhos ou operações realizados em ambiente úmido, na forma prescrita pelo Anexo nº 10, da NR-15, da Portaria nº 3.214/1978 do MTE, são considerados de risco médio, assegurando ao trabalhador a percepção de adicional de 20%, incidente sobre o salário mínimo, caso não esteja devidamente protegido.

c) Equipamentos de proteção individual

Os efeitos do agente umidade sobre a saúde do trabalhador podem ser neutralizados pela utilização de Equipamento de Proteção Individual adequado às atividades ou operações que realiza. Esses EPIs são os seguintes:

- **botas de cano curto (24 cm) ou cano médio (35 cm)**: botas fabricadas de borracha natural ou com produto sintético (PVC, neoprene) para proteção dos membros inferiores da umidade dos ambientes alagados ou encharcados;
- **avental**: oleado (impermeável), de borracha natural ou sintética, utilizado em trabalhos ou operações de lixamento a água e lavagem de peças em serviços leves;
- **capa**: impermeável para trabalhos realizados na chuva.

3.3 Agentes químicos

3.3.1 Caracterização dos agentes químicos

a) Aspectos legais

Os agentes químicos, de acordo com a NR-9, da Portaria nº 3.214/1978, são as substâncias, compostos ou produtos que possam penetrar no organismo humano pela via respiratória nas formas de gases e vapores, poeiras, fumos, névoas, neblinas, ou que pela natureza da atividade de exposição possam ter contato ou ser absorvidos pelo organismo humano através da pele ou por ingestão.

Considerando o disposto na NR-9 e na NR-15, os agentes químicos podem ser divididos em:

- **agentes químicos com limites de tolerância – gases e vapores**: são as substâncias químicas cujas exposições estão previstas no Anexo nº 11, da NR-15, com definição de limites de tolerância;
- **agentes químicos de avaliação qualitativa**: produtos químicos cujas atividades e operações são consideradas insalubres em decorrência de inspeção realizada no local de trabalho e definidas pelo Anexo nº 13, da NR-15;
- **poeiras minerais**: são os aerodispersoides – fumos, poeiras, fibras, fumaças, névoas e neblinas, representados por partículas sólidas ou líquidas em dispersão no ar, com limites de tolerância definidos pelo Anexo nº 12, da NR-15.

b) Aspectos gerais

Vias de penetração no organismo

São três as vias de penetração dos agentes químicos no organismo humano:

- **via respiratória**: em 40 horas de trabalho semanal (5 dias de 8 horas), o trabalhador respira cerca de 8 m^3 de ar. Considerando que a maioria dos agentes químicos encontra-se em suspensão ou dispersa no ar do ambiente de trabalho sob a forma de gases ou vapores e poeiras, conclui-se, facilmente, que a via respiratória é o principal acesso para penetração desses agentes no organismo humano;
- **via cutânea**: muitos agentes químicos, como os solventes industriais, os fenóis, alguns pesticidas e outros, possuem a propriedade de penetrar no organismo humano através da pele, produzindo intoxicações e alergias;
- **via digestiva**: é a menos frequente, pois a penetração por essa via ocorre, eventualmente, quando o trabalhador come, bebe ou fuma em um ambiente contaminado.

Vias de eliminação no organismo

Os agentes químicos, uma vez absorvidos pelo organismo humano através das paredes das células e da corrente sanguínea, podem ou não ser eliminados. Diversas substâncias químicas possuem a propriedade de se acumular nos tecidos, nos órgãos ou nos ossos, e sua forma de ação é determinada por suas características físicas, químicas ou biológicas, ou, ainda, pelos órgãos que as absorvem.

A eliminação dos agentes químicos do organismo humano em geral é demorada e difícil, e a permanência dessas substâncias pode aumentar os efeitos danosos, provocando desde pequenas alterações morfológicas ou funcionais até grandes desequilíbrios, inclusive sobrevindo a morte.

As substâncias químicas, intactas ou transformadas no organismo, podem ser eliminadas pelos pulmões (via respiratória), pelos rins (via urinária), pelas fezes (via digestiva) e, em menor quantidade, pelo suor (via cutânea – sudorese).

Classificação dos agentes químicos

Os agentes químicos são classificados quanto à toxicidade e seus efeitos fisiológicos.

- **toxicidade**: diz-se que uma substância química é tóxica quando, penetrando em um organismo e sendo por ele absorvida, provoca desde pequenas alterações fisiológicas ou funcionais, que podem colocar em perigo a saúde desse organismo, até grandes desequilíbrios, que podem levar esse organismo à morte.

As intoxicações ou envenenamentos podem ser agudas ou crônicas:

- *agudas:* são as que, em tempo muito curto, provocam alterações profundas no organismo humano. Geralmente são causadas por contaminantes muito tóxicos ou por outros que, embora menos tóxicos, encontram-se em altas concentrações no ambiente;
- *crônicas:* são as que atuam a longo prazo, podendo causar danos consideráveis ao organismo. São consequência, em geral, de exposições contínuas a baixos níveis de concentração do agente químico.

- **efeitos fisiológicos**: os contaminantes atmosféricos, de acordo com os efeitos que causam no organismo humano, podem ser dos seguintes tipos: irritantes, asfixiantes, narcóticos, intoxicantes sistêmicos e material particulado:
  - *irritantes:* são os que, em consequência de seus efeitos químicos ou corrosivos, produzem inflamação dos tecidos com os quais entram em contato. Sua ação é, principalmente, sobre os tecidos de revestimento ou epiteliais, como a pele, as mucosas das vias respiratórias, a conjuntiva ocular etc.

Os irritantes muito solúveis são absorvidos pelos primeiros tecidos epiteliais que encontram, quando penetram no organismo pela via respiratória, atacando, de imediato, o nariz e a garganta. Em consequência, o indivíduo queixa-se de dor ou prurido no nariz, corrimento nasal abundante, lacrimejamento, irritação e dor de garganta, tosse e outros sintomas. Esses são sintomas provocados, por exemplo, por amoníaco, poeiras alcalinas e outros.

Os irritantes de solubilidade moderada, de que são exemplo o cloro, o ozônio, o iodo e outros, atuam em todas as partes do sistema respiratório.

Os irritantes pouco solúveis causam irritação das vias respiratórias superiores, como os irritantes orgânicos. São exemplos: a acroleína (presente no escapamento de gases dos motores a *diesel*), o acetaldeído e o dióxido de nitrogênio.

Podem ser citados ainda, como contaminantes irritantes secundários, os que, além da ação inflamatória, atuam sobre todo o organismo, como o ácido sulfúrico, ácido sulfídrico, os álcoois, os éteres etc.

Quando em altas concentrações, esses tipos de contaminantes podem provocar intensa falta de ar, arroxeamento das extremidades e morte.

– *asfixiantes:* são os que diminuem a concentração de oxigênio no sangue do organismo humano. Podem ser asfixiantes simples ou químicos.

Os **asfixiantes simples** são gases que ocupam o lugar do oxigênio no ar atmosférico, diminuindo o teor de oxigênio que chega ao sangue. Exemplos: nitrogênio, gás carbônico (CO_2), butano (gás de botijão), metano, hélio e outros que, por si sós, não são perigosos.

Os **asfixiantes químicos** são gases que se combinam com substâncias transportadoras de oxigênio no sangue ou que impedem a realização de reações químicas no sangue, diminuindo o teor de oxigênio que chega aos tecidos. Exemplos: o monóxido de carbono (CO), o gás cianídrico, os cianuretos, os nitretos etc. Deve ser ressaltado que, por sua afinidade com a hemoglobina, o CO é fatal nas concentrações de 1%, sendo sua ação favorecida pela presença da anemia, pelo hábito de fumar, pela temperatura elevada, pela grande umidade ambiental, pela pressão atmosférica baixa e pelo esforço físico. A morte ocorre por asfixia e anoxia tissular. O CO é encontrado na produção e distribuição do gás de rua, nas emanações dos motores a explosão, na queima incompleta de matéria orgânica, nas aciarias, nos altos-fornos, nas fundições etc.

– *narcóticos:* são os gases e vapores de substâncias que atuam sobre o sistema nervoso central e, quando absorvidos pelo sangue, produzem efeito anestésico, como sonolência, diminuição da sensibilidade e perceptividade, podendo conduzir à parada cardíaca, parada respiratória e morte. Participam desse grupo: éter etílico, acetona, éter isopropílico, trilene, pentrane, fluotane, protóxido, ciclopropano, éter sulfúrico, tolueno, xileno, n-hexano etc. Esses gases e vapores podem danificar órgãos como o fígado.

– *intoxicantes sistêmicos:* são os que, ao penetrarem e serem absorvidos pelo organismo, provocam alterações funcionais ou morfológicas em determinados órgãos do ser humano. Podem causar intoxicações agudas e crônicas, sendo principais:

- *compostos que causam lesões nos órgãos:* os hidrocarbonetos alogenados (clorofórmio, tetracloreto de carbono, cloreto de vinila etc.), compostos que, quando utilizados em concentrações elevadas, ainda que por breve tempo, podem causar intoxicações agudas, com possibilidade de morte;

- *compostos que causam lesões no sistema formador do sangue:* hidrocarbonetos aromáticos (benzeno, fenóis, e, em certo grau, tolueno, xileno e naftaleno). Esses compostos são acumulados nos tecidos graxos, na medula óssea e no sistema nervoso;
- *compostos que afetam o sistema nervoso:* álcool metílico, álcool etílico, dissulfeto de carbono, éteres;
- *compostos tóxicos inorgânicos e metais tóxicos:* os tóxicos inorgânicos mais perigosos são os sais de cianureto (cianureto de sódio e de potássio), os fluoretos e compostos de arsênico, fósforo e enxofre. Os metais tóxicos são a maioria, sendo exemplos os seguintes: chumbo, mercúrio e cromo, sobre os quais são registradas as seguintes observações:
- *chumbo:* a intoxicação pelo chumbo geralmente ocorre em setores como os de fabricação de acumuladores, fábricas de tintas, fundição e mineração desse metal. É um dos metais que produzem alterações gerais no organismo, uma vez que, quando absorvido, entra na corrente sanguínea, e, em mais de 90% das vezes, liga-se às hemácias. Acompanha, ainda, o cálcio do organismo, especialmente quanto ao depósito e sua mobilização no tecido ósseo. Parte desse depósito ósseo existe sob a forma instável, sendo facilmente liberado (acidose, descalcificação) e está em equilíbrio dinâmico com o sangue. A intoxicação crônica, por exposição ao chumbo, produz o saturnismo, que apresenta: arco gengival de coloração azulada, aumento do teor de chumbo no sangue, palidez, lassidão, anemia, cólicas saturninas, polineurite saturnina, hipertensão arterial, psicose tóxica, episódio de mania aguda, delírios, convulsões, coma, náuseas e vômitos.

  Os principais compostos de chumbo usados na indústria são: litargírio (PbO), bióxido de chumbo (PbO_2), trióxido de chumbo (Pb_3O_4 – zarcão, anticorrosivos etc.), cloreto de chumbo, sulfeto de chumbo (PbS – galena – mineral de chumbo mais importante), carbonatos, cromatos (amarelo cromo – PbCrO4), chumbo tetraetila ($Pb(C_2H_5)^4$ – antidetonante).
- *mercúrio:* é tóxico celular. Por ser o único metal líquido, vaporiza-se à temperatura ambiente, podendo ser inalado em grande quantidade. O mercúrio pode produzir: **intoxicação aguda**, gerando pneumonia química, provocada por inalação de vapores de mercúrio em alta concentração; e **intoxicação crônica** (hidragirismo), que ocorre após longos períodos de exposição, com a manifestação dos sintomas: tremores nas mãos, dificuldade na fala, alterações psíquicas (irritabilidade, nervosismo, melancolia), dor de cabeça, perturbações intestinais, falta de apetite, queda dos dentes, gengivite, estomatite, tremor dos dedos, das pálpebras, da língua, dos lábios e de outros. Na indústria, o mercúrio tem, entre outras, as seguintes aplicações: aparelhos de medição, lâmpadas, produção de amálgamas,

odontologia, mineração de ouro e prata, indústria de peles, fabricação de explosivos (fulminato de mercúrio), fabricação de tintas para cascos de navios (óxido vermelho de mercúrio), fabricação de chapéus de feltro, na produção de cloro etc.;

- *cromo:* a exposição do trabalhador ao ácido crômico produz alterações na pele, com ulcerações de difícil cicatrização; produz, também, ulcerações nas mucosas, particularmente do septo nasal, que pode ser perfurado. Os compostos de cromo hexavalente, obtidos do minério de ferro (cromita – FeO-Cr_2O_3), são mais tóxicos que os de cromo trivalente. As ações tóxicas do cromo são responsáveis por câncer brônquico, ulcerações e perfurações do septo nasal, irritação da pele e das mucosas, lesões cutâneas e as chamadas úlceras do cromo. O cromo é utilizado na produção do aço-cromo, resistente à corrosão, em litografia, em cromagem eletrolítica, na indústria têxtil, em curtumes, em fotografia, nos altos-fornos (tijolos refratários).

– *material particulado:* é o conjunto de poluentes constituído por poeiras, fumaças e todo tipo de material sólido e líquido que se mantém suspenso na atmosfera por causa de seu pequeno tamanho.

As principais fontes de emissão de particulado para a atmosfera são: veículos automotores, processos industriais, queima de biomassa, ressuspensão de poeira do solo, entre outros. O material particulado pode também se formar na atmosfera a partir de gases como o dióxido de enxofre (SO_2), o óxido de nitrogênio (NO_x) e compostos orgânicos voláteis (COV_s), que são emitidos principalmente em atividades de combustão, transformando-se em partículas como resultado de reações químicas no ar.

3.3.2 Agentes químicos com limite de tolerância – gases e vapores

a) Aspectos gerais

A maioria das exposições a agentes químicos nas indústrias ocorre quando eles se encontram sob a forma de gás ou vapor, sendo mais comuns: monóxido de carbono, dióxido de enxofre, óxidos nitrogenados, vapores de solventes e outros.

Conceitos básicos

- **gases**: são substâncias que, em condições normais de temperatura e pressão (25 °C e 760 mm Hg), estão no estado gasoso. Exemplos: hidrogênio, oxigênio e nitrogênio;
- **vapores**: é a fase gasosa de uma substância que, em condições normais de temperatura e pressão (25 °C e 760 mm Hg), é líquida ou sólida. Exemplos: vapor d'água e vapores de gasolina.

- **saturação do vapor**: a concentração de uma substância, a determinada temperatura, não pode aumentar indefinidamente, visto que existe um ponto máximo, denominado *saturação*, além do qual qualquer aumento na concentração transformará o vapor em líquido ou sólido.

b) Legislação básica

A NR-15, Anexo nº 11, da Portaria nº 3.214/1978, estabelece os limites de tolerância para agentes químicos de absorção por via respiratória. São destacados alguns trechos dessa legislação:

1. Nas atividades ou operações nas quais os trabalhadores ficam expostos a agentes químicos, a caracterização de insalubridade ocorrerá quando forem ultrapassados os limites de tolerância constantes no Quadro nº 1 do Anexo 11.

2. Todos os valores fixados no Quadro do Anexo nº 11 – Tabela de Limites de Tolerância – são válidos para absorção apenas por via respiratória.

3. Todos os valores fixados no Quadro do Anexo nº 11 como "Asfixiantes Simples" determinam que nos ambientes de trabalho em presença destas substâncias a concentração mínima de oxigênio deverá ser dezoito por cento em volume. As situações nas quais a concentração de oxigênio estiver abaixo deste valor serão consideradas de risco grave e iminente.

4. Na coluna "VALOR TETO" estão assinalados os agentes químicos cujos limites de tolerância não podem ser ultrapassados em momento algum da jornada de trabalho.

5. Na coluna "ABSORÇÃO TAMBÉM PELA PELE" estão assinalados os agentes químicos que podem ser absorvidos por via cutânea, e portanto exigindo na sua manipulação o uso de luvas adequadas, além do EPI necessário à proteção de outras partes do corpo.

6. A avaliação das concentrações dos agentes químicos através de métodos de amostragem instantânea, de leitura direta ou não, deverá ser feita pelo menos em 10 (dez) amostragens, para cada ponto ao nível respiratório do trabalhador. Entre cada uma das amostragens, deverá haver um intervalo de, no mínimo, 20 (vinte) minutos.

c) Medidas de controle/equipamentos de proteção individual

As medidas de controle quanto a gases e vapores são feitas tanto no ambiente de trabalho quanto no trabalhador.

Medidas de controle no ambiente de trabalho

O controle no ambiente de trabalho deve começar pela perfeita identificação dos produtos químicos, rotulagem, transporte, armazenamento, utilização e descarte. Os efeitos tóxicos devem ser analisados e divulgados aos trabalhadores; medidas preventivas devem ser propostas, além de adotados procedimentos em caso de acidentes.

Em locais onde a ventilação natural não é satisfatória, um sistema de ventilação adequado é um dos meios mais eficazes de controle do ambiente de trabalho. Existem dois métodos principais:

- **ventilação local exaustora**: consiste na exaustão do ar junto à fonte de produção de um poluente nocivo à saúde, antes de sua dispersão na atmosfera ambiente, sendo os gases e vapores aspirados no local em que se formam e lançados fora do ambiente. São utilizadas capelas, coifas, tubulações exaustores etc., que captam os gases nos locais de trabalho antes que atinjam o campo respiratório do trabalhador. Normalmente é o método preferido por ser mais barato, sendo utilizado em laboratórios, locais de manipulação de produtos químicos etc.;
- **ventilação geral diluidora**: é o método de insuflar o ar em um ambiente ocupacional, a fim de promover redução na concentração dos poluentes nocivos. Deve-se notar que o uso desse método não reduz ou elimina a quantidade de material nocivo emitido no ambiente de trabalho e que a distância entre os trabalhadores e o ponto de geração do poluente deve ser suficiente para assegurar que os trabalhadores não estarão expostos a concentração alta. É necessário conhecer a concentração média do poluente, para se dimensionar o adequado volume de ar para diluição da substância nociva a valores abaixo dos limites de tolerância.

A substituição dos produtos altamente tóxicos por outros menos tóxicos é outra forma de controle que pode ser utilizada quando o processo produtivo permite.

Devem ser instalados chuveiros automáticos e lava-olhos em locais onde são realizadas operações com produtos potencialmente perigosos e corrosivos.

Medidas de controle no trabalhador – EPI

A educação e o treinamento são os pontos mais importantes na proteção do trabalhador. É necessário informar sobre toxidez, inflamabilidade, reatividade com outros produtos, vias de penetração, limites de tolerância e medidas preventivas a serem tomadas. A seleção do EPI deve considerar os efeitos do produto químico, sua concentração e vias de penetração. Algumas substâncias penetram pela pele, exigindo luvas, protetores faciais e respiradores com máscaras adequadas. São comercializados respiradores com máscaras específicas para diversos agentes químicos, e, dependendo do ambiente, é obrigatório o uso de protetores de ar mandado ou equipamento autônomo de respiração.

3.3.3 Agentes químicos de avaliação qualitativa

a) Aspectos gerais

Caracterizam-se como agentes químicos de risco, em decorrência de inspeção realizada no local de trabalho, aqueles definidos pelos Anexo nº 13 e Anexo nº 13-A da NR-15.

Devido à importância e ao elevado risco do benzeno, a seguir são feitos alguns comentários.

O benzeno é o mais simples dos hidrocarbonetos aromáticos (C_6H_6), gás orgânico, também chamado de gás de hulha, e pode causar leucemia, nos casos de exposição contínua e prolongada que resulte em intoxicação crônica. A leucemia, ou, no caso, o benzenismo, manifesta-se por alteração no sangue e no sistema formador do sangue, alterações na medula óssea (redução dos glóbulos brancos), anemia (fadiga, mucosas pálidas), hemorragias nas mucosas, subcutâneas ou no sistema nervoso, alterações hepáticas (aumento do fígado), hipovitaminoses, entre outros efeitos nocivos e patológicos.

O benzeno pode produzir, também, intoxicações agudas, quando absorvido pelo ser humano em um ambiente de elevada concentração. As principais manifestações são: excitação, sudorese intensa, vertigem, náuseas, tremores, perda da consciência, paralisia motora e sensorial, parada respiratória.

O benzeno é um contaminante atmosférico universal, não existindo ambientes urbanos ou rurais em que esteja ausente. O Quadro 3.6 mostra as contribuições relativas na emissão de benzeno na atmosfera provocadas pelas atividades humanas.

Quadro 3.6 Contribuições relativas na emissão de benzeno na atmosfera por atividades humanas

Fonte	Percentual do total de emissões provocadas por atividades humanas
Motores de veículos e gasolina	80 a 85%
Refinarias de petróleo	0,3 a 1,5%
Fornos de coque (coquerias)	0,3 a 3,0%
Indústria química	1,0 a 11,0%
Aquecimento doméstico	3,0 a 7,0%
Distribuição de gasolina	2,6 a 6,0%
Uso de solventes	1,0 a 4,0%

Fonte: Concave, 1989.

No Brasil, desde 1982, é proibida a fabricação de produtos que contenham benzeno em sua composição, salvo como agente contaminante com percentual inferior a 1% em volume.

O benzeno achava-se incluído no Quadro nº 1 do Anexo II da NR-15, sendo considerado uma substância insalubre, do grau máximo, com limite de tolerância igual a 8 ppm. Atualmente, as normas sobre o benzeno constam no Anexo nº 13-A, incluído na NR-15 pela Portaria nº 14, de 20/12/1995. Essa portaria estabeleceu o Valor de Referência Tecnológico (VRT), que se refere à concentração de benzeno no ar considerada exequível do ponto de vista técnico, definido em processo de negociação tripartite. Para fins práticos, foi criado o VRT-MPT, que corresponde à concentração média de benzeno no ar, ponderada pelo tempo, para uma jornada de 8 horas de trabalho, obtida na zona de respiração dos trabalhadores, individualmente ou em grupos homogêneos de exposição (GHE). Os valores estabelecidos para os VRT-MPT são:

- 1,0 ppm para as empresas descritas no Anexo 13-A;
- 2,5 ppm para as empresas siderúrgicas.

b) Legislação básica

Caracterizam-se como condições de risco, em diferentes graus, as atividades realizadas com exposição aos seguintes agentes químicos, conforme estabelecido pela NR-15 – Anexo nº 13:

ARSÊNICO

Insalubridade de grau máximo

Extração e manipulação de arsênico e preparação de seus compostos.

Fabricação de tintas à base de arsênico.

Fabricação de produtos parasiticidas, inseticidas e raticidas contendo compostos de arsênico.

Pintura a pistola com pigmentos de compostos de arsênico, em recintos limitados ou fechados.

Preparação do Secret.

Produção de trióxido de arsênico.

Insalubridade de grau médio

Bronzeamento em negro e verde com compostos de arsênico.

Conservação de peles e plumas; depilação de peles à base de compostos de arsênico.

Descoloração de vidros e cristais à base de compostos de arsênico.

Emprego de produtos parasiticidas, inseticidas e raticidas à base de compostos de arsênico.

Fabricação de cartas de jogar, papéis pintados e flores artificiais à base de compostos de arsênico.

Metalurgia de minérios arsenicais (ouro, prata, chumbo, zinco, níquel, antimônio, cobalto e ferro).

Operações de galvanotécnica à base de compostos de arsênico.

Pintura manual (pincel, rolo e escova) com pigmentos de compostos de arsênico em recintos limitados ou fechados, exceto com pincel capilar.

Insalubridade de grau mínimo

Empalhamento de animais à base de compostos de arsênico. Fabricação de tafetá "siré".

Pintura a pistola ou manual com pigmentos de compostos de arsênico ao ar livre.

CARVÃO

Insalubridade de grau máximo

Trabalho permanente no subsolo em operações de corte, furação e desmonte, de carregamento no local de desmonte, em atividades de manobra, nos pontos de transferência de carga e de viradores.

Insalubridade de grau médio

Demais atividades permanentes do subsolo, compreendendo serviços como operadores de locomotivas, condutores, engatadores, bombeiros, madeireiros, trilheiros e eletricistas.

Insalubridade de grau mínimo

Atividades permanentes de superfície nas operações a seco, com britadores, peneiras, classificadores, carga e descarga de silos, de transportadores de correia e de teleférreos.

CHUMBO

Insalubridade de grau máximo

Fabricação de compostos de chumbo, carbonato, arseniato, cromato mínio, litargírio e outros.

Fabricação de esmaltes, vernizes, cores, pigmentos, tintas, unguentos, óleos, pastas, líquidos e pós *à base* de compostos de chumbo.

Fabricação e restauração de acumuladores, pilhas e baterias elétricas contendo compostos de chumbo.

Fabricação e emprego de chumbo tetraetila e chumbo tetrametila.

Fundição e laminação de chumbo, de zinco velho, cobre e latão.

Limpeza, raspagem e reparação de tanques de mistura, armazenamento e demais trabalhos com gasolina contendo chumbo tetraetila.

Pintura a pistola com pigmentos de compostos de chumbo em recintos limitados ou fechados.

Vulcanização de borracha pelo litargírio ou outros compostos de chumbo.

Insalubridade de grau médio

Aplicação e emprego de esmaltes, vernizes, cores, pigmentos, tintas, unguentos, óleos, pastas, líquidos e pós *à base* de compostos de chumbo.

Fabricação de porcelana com esmaltes de compostos de chumbo.

Pintura e decoração manual (pincel, rolo e escova) com pigmentos de compostos de chumbo (exceto pincel capilar) em recintos limitados ou fechados.

Tinturaria e estamparia com pigmentos *à base* de compostos de chumbo.

Insalubridade de grau mínimo

Pintura a pistola ou manual com pigmentos de compostos de chumbo ao ar livre.

CROMO

Insalubridade de grau máximo

Fabricação de cromatos e bicromatos.

Pintura a pistola com pigmentos de compostos de cromo, em recintos limitados ou fechados.

Insalubridade de grau médio

Cromagem eletrolítica dos metais.

Fabricação de palitos fosfóricos à base de compostos de cromo (preparação da pasta e trabalho nos secadores).

Manipulação de cromatos e bicromatos.

Pintura manual com pigmentos de compostos de cromo em recintos limitados ou fechados (exceto pincel capilar).

Preparação por processos fotomecânicos de clichês para impressão à base de compostos de cromo.

Tanagem a cromo.

FÓSFORO

Insalubridade de grau máximo

Extração e preparação de fósforo branco e seus compostos.

Fabricação de defensivos fosforados e organofosforados.

Fabricação de projéteis incendiários, explosivos e gases asfixiantes *à base* de fósforo branco.

Insalubridade de grau médio

Emprego de defensivos organofosforados.

Fabricação de bronze fosforado.

Fabricação de mechas fosforadas para lâmpadas de mineiros.

HIDROCARBONETOS E OUTROS COMPOSTOS DE CARBONO

Insalubridade de grau máximo

Destilação do alcatrão da hulha.

Destilação do petróleo.

Manipulação de alcatrão, breu, betume, antraceno, óleos minerais, óleo queimado, parafina ou outras substâncias cancerígenas afins.

Fabricação de fenóis, cresóis, naftóis, nitroderivados, aminoderivados, derivados halogenados e outras substâncias tóxicas derivadas de hidrocarbonetos cíclicos.

Pintura a pistola com esmaltes, tintas, vernizes e solventes contendo hidrocarbonetos aromáticos.

Insalubridade de grau médio

Empregos de defensivos organoclorados: DDT (diclorodifeniltricloretano), DDD (diclorodifenildicloretano), metoxicloro (dimetoxidifeniltricloretano), BHC (hexacloreto de benzeno) e seus compostos e isômeros.

Emprego de defensivos derivados do ácido carbônico.

Emprego de aminoderivados de hidrocarbonetos aromáticos (homólogos da anilina).

Emprego de cresol, naftaleno e derivados tóxicos.

Emprego de isocianatos na formação de poliuretanas (lacas de desmoldagem, lacas de dupla composição, lacas protetoras de madeira e metais, adesivos especiais e outros produtos à base de polisocianetos e poliuretanas).

Emprego de produtos contendo hidrocarbonetos aromáticos como solvente ou em limpeza de peças.

Fabricação de artigos de borracha, de produtos para impermeabilização e de tecidos impermeáveis à base de hidrocarbonetos.

Fabricação de linóleos, celuloides, lacas, tintas, esmaltes, vernizes, solventes, colas, artefatos de ebonite, guta-percha, chapéus de palha e outros à base de hidrocarbonetos.

Limpeza de peças ou motores com óleo diesel aplicado sob pressão (nebulização).

Pintura a pincel com esmaltes, tintas e vernizes em solventes contendo hidrocarbonetos aromáticos.

MERCÚRIO

Insalubridade de grau máximo

Fabricação e manipulação de compostos orgânicos de mercúrio.

SILICATOS

Insalubridade de grau máximo

Operações que desprendam poeira de silicatos em trabalhos permanentes no subsolo, em minas e túneis (operações de corte, furação, desmonte, carregamento e outras atividades exercidas no local do desmonte e britagem no subsolo).

Operações de extração, trituração e moagem de talco.

Fabricação de material refratário, como refratários para fôrmas, chaminés e cadinhos; recuperação de resíduos.

SUBSTÂNCIAS CANCERÍGENAS

Não deve ser permitida nenhuma exposição ou contato, por qualquer via, para as seguintes substâncias ou processos:

4-amido difenil (p-xenilamina);

Produção de benzidina;

Betanaftilamina;

4-nitrodifenil.

Entende-se por nenhuma exposição ou contato hermetizar o processo ou operação, através dos melhores métodos praticáveis de engenharia, sendo que o trabalhador deve ser protegido adequadamente de modo a não permitir nenhum contato com o carcinogênico.

Sempre que os processos ou operações que envolvem as 5 (cinco) substâncias citadas não forem hermetizados, será considerada como situação de risco grave e iminente para o trabalhador.

Para o benzeno, deve ser observado o disposto no Anexo 13-A da NR-15.

OPERAÇÕES DIVERSAS

Insalubridade de grau máximo

Operações com cádmio e seus compostos: extração, tratamento, preparação de ligas, fabricação e emprego de seus compostos, solda com cádmio, utilização em fotografias com luz ultravioleta, em fabricação de vidros, como antioxidante, em revestimentos metálicos, e outros produtos.

Operações com as seguintes substâncias:

– Éter bis (cloro-metílico)

– Benzopireno

– Berílio

– Cloreto de dimetil-carbamila

– 3,3' – dicloro-benzidina

– Dióxido de vinil ciclo-hexano

– Epicloridrina

– Hexametilfosforamida

– 4,4' – metileno bis (2-cloro anilina)

– 4,4' – metileno dianilina

– Nitrosaminas

– Propano sultone

– Betapropiolactona

– Tálio

Produção de trióxido de amônio ustulação de sulfeto de níquel.

Insalubridade de grau médio

Aplicação a pistola de tintas de alumínio.

Fabricação de pós de alumínio (trituração e moagem).

Fabricação de emetina e pulverização de ipeca.

Fabricação e manipulação de ácido oxálico, nítrico e sulfúrico, bromídrico, fosfórico, pícrico.

Metalização a pistola.

Operações com o timbó.

Operações com bagaço de cana nas fases de grande exposição a poeira.

Operações de galvanoplastia: douração, prateação, niquelagem, cromagem, zincagem, cobreagem, anodização de alumínio.

Telegrafia e radiotelegrafia, manipulação em aparelhos do tipo Morse e recepção de sinais em fones.

Trabalhos com escórias de Thomás: remoção, trituração, moagem e acondicionamento.

Trabalho de retirada, raspagem a seco e queima de pinturas.

Trabalhos na extração de sal (salinas).

Fabricação e manuseio de álcalis cáusticos.

Insalubridade de grau mínimo

Fabricação e transporte de cal e cimento nas fases de grande exposição a poeiras.

Trabalhos de carregamento, descarregamento ou remoção de enxofre ou sulfitos em geral, em sacos ou granel.

BENZENO

Quanto ao benzeno o Anexo nº 13-A, acrescentado pela Portaria nº 14, de 20/12/1995, define que:

Benzeno

1. O presente Anexo tem como objetivo regulamentar ações, atribuições e procedimentos de prevenção da exposição ocupacional ao benzeno, visando à proteção da saúde do trabalhador, visto tratar-se de um produto comprovadamente cancerígeno.

2. O presente Anexo se aplica a todas as empresas que produzem, transportam, armazenam, utilizam ou manipulam benzeno e suas misturas líquidas contendo 1% (um por cento) ou mais de volume e aquelas por elas contratadas, no que couber.

2.1 O presente Anexo não se aplica às atividades de armazenamento, transporte, distribuição, venda e uso de combustíveis derivados de petróleo.

3. Fica proibida a utilização do benzeno, a partir de 1º/1/1997, para qualquer emprego, exceto nas indústrias e laboratórios que:

a) o produzem;

b) o utilizem em processos de síntese química;

c) o empreguem em combustíveis derivados de petróleo;

d) o empreguem em trabalhos de análise ou investigação realizados em laboratório, quando não for possível sua substituição;

3.1 Revogado

3.2 As empresas que utilizam benzeno em atividades que não as identificadas nas alíneas do item 3 e que apresentem inviabilidade técnica ou econômica de sua substituição deverão comprová-la quando da elaboração do Programa de Prevenção da Exposição Ocupacional ao Benzeno – PPEOB.

3.3 Revogado

4. As empresas que produzem, transportam, armazenam, utilizam ou manipulam benzeno e suas misturas líquidas contendo 1% (um por cento) ou mais de volume devem cadastrar seus estabelecimentos no DSST.

4.1 Para o cadastramento previsto no item 4, a empresa deverá apresentar ao DSST as seguintes informações:

a) identificação da empresa (nome, endereço, CGC, ramo de atividade e Classificação Nacional de Atividades Econômicas – CNAE);

b) número de trabalhadores por estabelecimento;

c) nome das empresas fornecedoras de benzeno, quando for o caso;

d) utilização a que se destina o benzeno;

e) quantidade média de processamento mensal;

f) Documento-base do PPEOB.

4.1.1 Somente serão cadastradas as instalações concluídas e aptas a operar.

4.1.2 Para o cadastramento de empresas e instituições que utilizam benzeno apenas em seus laboratórios, processos de análise ou pesquisa, quando não for possível a sua substituição, a solicitação deve ser acompanhada de declaração assinada pelos responsáveis legais e técnico da empresa ou instituição, com justificativa sobre a inviabilidade da substituição.

4.1.2.1 O PPEOB do laboratório de empresas ou instituições enquadradas no subitem 4.1.2 deve ser mantido à disposição da fiscalização no local de trabalho, não sendo necessário o seu encaminhamento para o Departamento de Segurança e Saúde no Trabalho – DSST.

4.2 A comprovação de cadastramento deverá ser apresentada quando da aquisição do benzeno junto ao fornecedor.

4.3 As fornecedoras de benzeno só poderão comercializar o produto para empresas cadastradas.

4.4 As empresas constantes deverão manter, por 10 (dez) anos, uma relação atualizada das empresas por elas contratadas que atuem nas áreas incluídas na caracterização prevista no PPEOB, contendo:

– identificação da contratada;

– período de contratação;

– atividade desenvolvida;

– número de trabalhadores.

4.5 O cadastramento da empresa ou instituição poderá ser suspenso em caso de infração à legislação do benzeno, de acordo com os procedimentos previstos em portaria específica.

4.6 As alterações de instalações que impliquem modificação na utilização a que se destina o benzeno e a quantidade média de processamento mensal devem ser informadas ao DSST, para fins de atualização dos dados de cadastramento da empresa.

5. As empresas que produzem, transportam, armazenam, utilizam ou manipulam benzeno em suas misturas líquidas contendo 1% (um por cento) ou mais de volume devem apresentar ao DSST o documento-base do PPEOB, juntamente com as informações previstas no subitem 4.1.

5.1 Revogado

5.2 O PPEOB elaborado pela empresa deve representar o mais elevado grau de compromisso de sua diretoria com os princípios e diretrizes da prevenção da exposição dos trabalhadores ao benzeno devendo:

a) ser formalizado através de ato administrativo oficial do ocupante do cargo gerencial mais elevado;

b) ter indicação de um responsável pelo Programa que responderá pelo mesmo junto aos *órgãos públicos*, às representações dos trabalhadores específicas para o benzeno e ao sindicato profissional da categoria.

5.3 No PPEOB deverão estar relacionados os empregados responsáveis pela sua execução, com suas respectivas atribuições e competências.

5.4 O conteúdo do PPEOB deve ser aquele estabelecido pela Norma Regulamentadora nº 9 – PROGRAMA DE PREVENÇÃO DE RISCOS AMBIENTAIS, com a redação dada pela Portaria nº 25 de 20-12-94, acrescido de:

– caracterização das instalações contendo benzeno ou misturas que o contenham em concentração maior do que 1 (um) % em volume;

– avaliação das concentrações de benzeno para verificação da exposição ocupacional e vigilância do ambiente de trabalho segundo a Instrução Normativa – IN nº 001;

– ações de vigilância à saúde dos trabalhadores próprios e de terceiros, segundo a Instrução Normativa – IN nº 002;

– descrição do cumprimento das determinações da Portaria e acordos coletivos referentes ao benzeno;

– procedimentos para o arquivamento dos resultados de avaliações ambientais previstas na IN nº 001 por 40 (quarenta) anos;

– adequação da proteção respiratória ao disposto na Instrução Normativa nº 01, de 11-4-94;

– definição dos procedimentos operacionais de manutenção, atividades de apoio e medidas de organização do trabalho necessárias para a prevenção da exposição ocupacional ao benzeno. Nos procedimentos de manutenção deverão ser descritos os de caráter emergencial, rotineiros e preditivos, objetivando minimizar possíveis vazamentos ou emissões fugitivas;

– levantamento de todas as situações onde possam ocorrer concentrações elevadas de benzeno, com dados qualitativos e quantitativos que contribuam para a avaliação ocupacional dos trabalhadores;

– procedimentos para proteção coletiva e individual dos trabalhadores, do risco de exposição ao benzeno nas situações críticas verificadas no item anterior, através de medidas tais como: organização do trabalho, sinalização apropriada, isolamento de área, treinamento específico, ventilação apropriada, proteção respiratória adequada e proteção para evitar contato com a pele;

– descrição dos procedimentos usuais nas operações de drenagem, lavagem, purga de equipamentos, operação manual de válvulas, transferências, limpezas, controle de vazamentos, partidas e paradas de unidades que requeiram procedimentos rigorosos de controle de emanação de vapores e prevenção de contato direto do trabalhador com o benzeno;

– descrição dos procedimentos e recursos necessários para o controle da situação de emergência, até o retorno à normalidade;

– cronograma detalhado das mudanças que deverão ser realizadas na empresa para a prevenção da exposição ocupacional ao benzeno e a adequação ao Valor de Referência Tecnológico;

– exigências contratuais pertinentes, que visem adequar as atividades de empresas contratadas à observância do Programa da contratante;

– procedimentos específicos de proteção para o trabalho do menor de 18 (dezoito) anos, mulheres grávidas ou em período de amamentação.

6. Valor de Referência Tecnológico – VRT se refere à concentração de benzeno no ar considerada exequível do ponto de vista técnico, definido em processo de negociação tripartite. O VRT deve ser considerado como referência para os programas de melhoria contínua das condições dos ambientes de trabalho. O cumprimento do VRT é obrigatório e não exclui risco à saúde.

6.1 O princípio da melhoria contínua parte do reconhecimento de que o benzeno é uma substância comprovadamente carcinogênica, para a qual não existe limite seguro de exposição. Todos os esforços devem ser despendidos continuamente no sentido de buscar a tecnologia mais adequada para evitar a exposição do trabalhador ao benzeno.

6.2 Para fins de aplicação deste Anexo é definida uma categoria de VRT.

VRT-MPT que corresponde à concentração média de benzeno no ar ponderada pelo tempo, para uma jornada de trabalho de 8 horas, obtida na zona de respiração dos trabalhadores, individualmente ou de Grupos Homogêneos de Exposição – GHE, conforme definido na Instrução Normativa nº 001.

6.2.1 Os valores Limites de Concentração (LC) a serem utilizados na IN nº 001, para o cálculo do Índice de Julgamento "I", são os VRT-MPT estabelecidos a seguir.

7. Os valores estabelecidos para os VRT-MPT são:

– 1,0 (um) ppm para as empresas abrangidas por este Anexo (com exceção das empresas siderúrgicas, as produtoras de álcool anidro e aquelas que deverão substituir o benzeno a partir de 1º-1-97).

– 2,5 (dois e meio) ppm para as empresas siderúrgicas.

7.1 O Fator de Conversão da concentração de benzeno de ppm para mg/m^3 é: 1 ppm = 3,19 mg/m^3 nas condições de 25 °C, 101 kPa ou 1 atm.

7.2 Os prazos de adequação das empresas aos referidos VRT-MPT serão acordados entre as representações de trabalhadores, empregadores e de governo.

7.3 Situações consideradas de maior risco ou atípicas devem ser obrigatoriamente avaliadas segundo critérios de julgamento profissional que devem estar especificados no relatório da avaliação.

7.4 As avaliações ambientais deverão seguir o disposto na Instrução Normativa nº 001 "Avaliação das Concentrações de Benzeno em Ambientes de Trabalho".

8. Entende-se como "Vigilância da Saúde" o conjunto de ações e procedimentos que visam à detecção, o mais precocemente possível, de efeitos nocivos induzidos pelo benzeno à saúde dos trabalhadores.

8.1 Estas ações e procedimentos deverão seguir o disposto na Instrução Normativa nº 002 sobre "Vigilância da Saúde dos Trabalhadores na Prevenção da Exposição Ocupacional ao Benzeno".

9. As empresas abrangidas pelo presente Anexo, e aquelas por elas contratadas, quando couber, deverão garantir a constituição de representação específica dos trabalhadores para o benzeno objetivando acompanhar a elaboração, implantação e desenvolvimento do Programa de Prevenção da Exposição Ocupacional ao Benzeno.

9.1 A organização, constituição, atribuições e treinamento desta representação serão acordadas entre as representações dos trabalhadores e empregadores.

10. Os trabalhadores das empresas abrangidas pelo presente Anexo, e aquelas por elas contratadas, com risco de exposição ao benzeno, deverão participar de treinamento sobre os cuidados e as medidas de prevenção.

11. As áreas, recipientes, equipamentos e pontos com risco de exposição ao benzeno deverão ser sinalizadas com os dizeres "PERIGO: PRESENÇA DE BENZENO – RISCO À SAÚDE" e o acesso a estas áreas deverá ser restringido a pessoas autorizadas.

12. A informação sobre os riscos do benzeno à saúde deve ser permanente, colocando-se à disposição dos trabalhadores uma "ficha de Informações de Segurança sobre Benzeno", sempre atualizada.

13. Será de responsabilidade dos fornecedores de benzeno, assim como dos fabricantes e fornecedores de produtos contendo benzeno, a rotulagem adequada, destacando a ação cancerígena do produto, de maneira facilmente compreensível pelos trabalhadores e usuários, incluindo obrigatoriamente instrução de uso, riscos à saúde e doenças relacionadas, medidas de controle adequadas, em cores contrastantes, de forma legível e visível.

14. Quando da ocorrência de situações de emergência, situação anormal que pode resultar em uma imprevista liberação de benzeno que possa exceder o VRT-MPT, devem ser adotados os seguintes procedimentos:

a) após a ocorrência de emergência, deve-se assegurar que a área envolvida tenha retomado à condição anterior através de monitorizações sistemáticas. O tipo de monitorização deverá ser avaliado dependendo da situação envolvida;

b) caso haja dúvidas das condições das áreas, deve-se realizar uma bateria padronizada de avaliação ambiental nos locais e dos grupos homogêneos de exposição envolvidos nestas áreas;

c) o registro da emergência deve ser feito segundo o roteiro que se segue: descrição da emergência – descrever as condições em que a emergência ocorreu indicando:

- atividade;
- local, data e hora da emergência;
- causas da emergência;
- planejamento feito para o retorno à situação normal;
- medidas para evitar reincidências;
- providências tomadas a respeito dos trabalhadores expostos.

15. Os dispositivos estabelecidos nos itens anteriores, decorrido o prazo para sua aplicação, são de autuação imediata, dispensando prévia notificação, enquadrando-se na categoria "I – 4", prevista na NR 28.

c) Medidas de controle/equipamento de proteção individual

As medidas de controle, quer coletivas ou individuais, têm como objetivo reduzir os riscos a que estão sujeitos os trabalhadores. No caso dos agentes químicos de risco, devem ser consideradas, como as mais importantes e eficazes, as descritas a seguir.

Relativas ao ambiente

a) Substituição do produto tóxico ou nocivo

   Esta é uma medida de controle que, por eliminar o risco, deverá sempre ser buscada, todavia, reconhece-se que nem sempre é possível adotá-la, especialmente por razões técnicas.

b) Alteração ou mudança do processo ou operação

   Caracteriza-se pela mudança do processo produtivo, o que, como a anterior, poderá esbarrar na impossibilidade técnica de realizá-la.

c) Enclausuramento ou encerramento da operação

   O objetivo do confinamento da operação é impedir a dispersão do agente contaminante por todo o ambiente de trabalho.

d) Segregação da operação ou processo

Consiste no isolamento da operação ou processo, executando-o fora da área de produção. Diminui-se, assim, o número de trabalhadores expostos, porém deve-se atentar que os trabalhadores sujeitos ao risco deverão ser providos de proteção individual.

e) Ventilação geral diluidora

Esta medida consiste na insuflação e exaustão do ar do ambiente de trabalho, buscando reduzir a concentração do agente poluente ao limite de tolerância prescrito pelas normas. Deve-se ressaltar que esse método não impede a emissão de poluentes para o ambiente de trabalho, mas simplesmente os dilui. Outrossim, tem baixo custo de instalação e não interfere nas operações e processos industriais.

f) Ventilação local exaustora

Este método consiste na captação dos poluentes de uma fonte, impedindo-os que se dispersem no ar do ambiente de trabalho e atinjam o plano de respiração do trabalhador.

g) Limitação do tempo de exposição

A limitação do tempo de exposição, por meio da redução dos períodos de trabalho, é uma medida de controle efetiva, porém, como pode interferir nas operações e processos industriais, deve ser implantada após as outras medidas terem sido julgadas impraticáveis ou insuficientes no controle dos poluentes.

h) Educação e treinamento

A conscientização do trabalhador quanto aos riscos inerentes às operações e das medidas de redução ou neutralização dos riscos; os treinamentos em procedimentos para as situações de emergência e o aprendizado de noções de primeiros socorros são essenciais para complementar qualquer tipo de medida de controle adotada.

i) Ordem, limpeza e conservação

É base para que qualquer das medidas de controle retrocitadas tenha êxito e atinja total rendimento. Assim, é indispensável manter a limpeza e a conservação das máquinas e equipamentos, dos pisos, das superfícies horizontais e verticais, das bancadas de trabalho, bem como ter a previsão de um depósito para os materiais nocivos e prever métodos adequados para seu transporte e emprego. A disposição adequada das diversas operações limitará o número de trabalhadores expostos ao mesmo risco.

Relativas ao trabalhador

Diversos tipos de EPIs, como protetores oculares e faciais, protetores para os membros superiores (luvas específicas contra os agentes agressivos), protetores para os membros inferiores, máscaras e respiradores, aventais e roupas especiais etc., são disponíveis para a proteção do trabalhador. É necessário o levantamento prévio dos agentes contaminantes agressivos ao trabalhador e a posterior seleção do equipamento de proteção individual adequado às atividades desenvolvidas.

3.3.4 Poeiras minerais

a) Aspectos gerais

Os aerodispersoides ou aerossóis são sistemas formados pela dispersão de partículas sólidas ou líquidas no ar, de tamanho reduzido, que podem variar entre um limite superior não bem definido (100 µ a 200 µ) até o limite de 0,5 µ no caso das poeiras. Em aerossóis formados por condensação (fumos), o tamanho da partícula varia, frequentemente, entre 0,5 µ e 0,01 µ.

A classificação dos aerodispersoides mais aceita é a que diferencia os formados por dispersão daqueles formados por condensação. Os aerodispersoides formados por dispersão constituem aqueles resultantes da desintegração da matéria (pulverização ou atomização de sólidos ou líquidos), da transferência de pós para o estado de suspensão, da ação de correntes de ar ou de vibração. São, na maioria dos casos, constituídos por partículas mais grosseiras do que as que constituem os aerodispersoides (aerossóis) por condensação e, além disso, contêm partículas com maior variação de tamanho.

Os aerodispersoides de condensação são os formados pela condensação de vapores supersaturados ou pela reação de gases que resulta em um produto não volátil.

Entre os aerodispersoides destacam-se:

Sólidos	Líquidos
Poeira Fumos Fibras Fumaça	Névoas Neblinas

- **poeiras**: são aerodispersoides formados por dispersão, constituídos por partículas sólidas produzidas por ruptura mecânica de sólidos, geralmente com diâmetros maiores que 0,5 µ. Exemplos: poeira de sílica, poeira de asbesto, poeira de algodão e outros. São resultantes de operaçoes como: moendas, perfuração, explosão, limpeza abrasiva e corte e polimento de pedras. O pó inorgânico de maior importância do ponto de vista da saúde ocupacional é a sílica livre cristalizada (SiO_2), que se acha espalhada em, aproximadamente, 60% da crosta terrestre, formando parte das rochas, minérios, areias, tecidos, vegetais etc. A sílica existe na natureza em três formas: cristalizada (quartzo, tridimita e cristobalita), criptocristalina (calcedônia) e amorfa (sílica coloidal, gel de sílica e opala). A forma cristalina é a mais perigosa e causadora da silicose;

- **névoas**: são aerodispersoides constituídos por partículas líquidas, produzidas por ruptura mecânica de líquidos. Exemplos: névoas de ácido sulfúrico e névoa de pintura;
- **fumos**: são aerodispersoides constituídos por partículas sólidas, geralmente com diâmetro inferior a 1 µ (um mícron), produzidas por condensação, sublimação ou reação química de substâncias que são sólidas à temperatura ambiente. Exemplos: fumos metálicos, fumos de cloreto de amônia etc. Os fumos metálicos, para a higiene industrial, são os de maior interesse, uma vez que a maioria dos metais e seus compostos apresentam alguns riscos. Os mais importantes são fumo de chumbo, mercúrio, arsênio, cromo e manganês e seus compostos;
- **neblinas**: são aerodispersoides constituídos por partículas líquidas, produzidas por condensação de vapores de substâncias que são líquidas à temperatura ambiente. Partículas com diâmetro menor que 0,5 µ;
- **fumaças**: aerodispersoides resultantes da combustão incompleta de materiais orgânicos, com diâmetro menor que 1 µ;
- **fibras**: aerodispersoides constituídos por partículas sólidas produzidas por ruptura mecânica de sólidos, que se diferenciam das poeiras porque têm forma alongada com comprimento equivalente a três a cinco vezes seu diâmetro. Exemplos:

  animal: lã, seda, pele de camelo etc.;

  vegetal: algodão, linho, cânhamo etc.;

  mineral: asbesto, vidro, cerâmica etc.

Quanto ao diâmetro das partículas, os aerodispersoides são classificados em:

poeiras – diâmetro > 0,5 µ

névoas – diâmetro > 0,5 µ

fumos – diâmetro < 1,0 µ

neblina – diâmetro < 0,5 µ

fumaça – diâmetro < 1,0 µ

fibras – diâmetro > 1,0 µ

Quanto ao tamanho das partículas, as poeiras podem ser dos seguintes tipos:

Tipo de poeira	Tamanho aproximado (μ)
Sedimentável	10 < Ø < 150
Inalável	Ø < 10
Respirável	Ø < 5
Visível	Ø > 40

Os contaminantes atmosféricos, constituídos por partículas de dimensões inferiores a 10 μ, formados pela fração inalável e fração respirável, são as partículas mais perigosas e podem ser absorvidos pelo organismo pela via respiratória. As partículas maiores geralmente são retidas nas mucosas da parte superior do aparelho respiratório, do qual são expelidas por expectoração, tosse ou pela ação dos cílios. A poeira respirável, cujo diâmetro das partículas é menor que 5 μ, do ponto de vista da higiene industrial, é a fração mais importante, já que pode atingir e lesar os pulmões.

Efeitos no organismo

Os principais efeitos das poeiras sobre o organismo humano são:

- **fibrogênicos**: produzem lesões permanentes no pulmão (fibrose). Exemplos: sílica, asbesto e carvão;
- **irritantes**: causam irritação do trato respiratório e/ou doença pulmonar crônica inespecífica;
- **alergênicos**: produzem alergias respiratórias como asma ou alveolite.

  Nesse caso encontram-se a maioria das poeiras vegetais (algodão, junco, sisal etc.), os fungos e os pelos de animais; existem, ainda, outros tipos de poeiras, que causam reações alérgicas, dermatoses e câncer, como o pólen, as resinas sintéticas e as poeiras orgânicas. Entre os agentes químicos, salientam-se os solventes, ácidos e outros;
- **cancerígenos**: são os que afetam o mecanismo regulador bioquímico, transformando células normais em células malignas. Exemplos: asbesto, arsênico, cromo e níquel;
- **tóxicos**: são os que vão além do trato respiratório, atingindo o sistema nervoso central, o fígado e os rins. Exemplos: cádmio, manganês, chumbo e níquel;
- **cutâneos**: são os que produzem dermatite e urticária. Exemplos: fibra de vidro e lã de rocha;
- **pneumoconiose**: é a alteração produzida no tecido dos pulmões pela inalação de poeiras orgânicas ou inorgânicas. Essa alteração pode ser uma fibrose

pulmonar ou um depósito de material inerte, que não altera a função pulmonar. Entre os dois estados mencionados, existe uma variedade de danos aos pulmões. Além da sílica, outros compostos de silício (SiO_2) e alguns silicatos (talco) podem atuar sobre os pulmões produzindo a pneumoconiose;

- **silicose**: doença pulmonar provocada por poeira e sílica livre e cristalizada provenientes de rocha e areia. É comumente encontrada em trabalhadores de minas, pedreiros, operadores de jatos de areia etc. Lamentavelmente, é uma doença irreversível e progressiva, não havendo tratamento específico;
- **berilose**: doença de origem mineral causada pela inalação de poeiras de berilo;
- **bissinose/bagaçose**: entre as doenças causadas por poeira de origem vegetal, por fibras vegetais, como os fios de algodão, a pneumoconiose correspondente chama-se bissinose e atinge, por exemplo, os trabalhadores em tecelagem. As fibras de bagaço de cana produzem a bagaçose;
- **origem animal**: das pneumoconioses de origem animal, destacam-se as provenientes de pelo e couro dos animais.

b) Legislação básica

O Anexo nº 12 da NR-15 da Portaria nº 3.214/1978 (MTb) estabelece os limites de tolerância para poeiras minerais.

Asbesto

1. O presente anexo aplica-se a todas e quaisquer atividades nas quais os trabalhadores estão expostos ao asbesto no exercício do trabalho.

1.1 Entende-se por "asbesto", também denominado amianto, a forma fibrosa dos silicatos minerais pertencentes aos grupos de rochas metamórficas das serpentinas, isto é, a crisotila (asbesto branco), e dos anfibólios, isto é, a actinolita, a amosita (asbesto marrom), a antofilita, a crocidolita (asbesto azul), a tremolita ou qualquer mistura que contenha um ou vários destes minerais.

1.2 Entende-se por "exposição ao asbesto" a exposição no trabalho às fibras de asbesto respiráveis ou poeira de asbesto em suspensão no ar originada pelo asbesto ou por minerais, materiais ou produtos que contenham asbesto.

1.3 Entende-se por "fornecedor" de asbesto o produtor e/ou distribuidor da matéria-prima "in natura".

2. Sempre que dois ou mais empregadores, embora cada um deles com personalidade jurídica própria, levem a cabo atividades em um mesmo local de trabalho serão, para efeito de aplicação dos dispositivos legais previstos neste anexo, solidariamente responsáveis contratante(s) e contratado(s).

2.1 Compete à(s) contratante(s) garantir os dispositivos legais previstos neste anexo por parte do(s) contratado(s).

3. Cabe ao empregador elaborar normas de procedimento a serem adotadas em situações de emergência, informando os trabalhadores convenientemente, inclusive com treinamento específico.

3.1 Entende-se por "situações de emergência" qualquer evento não programado dentro do processo habitual de trabalho que implique no agravamento da exposição dos trabalhadores.

4. Fica proibida a utilização de qualquer tipo de asbesto do grupo anfibólio e dos produtos que contenham estas fibras.

4.1 A autoridade competente, após consulta prévia às organizações mais representativas de empregadores e de trabalhadores interessados, poderá autorizar o uso de anfibólios, desde que a substituição não seja exequível e sempre que sejam garantidas as medidas de proteção à saúde dos trabalhadores.

5. Fica proibida a pulverização (*spray*) de todas as formas de asbesto.

6. Fica proibido o trabalho de menores de dezoito anos em setores onde possa haver exposição à poeira de asbesto.

7. As empresas (públicas ou privadas) que produzem, utilizam ou comercializam fibras de asbesto e as responsáveis pela remoção de sistemas que contêm ou podem liberar fibras de asbesto para o ambiente deverão ter seus estabelecimentos cadastrados junto ao Ministério do Trabalho e da Previdência Social-Instituto Nacional de Seguridade Social, através de seu setor competente em matéria de segurança e saúde do trabalhador.

7.1 O referido cadastro será obtido mediante a apresentação do modelo Anexo I.

7.2 O número de cadastro obtido será obrigatoriamente apresentado quando da aquisição da matéria-prima junto ao fornecedor.

7.3 O fornecedor de asbesto só poderá entregar a matéria-prima a empresas cadastradas.

7.4 Os órgãos públicos responsáveis pela autorização da importação de fibras de asbesto só poderão fornecer a guia de importação a empresas cadastradas.

7.5 O cadastro deverá ser atualizado obrigatoriamente a cada dois anos.

8. Antes de iniciar os trabalhos de remoção e/ou demolição, o empregador e/ou contratado, em conjunto com a representação dos trabalhadores, deverão elaborar um plano de trabalho onde sejam especificadas as medidas a serem tomadas, inclusive as destinadas a:

a) proporcionar toda proteção necessária aos trabalhadores;

b) limitar o desprendimento da poeira de asbesto no ar;

c) prever a eliminação dos resíduos que contenham asbesto.

9. Será de responsabilidade dos fornecedores de asbesto, assim como dos fabricantes e fornecedores de produtos contendo asbesto, a rotulagem adequada e suficiente, de maneira facilmente compreensível pelos trabalhadores e usuários interessados.

9.1 A rotulagem deverá conter, conforme modelo Anexo II:

– a letra minúscula "a" ocupando 40% (quarenta por cento) da área total da etiqueta;

– caracteres: "Atenção contém amianto", "Respirar poeira de amianto é prejudicial à saúde", e "Evite risco: siga as instruções de uso".

9.2 A rotulagem deverá, sempre que possível, ser impressa no produto, em cor contrastante, de forma visível e legível.

10. Todos os produtos contendo asbesto deverão ser acompanhados de "Instrução de uso" com, no mínimo, as seguintes informações: tipo de asbesto, risco à saúde e doenças relacionadas, medidas de controle e proteção adequada.

11. O empregador deverá realizar a avaliação ambiental de poeira de asbesto nos locais de trabalho em intervalos não superiores a seis meses.

11.1 Os registros das avaliações deverão ser mantidos por um período não inferior a 30 (trinta) anos.

11.2 Os representantes indicados pelos trabalhadores acompanharão o processo de avaliação ambiental.

11.3 Os trabalhadores e/ou seus representantes têm o direito de solicitar avaliação ambiental complementar nos locais de trabalho e/ou impugnar os resultados das avaliações junto à autoridade competente.

11.4 O empregador é obrigado a afixar o resultado dessas avaliações em quadro próprio de avisos para conhecimento dos trabalhadores.

12. O limite de tolerância para fibras respiráveis de asbesto crisotila é de 2,0 f/cm^3.

12.1 Entende-se por "fibras respiráveis de asbesto" aquelas com diâmetro inferior a 3 micrômetros, comprimento maior ou igual a 5 micrômetros e relação entre comprimento e diâmetro igual ou superior a 3:1.

13. A avaliação ambiental será realizada pelo método do filtro membrana, utilizando-se aumentos de 400 a 500 X, com iluminação de contraste de fase.

13.1 São contadas as fibras respiráveis conforme subitem 12.1 independente de estarem ou não ligadas ou agregadas a outras partículas.

13.2 O método de avaliação a ser utilizado será definido pela ABNT/Inmetro.

13.3 Os laboratórios que realizarem análise de amostras ambientais de fibras dispersas no ar devem atestar a participação em programas de controle de qualidade laboratoriais e sua aptidão para proceder às análises requeridas pelo método do filtro de membrana.

14. O empregador deverá fornecer gratuitamente toda vestimenta de trabalho que poderá ser contaminada por asbesto, não podendo esta ser utilizada fora dos locais de trabalho.

14.1 O empregador será responsável pela limpeza, manutenção e guarda da vestimenta de trabalho, bem como dos EPIs utilizados pelo trabalhador.

14.2 A troca de vestimenta de trabalho será feita com frequência mínima de duas vezes por semana.

15. O empregador deverá dispor de vestiário duplo para os trabalhadores expostos ao asbesto.

15.1 Entende-se por "vestiário duplo" a instalação que oferece uma área para guarda de roupa pessoal e outra, isolada, para guarda da vestimenta de trabalho, ambas com comunicação direta com a bateria de chuveiros.

15.2 As demais especificações de construção e instalação obedecerão as determinações das demais Normas Regulamentadoras.

16. Ao final de cada jornada diária de trabalho o empregador deverá criar condições para troca de roupa e banho do trabalhador.

17. O empregador deverá eliminar os resíduos que contêm asbesto, de maneira que não se produza nenhum risco à saúde dos trabalhadores e da população em geral, de conformidade com as disposições legais previstas pelos órgãos competentes do meio ambiente e outros que porventura venham a regulamentar a matéria.

18. Todos os trabalhadores que desempenham ou tenham funções ligadas à exposição ocupacional ao asbesto serão submetidos a exames médicos previstos no subitem 7.1.3 da NR-7, sendo que por ocasião da admissão, demissão e anualmente devem ser realizados, obrigatoriamente, exames complementares incluindo, além da avaliação clínica, telerradiografia de tórax e prova de função pulmonar (espirometria).

18.1 A técnica utilizada na realização das telerradiografias do tórax deverá obedecer ao padrão determinado pela Organização Internacional do Trabalho, especificado na Classificação Internacional de Radiografias de Pneumoconioses (OIT/1980).

18.2 As empresas ficam obrigadas a informar aos trabalhadores examinados, em formulário próprio, os resultados dos exames realizados.

19. Cabe ao empregador, após o término do contrato de trabalho envolvendo exposição ao asbesto, manter disponível a realização periódica de exames médicos de controle dos trabalhadores, durante 30 anos.

19.1 Estes exames deverão ser realizados com a seguinte periodicidade:

a) a cada 3 anos para trabalhadores com período de exposição de 0 a 12 anos;

b) a cada 2 anos para trabalhadores com período de exposição de 12 a 20 anos;

c) anual para trabalhadores com período de exposição superior a 20 anos.

19.2 O trabalhador receberá, por ocasião da demissão e retornos posteriores, comunicação da data e local da próxima avaliação médica.

20. O empregador deve garantir informações e treinamento dos trabalhadores, com frequência mínima anual, priorizando os riscos e as medidas de proteção e controle devidos à exposição ao asbesto.

20.1 Os programas de prevenção já previstos em Lei (curso da Cipa, Sipat etc.) devem conter informações específicas sobre os riscos de exposição ao asbesto.

21. Os prazos de notificação e os valores das infrações estão especificados no Anexo III.

22. As exigências contidas neste anexo entrarão em vigor em 180 (cento e oitenta) dias a contar da data de sua publicação, revogadas as disposições em contrário.

Manganês e seus compostos

1. O limite de tolerância para as operações com manganês e seus compostos referentes a extração, tratamento, moagem, transporte do minério, ou ainda outras operações com exposição a poeiras de manganês ou de seus compostos, é de 5 mg/m^3 no ar, para a jornada de até 8 horas por dia.

2. O limite de tolerância para as operações com manganês e seus compostos referentes a metalurgia de minerais de manganês, fabricação de compostos de

manganês, fabricação de baterias e pilhas secas, fabricação de vidros especiais e cerâmicas, fabricação e uso de eletrodos de solda, fabricação de produtos químicos, tintas e fertilizantes, ou ainda outras operações com exposição a fumos de manganês ou de seus compostos, é de até 1 mg/m^3 no ar, para jornada de até 8 horas por dia.

3. Sempre que os limites de tolerância forem ultrapassados, as atividades e operações com o manganês e seus compostos serão consideradas como insalubres no grau máximo.

4. O pagamento do adicional de insalubridade por parte do empregador não o desobriga da adoção de medidas de prevenção e controle que visem minimizar os riscos dos ambientes de trabalho.

5. As avaliações de concentração ambiental e caracterização da insalubridade somente poderão ser realizadas por Engenheiro de Segurança do Trabalho ou Médico de Trabalho conforme previsto no art. 195 da CLT.

6. As seguintes recomendações e medidas de prevenção de controle são indicadas para as operações com manganês e seus compostos, independentemente de os limites de tolerância terem sido ultrapassados ou não:

– substituição de perfuração a seco por processos úmidos;

– perfeita ventilação após detonações, antes de se reiniciarem os trabalhos;

– ventilação adequada, durante os trabalhos, em áreas confinadas;

– uso de equipamentos de proteção respiratória com filtros mecânicos para áreas contaminadas;

– uso de equipamentos de proteção respiratória com linha de ar mandado, para trabalhos, por pequenos períodos, em áreas altamente contaminadas;

– uso de máscaras autônomas para casos especiais e treinamentos específicos;

– rotatividade das atividades e turnos de trabalho para os perfuradores e outras atividades penosas;

– controle da poeira a níveis abaixo dos permitidos.

7. As seguintes precauções de ordem médica e de higiene são de caráter obrigatório para todos os trabalhadores expostos a operações com manganês e seus compostos, independentemente de os limites de tolerância terem sido ultrapassados ou não:

– exames médicos pré-admissionais e periódicos;

– exames adicionais para as causas de absenteísmo prolongado, doença, acidentes ou outros casos;

– não admissão de empregado portador de lesões respiratórias orgânicas do sistema nervoso central e disfunções sanguíneas para trabalhos em exposição ao manganês;

– exames periódicos de acordo com os tipos de atividades de cada trabalhador, variando de períodos de 3 a 6 meses para os trabalhos de subsolo e de 6 meses a anualmente para os trabalhadores de superfície;

– análises biológicas de sangue;

– afastamento imediato de pessoas com sintomas de intoxicação ou alterações neurológicas ou psicológicas;

– banho obrigatório após a jornada de trabalho;

– troca de roupas de passeio/serviço/passeio;

– proibição de se tomarem refeições nos locais de trabalho.

Sílica livre cristalizada

1. O limite de tolerância, expresso em milhões de partículas por decímetro cúbico, é dado pela seguinte fórmula:

$$LT = \frac{8{,}5}{\%\ \text{quartzo} + 10}\ \text{mppdc (milhões de partículas por decímetro cúbico)}$$

Essa fórmula é válida para amostras tomadas com "impactador" (*impinger*) no nível da zona respiratória e contadas pela técnica de campo claro.

A porcentagem de quartzo é a quantidade determinada por meio de amostras em suspensão aérea.

2. O limite de tolerância para poeira respirável, expresso em mg/m³, é dado pela seguinte fórmula:

$$LT = \frac{8}{\%\ \text{quartzo} + 2}\ \text{mg/m}^3$$

3. Tanto a concentração como a porcentagem de quartzo, para a aplicação desse limite, devem ser determinadas a partir da porção que passa por um seletor com as características do Quadro 1.

Quadro 1

Diâmetro aerodinâmico (um) (esfera de densidade unitária)		Porcentagem de passagem pelo seletor
Menor ou igual a	2	90
	2,5	75
	3,5	50
	5,0	25
	10,0	0 (zero)

4. O limite de tolerância para poeira total (respirável e não respirável), expresso em mg/m³, é dado pela seguinte fórmula:

$$LT = \frac{24}{\%\ \text{quartzo} + 3}\ \text{mg/m}^3$$

5. Sempre será entendido que "quartzo" significa sílica livre cristalizada.

6. Os limites de tolerância fixados no item 4 são válidos para jornadas de trabalhos de até 48 horas por semana, inclusive.

6.1 Para jornadas de trabalho que excedam a 48 horas semanais, os limites deverão ser reduzidos, sendo estes fixados pela autoridade competente.

7. Fica proibido o processo de trabalho de jateamento que utilize areia seca ou úmida como abrasivo.

8. As máquinas e ferramentas utilizadas nos processos de corte e acabamento de rochas ornamentais devem ser dotadas de sistemas de umidificação capaz de minimizar ou eliminar a geração de poeira decorrente do seu funcionamento.

c) Medidas de controle/equipamento de proteção individual

A Instrução nº 1, de 11/4/1994, da Secretaria de Segurança e Saúde do MTb, que estabeleceu o regulamento técnico sobre o uso de equipamentos para a proteção respiratória, considera que, quando as medidas de proteção coletiva adotadas no ambiente de trabalho não forem suficientes para controlar os riscos existentes, ou estiverem sendo implantadas, ou ainda em caráter emergencial, o empregador deverá adotar, entre outras, aquelas referentes à proteção individual que garantam condições adequadas de trabalho.

A título de informação, transcrevemos os seguintes quadros da Instrução nº 1/1994:

Quadro 2 Recomendações de EPI para sílica cristalizada

Concentração ambiental	Equipamento
Até 10 vezes o limite de tolerância	• Respirador com peça semifacial ou peça semifacial filtrante • Filtros P1, P2 ou P3, de acordo com o diâmetro aerodinâmico das partículas
Até 50 vezes o limite de tolerância	• Respirador com peça facial inteira com filtro P2 ou P3[(1)] • Respirador motorizado com peça semifacial e filtro P2 • Linha de ar fluxo contínuo e peça semifacial • Linha de ar de demanda e peça semifacial com pressão positiva
Até 100 vezes o limite de tolerância	• Respirador com peça facial inteira com filtro P2 ou P3[(1)] • Linha de ar de demanda com peça facial inteira • Máscara autônoma de demanda
Até 1.000 vezes o limite de tolerância	• Respirador motorizado com peça facial inteira e filtro P3 • Capuz ou capacete motorizado e filtro P3 • Linha de ar fluxo contínuo e peça facial inteira • Linha de ar de demanda e peça facial inteira com pressão positiva • Máscara autônoma de pressão positiva
Maior que 1.000 vezes o limite de tolerância	• Linha de ar de demanda e peça facial inteira com pressão positiva e cilindro de fuga • Máscara autônoma de pressão positiva

(1) Para diâmetro aerodinâmico médio mássico maior ou igual a 2 micra pode-se usar filtros classe P1, P2 ou P3. Para diâmetro menor que 2 micra deve-se usar o de classe P3.

Quadro 3 Recomendações de EPI para asbesto

Até 2 fibras/cm^3	• Respirador com peça semifacial com filtro P2 ou peça semifacial filtrante
Até 10 fibras/cm^3	• Respirador com peça semifacial com filtro P3 • Respirador motorizado com peça semifacial e filtros P2 • Linha de ar de demanda com peça semifacial e pressão positiva
Até 100 fibras/cm^3	• Respirador com peça facial inteira com filtro P3 • Linha de ar de fluxo contínuo com peça facial inteira • Linha de ar de demanda • Máscara autônoma de demanda
Até 200 fibras/cm^3	• Respirador motorizado com peça facial inteira e filtro P3 • Linha de ar fluxo contínuo com peça facial inteira • Linha de ar de demanda com peça facial inteira e pressão positiva • Capuz ou capacete motorizado com filtro P3 • Linha de ar fluxo contínuo com capuz ou capacete
Maior que 200 fibras/cm^3	• Linha de ar fluxo contínuo com peça facial inteira e cilindro de escape • Linha de ar de demanda com peça facial inteira, pressão positiva e cilindro de escape • Máscara autônoma de demanda com pressão positiva

3.4 Agentes biológicos

a) Aspectos gerais

Os agentes biológicos são substâncias, compostos ou produtos que podem penetrar no organismo humano pelas vias respiratórias, ou que, pela natureza da atividade de exposição, podem ter contato ou ser absorvidos pelo organismo através da pele ou por ingestão. Os principais agentes biológicos são: bactérias, fungos, bacilos, parasitas, protozoários e vírus, entre outros.

As bactérias ou os fungos, por exemplo, são colocados em contato com o organismo humano, geralmente, por via inalatória. Em geral conduzem a casos de pneumonite por hipersensibilidade, também denominada síndrome crônica de poeira orgânica. Podem, ainda, desencadear quadros de fibrose pulmonar.

Empregados do sistema de saúde que trabalham em enfermarias, hospitais, laboratórios, instituições de tratamento mental e de tratamento de doenças de longo prazo, tais como câncer e aids, expõem-se aos riscos de patogenias potencialmente infecciosas, originárias do sangue. São atividades com exposição a sangue e outros materiais potencialmente infecciosos, como seringas de injeções, equipamentos de sucção, roupas pessoais e de cama, soros e ferimentos abertos.

No caso do HIV, o risco tem etiologia viral e expõe aqueles trabalhadores quando do manuseio de material contaminado.

Os agentes biológicos podem, também, causar dermatoses ocupacionais ou funcionar como fatores desencadeantes, concorrentes ou agravantes. Os agentes mais comuns são bactérias, fungos, leveduras e insetos.

No que concerne às bactérias, as más condições de higiene pessoal, associadas a traumatismos e ferimentos de origem ocupacional, podem ser fator agravante, produzindo complicações bacterianas, como foliculite e impetigo etc. Como dermatoses ocupacionais, propriamente ditas, citam-se o erisipeloide de Rosenbach e o antrax.

Quanto aos fungos e leveduras, temos o exemplo da monilfase interdigital nas mãos dos balconistas (lavadores de copos e pratos); as dermatoses em tratadores de animais, em barbeiros, em atendentes de saunas e em manipuladores de aves; a esporotricose em jardineiros, horticultores e operários que manipulam palha para embalagem; e a blastomicose nos que trabalham em abertura de picadas nas matas.

Quanto aos trabalhadores em hospitais, ambulatórios, laboratórios e similares, são necessárias unidades especiais para a proteção dos trabalhadores e redução dos riscos de exposição ao sangue e materiais potencialmente infecciosos. Estão incluídos nesse grupo enfermeiros, auxiliares de enfermagem, trabalhadores de lavanderia de roupas hospitalares e ambulatoriais, fisioterapeutas e outros com funções de acompanhamento de pacientes com doenças de longa duração.

Entre os materiais potencialmente infecciosos estão incluídos: sangue, produtos e componentes do sangue, fluidos humanos, como sêmen, secreção vaginal, líquidos cerebrospinal, sinovial, pleural, pericardial, peritonial e amniótico, saliva de procedimentos dentários, tecidos e órgãos, culturas de tecidos e células contendo HIV, soluções e meios de cultura contendo HIV ou vírus de hepatite B.

b) Legislação básica

ANEXO Nº 14 – AGENTES BIOLÓGICOS, NR-15, Portaria nº 3.214/1978 – MTb

Relação das atividades que envolvem agentes biológicos, cuja insalubridade é caracterizada pela avaliação qualitativa.

Insalubridade de grau máximo

Trabalhos ou operações, em contato permanente, com:

– pacientes em isolamentos por doenças infectocontagiosas, bem como objetos de seu uso não previamente esterilizados;

– carnes, glândulas, vísceras, sangue, ossos, couros, pelos e dejeções de animais portadores de doenças infectocontagiosas (carbunculose, brucelose, tuberculose);

– esgotos (galerias e tanques); e

– lixo urbano (coleta e industrialização).

Insalubridade de grau médio

Trabalhos e operações em contato permanente com pacientes, animais ou com material infectocontagiante, em:

– hospitais, serviços de emergência, enfermarias, ambulatórios, postos de vacinação e outros estabelecimentos destinados aos cuidados da saúde humana (aplica-se unicamente ao pessoal que tenha contato com os pacientes, bem como aos que manuseiam objetos de uso desses pacientes, não previamente esterilizado);

– hospitais, ambulatórios, postos de vacinação e outros estabelecimentos destinados ao atendimento e tratamento de animais (aplica-se apenas ao pessoal que tenha contato com tais animais);

– contato em laboratórios com animais destinados ao preparo de soro, vacinas e outros produtos;

– laboratórios de análise clínica e histopatologia (aplica-se tão só ao pessoal técnico);

– gabinetes de autópsias, de anatomia e histoanatomopatologia (aplica-se somente ao pessoal técnico);

– cemitérios (exumação de corpos);

– estábulos e cavalariças; e

– resíduos de animais deteriorados.

c) Medidas de controle/equipamento de proteção individual

As medidas preventivas que contribuem para reduzir os riscos de exposição ocupacional são: vacinação, métodos de controle (controle de engenharia e práticas de segurança do trabalhado) e uso de EPIs.

Métodos de controle

Os controles de engenharia reduzem a exposição do empregado no local de trabalho removendo/isolando os riscos ou isolando o trabalhador da exposição. Como exemplo de controles de engenharia podem ser citados os equipamentos de sucção, sistemas de ventilação e contêineres para descarte de instrumentos contaminados.

As práticas de segurança do trabalho reduzem a probabilidade da exposição por meio da alteração da forma de realização da atividade. Todos os procedimentos envolvendo sangue ou outros materiais potencialmente infecciosos devem ser realizados de maneira a minimizar transbordamento, espirramentos, pulverização e formação de gotículas.

Os controles de engenharia podem ser utilizados de forma combinada com as práticas de segurança do trabalho.

Equipamentos de proteção individual

Em complementação aos métodos de controle, devem ser utilizados equipamentos de proteção individual, visando reduzir os riscos de exposição do trabalhador.

O uso de EPIs adequados ajuda a prevenir a exposição ocupacional aos materiais infecciosos. Tais equipamentos incluem, mas não estão limitados a: luvas, aventais, óculos de segurança, máscaras e roupas apropriadas. Os equipamentos de proteção individual só serão considerados apropriados se, em condições normais enquanto estiverem em uso, não forem atravessados pelos materiais potencialmente infecciosos e não permitirem que atinjam as roupas, pele, olhos, boca ou outras mucosas do trabalhador.

Para a segura manipulação e uso dos equipamentos de proteção individual, o trabalhador deve observar as seguintes precauções:

- retirar o equipamento de proteção antes de deixar a área de trabalho, de forma a não contaminar sua roupa pessoal;
- colocar os equipamentos de proteção usados nos locais apropriados, para que sejam armazenados, lavados, descontaminados ou descartados;
- utilizar luvas apropriadas antes do contato com materiais potencialmente infecciosos ou de realizar procedimentos com possibilidade de contato com itens ou superfícies contaminadas; substituir as luvas quando estiverem rasgadas, furadas, contaminadas ou comprometida sua função de proteção;
- luvas descartadas não devem nunca ser lavadas ou descontaminadas para reutilização;
- rejeite a utilização de luvas que apresentarem sinais de rasgos, descascamentos e furos ou estiverem deterioradas; a descontaminação de luvas só deve ser feita se sua integridade não estiver comprometida.

É interessante observar que não há eliminação do risco dos agentes biológicos com medidas aplicadas ao ambiente nem neutralização com o uso de EPIs. A adoção de métodos de controle e o uso de luvas, máscaras e outros equipamentos que evitem o contato com agentes biológicos apenas minimizam o risco.

4

Proteção nas Operações Perigosas

4.1 Operações perigosas

De acordo com a legislação, as atividades e operações perigosas são aquelas que envolvem agentes explosivos, inflamáveis, radiação ionizante, energia elétrica, segurança pessoal e patrimonial e motocicleta.

O art. 193 da Consolidação das Leis do Trabalho (CLT) define atividades ou operações perigosas com explosivos e inflamáveis:

> São consideradas atividades ou operações perigosas, na forma da regulamentação aprovada pelo Ministério do Trabalho, aquelas que, por sua natureza ou métodos de trabalho, impliquem o contato permanente com inflamáveis ou explosivos em condições de risco acentuado.
>
> § 1º O trabalho em condições de periculosidade assegura ao empregado um adicional de 30% (trinta por cento) sobre o salário sem os acréscimos resultantes de gratificações, prêmios ou participações nos lucros da empresa.
>
> § 2º O empregado poderá optar pelo adicional de insalubridade que porventura lhe seja devido.

O Ministério do Trabalho e Emprego, por meio da NR-16, Anexos 1 e 2, regulamentou as atividades ou operações perigosas, bem como as áreas de risco envolvidas com os agentes explosivos e inflamáveis.

A Portaria nº 3.393, de 17/12/1987, adotou como atividades de risco em potencial, concernentes a radiações ionizantes, o Quadro de Atividades e Operações Perigosas, aprovado pela Comissão Nacional de Energia Nuclear, que passou a constituir o Anexo 2 da NR-16.

A Portaria do MTE nº 518, de 4/4/2003, assegurou ao empregado que exerce trabalho nas condições do Anexo 2 da NR-16 o adicional de periculosidade de que trata o § 1º do art. 193 da CLT.

O Decreto nº 93.412, de 14/10/1986, regulamentou a Lei nº 7.369, instituindo o adicional para os empregados do setor de energia elétrica em condições de periculosidade.

A Portaria nº 1.885, de 2/12/2013, do MTE conferiu o adicional de periculosidade às atividades com exposição a roubos ou outras espécies de violência física.

O inciso 1 do Anexo 5 da Portaria nº 1.565, de 13/10/2014, considerou as atividades laborais exercidas pelo trabalhador, com utilização de motocicleta ou motoneta no deslocamento em vias públicas, como perigosas.

Neste capítulo será analisada a proteção ao trabalhador quanto aos agentes que, conforme estabelecido pela legislação, fazem jus ao recebimento do adicional de periculosidade. Outras atividades e ambientes de trabalho, embora não considerados pela legislação brasileira, oferecem riscos ao trabalhador e merecem a adequada proteção coletiva e individual, exigindo, também, a atenção dos profissionais da área de Medicina e Engenharia de Segurança do Trabalho.

Os agentes de periculosidade, ao contrário dos agentes insalubres, não são neutralizados pelo uso de equipamentos de proteção individual. O risco pode ser reduzido, mas continuará a existir sempre. Como proteção ao trabalhador e prevenção aos acidentes do trabalho são utilizadas as medidas de engenharia e a proteção coletiva. Os EPIs têm como função minimizar o risco, quando for o caso.

4.2 Agentes de periculosidade

4.2.1 Explosivos

a) Classificação dos explosivos

A NR-19 da Portaria nº 3.214/1978 – MTE define explosivos como substâncias capazes de se transformar, rapidamente, em gases, produzindo intenso calor e pressões muito elevadas. Os explosivos são classificados em:

- **explosivos iniciadores:** são os empregados para a excitação de cargas explosivas, sensíveis ao atrito, ao calor e ao choque. Sob o efeito do calor explodem sem se incendiar;
- **explosivos reforçadores:** são os que servem como intermediários entre o iniciador e a carga explosiva propriamente dita;
- **explosivos de ruptura:** são os chamados altos explosivos, geralmente tóxicos;
- **pólvoras:** são utilizadas para propulsão ou projeção.

b) Legislação básica

As atividades e operações perigosas envolvendo explosivos e inflamáveis são regidas pela Portaria nº 3.214/1978, NR-16, transcrita a seguir.

NR-16 – ATIVIDADES E OPERAÇÕES PERIGOSAS

16.1 São consideradas atividades e operações perigosas as constantes dos Anexos desta Norma Regulamentadora (NR).

16.2 O exercício de trabalho em condições de periculosidade assegura ao trabalhador a percepção de adicional de 30% (trinta por cento), incidente sobre o salário, sem os acréscimos resultantes de gratificações, prêmios ou participação nos lucros da empresa.

16.2.1 O empregado poderá optar pelo adicional de insalubridade que porventura lhe seja devido.

16.3 É responsabilidade do empregador a caracterização ou a descaracterização da periculosidade, mediante laudo técnico elaborado por Médico do Trabalho ou Engenheiro de Segurança do Trabalho, nos termos do artigo 195 da CLT.

16.4 O disposto no item 16.3 não prejudica a ação fiscalizadora do Ministério do Trabalho, nem a realização *ex officio* da perícia.

16.5 Para os fins desta Norma Regulamentadora (NR), são consideradas atividades ou operações perigosas as executadas com explosivos sujeitos a:

a) degradação química ou autocatalítica;

b) ação de agentes exteriores, tais como calor, umidade, faíscas, fogo, fenômenos sísmicos, choque e atritos.

16.6 As operações de transporte de inflamáveis líquidos ou gasosos liquefeitos, em quaisquer vasilhames e a granel, são consideradas em condições de periculosidade, com exclusão para o transporte em pequenas quantidades, até o limite de 200 (duzentos) litros para os inflamáveis líquidos e 135 (cento e trinta e cinco) quilos para os inflamáveis gasosos liquefeitos.

16.6.1 As quantidades de inflamáveis, contidas nos tanques de consumo próprio dos veículos, não serão consideradas para efeito desta Norma.

16.7 Para efeito desta Norma Regulamentadora (NR) considera-se líquido combustível todo aquele que possua ponto de fulgor igual ou superior a 60 °C (sessenta graus Celsius) e menor a 93 °C (noventa e três graus Celsius).

16.8 Todas as áreas de risco previstas nesta NR devem ser delimitadas, sob responsabilidade do empregador.

ANEXO 1 – ATIVIDADES E OPERAÇÕES PERIGOSAS COM EXPLOSIVOS

1. São consideradas atividades ou operações perigosas as enumeradas no Quadro 1, seguinte:

Quadro 1

Atividades	Adicional de 30%
a) no armazenamento de explosivos	todos os trabalhadores nessa atividade ou que permaneçam na área de risco
b) no transporte de explosivos	todos os trabalhadores nessa atividade
c) na operação de escorva dos cartuchos de explosivos	todos os trabalhadores nessa atividade
d) na operação de carregamento de explosivos	todos os trabalhadores nessa atividade
e) na detonação	todos os trabalhadores nessa atividade
f) na verificação de denotações falhadas	todos os trabalhadores nessa atividade
g) na queima e destruição de explosivos deteriorados	todos os trabalhadores nessa atividade
h) nas operações de manuseio de explosivos	todos os trabalhadores nessa atividade

2. O trabalhador, cuja atividade estiver enquadrada nas hipóteses acima discriminadas, faz jus ao adicional de 30% (trinta por cento) sobre o salário, sem os acréscimos resultantes de gratificações, prêmios ou participações nos lucros da empresa, sendo-lhe ressalvado o direito de opção por adicional de insalubridade eventualmente devido.

3. São consideradas áreas de risco:

a) nos locais de armazenagem de pólvoras químicas, artifícios pirotécnicos e produtos químicos usados na fabricação de misturas explosivas ou de fogos de artifício, a área compreendida no Quadro 2.

Quadro 2

Quantidade armazenada em quilos	Faixa de terreno até a distância máxima de
até 4.500	45 metros
mais de 4.500 até 45.000	90 metros
mais de 45.000 até 90.000	110 metros
mais de 90.000 até 225.000*	180 metros

* Quantidade máxima que não pode ser ultrapassada.

b) nos locais de armazenagem de explosivos iniciadores, a área compreendida no Quadro 3.

Quadro 3

Quantidade armazenada em quilos	Faixa de terreno até a distância máxima de
até 20	75 metros
mais de 20 até 200	220 metros
mais de 200 até 900	300 metros
mais de 900 até 2.200	370 metros
mais de 2.200 até 4.500	460 metros
mais de 4.500 até 6.800	500 metros
mais de 6.800 até 9.000*	530 metros

* Quantidade máxima que não pode ser ultrapassada.

c) nos locais de armazenagem de explosivos de ruptura e pólvoras mecânicas (pólvora negra e pólvora chocolate ou parda), a área de operação compreendida no Quadro 4.

Quadro 4

Quantidade armazenada em quilos		Faixa de terreno até a distância máxima de
	até 23	45 metros
mais de	23 até 45	75 metros
mais de	45 até 90	110 metros
mais de	90 até 35	160 metros
mais de	135 até 180	200 metros
mais de	180 até 225	220 metros
mais de	225 até 270	250 metros
mais de	270 até 300	265 metros
mais de	300 até 360	280 metros
mais de	360 até 400	300 metros
mais de	400 até 450	310 metros
mais de	450 até 680	345 metros
mais de	680 até 900	365 metros
mais de	900 até 1.300	405 metros
mais de	1.300 até 1.800	435 metros
mais de	1.800 até 2.200	460 metros
mais de	2.200 até 2.700	480 metros
mais de	2.700 até 3.100	490 metros
mais de	3.100 até 3.600	510 metros
mais de	3.600 até 4.000	520 metros
mais de	4.000 até 4.500	530 metros
mais de	4.500 até 6.800	570 metros
mais de	6.800 até 9.000	620 metros
mais de	9.000 até 11.300	660 metros
mais de	11.300 até 13.600	700 metros
mais de	13.600 até 18.100	780 metros
mais de	18.100 até 22.600	860 metros
mais de	22.600 até 34.000	1.000 metros
mais de	34.000 até 45.300	1.100 metros
mais de	45.300 até 68.000	1.150 metros
mais de	68.000 até 90.700	1.250 metros
mais de	90.700 até 113.300	1.350 metros

d) quando se tratar de depósitos barricados ou entrincheirados, para o efeito da delimitação de área de risco, as distâncias previstas no Quadro 4 podem ser reduzidas à metade.

e) será obrigatória a existência física de delimitação da área de risco, assim entendido qualquer obstáculo que impeça o ingresso de pessoas não autorizadas.

c) Medidas de controle/equipamento de proteção individual

Ao contrário da maioria dos agentes insalubres, o explosivo representa um perigo imediato e muito grande para o trabalhador, já que se ele se encontra na zona de risco e se for atingido pela onda explosiva certamente sofrerá lesões, cuja gravidade dependerá da distância que se encontrar do ponto de arrebentamento e do tipo e da quantidade do explosivo. Poderá sobrevir a morte. Não existe proteção eficaz em termos do indivíduo.

Entre as medidas de controle, ressaltam-se as prescritas pela própria NR-19, das quais destacam-se:

No manuseio:

- nas operações com explosivo somente será empregado pessoal devidamente treinado;
- no local das aplicações deverá existir pelo menos um supervisor treinado para a função, coordenando e fiscalizando todas as operações;
- é terminantemente proibido fumar, acender isqueiro, fósforo ou qualquer outro tipo de chama ou centelha nas áreas em que se manipulem ou armazenem explosivos;
- é vedado o ingresso nas áreas de manuseio ou de armazenamento de explosivos de pessoas com cigarros, cachimbos, charutos, isqueiros ou fósforos;
- a lama ou areia dos calçados devem ser removidas antes de se ingressar nos locais de armazenamento ou manipulação de explosivos;
- é proibido o manuseio de explosivos com ferramentas metálicas que possam produzir faíscas;
- é obrigatório o uso de calçado apropriado ao manuseio ou armazenamento de explosivos;
- proíbem-se o transporte e o armazenamento conjunto de explosivos de ruptura (alto explosivo) com os outros tipos, especialmente os iniciadores;
- as temperaturas máximas dos depósitos não podem ultrapassar os seguintes valores:

27 °C para a nitrocelulose, nitroamido e pólvora química de base dupla;

30 °C para ácido pícrico e pólvora simples de base simples;

35 °C para pólvora mecânica;

40 °C para trotil (trinitrotolueno), picrato de amônio e outros especificados;

- os depósitos de armazenamento de explosivos deverão ser inspecionados de acordo com os seguintes períodos:
  - *dinamite:* trimestralmente, não sendo aconselhável o armazenamento por mais de dois anos, pois a nitroglicerina pode exsudar-se e concentrar-se na base do cartucho, tornando-se muito sensível ao choque. É recomendável, periodicamente, virar os cartuchos;
  - *nitrocelulose:* semestralmente;
  - *altos explosivos:* 5 anos após a fabricação e, depois, de 2 em 2 anos. Exemplo: trinitrotolueno (TNT);
  - *acionadores, reforçadores e espoletas:* primeiro exame, 10 anos após a fabricação e, depois, de 5 em 5 anos.

No transporte em geral:

- os serviços de carga e descarga de explosivos e munições, salvo casos especiais, deverão ser feitos no período das 7:00 às 17:00 horas;
- quando houver necessidade de carregar ou descarregar munições e explosivos durante a noite, somente será admitida iluminação com lanterna e holofotes elétricos;
- é obrigatória a sinalização adequada, como bandeirolas vermelhas ou tabuletas de aviso, afixadas em locais visíveis;
- as munições, explosivos e artifícios deverão ser transportados separadamente.

A NR-19 ainda prescreve normas de segurança para o transporte ferroviário, rodoviário e marítimo dos explosivos, que deverão ser cumpridas.

4.2.2 Inflamáveis

a) Aspectos gerais

Os líquidos e gases inflamáveis e os líquidos combustíveis são definidos pela NR-20, da Portaria nº 3.214/1978 – MTE, como:

> 20.3.1 Líquidos inflamáveis: são líquidos que possuem ponto de fulgor ≤ 60 °C.

20.3.2 Gases inflamáveis: gases que inflamam com o ar a 20 °C e a uma pressão-padrão de 101,3 kPa.

20.3.3 Líquidos combustíveis: são líquidos com ponto de fulgor > 60 °C e ≤ 93 °C.

O ponto de fulgor (*flash point*) é a temperatura mínima na qual os corpos combustíveis começam a desprender vapores que se incendeiam em contato com uma fonte externa de calor; entretanto, a chama não se mantém devido à insuficiência na quantidade de vapores.

b) Legislação básica

Os itens 16.6 e 16.7 e o Anexo 2 da NR-16 condicionam as atividades e operações perigosas e as áreas de risco para inflamáveis, como a seguir:

16.6 As operações de transporte de inflamáveis líquidos ou gasosos liquefeitos, em quaisquer vasilhames e a granel, são consideradas em condições de periculosidade, com exclusão para o transporte em pequenas quantidades, até o limite de 200 (duzentos) litros para os inflamáveis líquidos e 135 (cento e trinta e cinco) quilos para os inflamáveis gasosos liquefeitos.

16.6.1 As quantidades de inflamáveis contidas nos tanques de consumo próprio dos veículos não serão consideradas para efeito desta Norma.

16.7 Para efeito desta Norma Regulamentadora (NR) considera-se líquido combustível todo aquele que possua ponto de fulgor igual ou superior a 60 °C (sessenta graus Celsius) e menor ou igual a 93 °C (noventa e três graus Celsius).

ANEXO 2 – ATIVIDADES E OPERAÇÕES PERIGOSAS COM INFLAMÁVEIS

1. São consideradas atividades ou operações perigosas, conferindo aos trabalhadores que se dedicam a essas atividades ou operações, bem como àqueles que operam na área de risco, adicional de 30% (trinta por cento), as realizadas:

Atividades	Adicional de 30%
a) na produção, transporte, processamento e armazenagem de gás liquefeito	todos os trabalhadores nessas atividades ou que operam na área de risco
b) no transporte e armazenagem de inflamáveis líquidos e gasosos liquefeitos e de vasilhames vazios não desgaseificados ou decantados	todos os trabalhadores da área de operação
c) nos pontos de reabastecimento de aeronaves	todos os trabalhadores da área de operação
d) nos locais de carregamento de navios-tanques, vagões-tanques e caminhões-tanques e enchimento de vasilhames, com inflamáveis líquidos ou gasosos liquefeitos	todos os trabalhadores nessas atividades ou que operam na área de risco
e) nos locais de descarga de navios-tanques, vagões-tanques e caminhões-tanques com inflamáveis líquidos ou gasosos liquefeitos ou de vasilhames vazios não desgaseificados ou decantados	todos os trabalhadores nessas atividades ou que operam na área de risco
f) nos serviços de operações e manutenção de navios-tanques, vagões-tanques, caminhões-tanques, bombas e vasilhames, com inflamáveis líquidos ou gasosos liquefeitos, ou vazios não desgaseificados ou decantados	todos os trabalhadores nessas atividades ou que operam na área de risco
g) nas operações de desgaseificação, decantação e reparos de vasilhames não desgaseificados ou decantados	todos os trabalhadores nessas atividades ou que operam na área de risco
h) nas operações de teste de aparelhos de consumo de gás e seus equipamentos	todos os trabalhadores nessas atividades ou que operam na área de risco
i) no transporte de inflamáveis líquidos e gasosos liquefeitos em caminhão-tanque	motorista e ajudantes
j) no transporte de vasilhames (em caminhões de carga), contendo inflamável líquido, em quantidade total igual ou superior a 200 litros, quando não observado o disposto nos subitens 4.1 e 4.2 deste Anexo	motorista e ajudantes
l) no transporte de vasilhames (em carreta ou caminhão de carga), contendo inflamável gasoso e líquido, em quantidade total, igual ou superior a 135 quilos	motorista e ajudantes
m) na operação em postos de serviço e bombas de abastecimento de inflamáveis líquidos	operador de bomba e trabalhadores que operam na área de risco

2. Para os efeitos desta Norma Regulamentadora (NR) entende-se como:

I – Serviços de operação e manutenção de embarcações, vagões-tanques, caminhões-tanques, bombas e vasilhames de inflamáveis:

a) atividades de inspeção, calibração, medição, contagem de estoque e colheita de amostra em tanques ou quaisquer vasilhames cheios;

b) serviços de vigilância, de arrumação de vasilhames vazios não desgaseificados, de bombas propulsoras em recintos fechados e de superintendência;

c) atividade de manutenção, reparos, lavagem, pintura de embarcações, tanques, viaturas de abastecimento e de quaisquer vasilhames cheios de inflamáveis ou vazios, não desgaseificados;

d) atividade de desgaseificação e lavagem de embarcações, tanques, viaturas, bombas de abastecimento ou quaisquer vasilhames que tenham contido inflamáveis líquidos;

e) quaisquer outras atividades de manutenção ou operação, tais como: serviço de almoxarifado, de escritório, de laboratório de inspeção de segurança, de conferência de estoque, de ambulatório médico, de engenharia, de oficinas em geral, de caldeiras, de mecânica de eletricidade, de soldagem, de enchimento, de fechamento e arrumação de quaisquer vasilhames com substâncias consideradas inflamáveis, desde que essas atividades sejam executadas dentro de áreas consideradas perigosas, *ad referendum* do Ministério do Trabalho.

II – Serviços de operações e manutenção de embarcações, vagões-tanques, caminhões-tanques e vasilhames de inflamáveis gasosos liquefeitos:

a) atividades de inspeção nos pontos de vazamento eventual no sistema de depósito de distribuição e de medição de tanques pelos processos de escapamento direto;

b) serviços de superintendência;

c) atividades de manutenção das instalações da frota de caminhões-tanques, executadas dentro da área e em torno dos pontos de escapamento normais ou eventuais;

d) atividades de decantação, desgaseificação, lavagem, reparos, pinturas e aeração de tanques, cilindros e botijões cheios de GLP;

e) quaisquer outras atividades de manutenção ou operações, executadas dentro das áreas consideradas perigosas pelo Ministério do Trabalho.

III – Armazenagem de inflamáveis líquidos em tanques ou vasilhames:

a) quaisquer atividades executadas dentro da bacia de segurança dos tanques;

b) arrumação de tambores ou latas ou quaisquer outras atividades executadas dentro do prédio de armazenamento de inflamáveis ou em recintos abertos e com vasilhames cheios de inflamável ou não desgaseificados ou decantados.

IV – Armazenamento de inflamáveis gasosos liquefeitos em tanques ou vasilhames:

a) arrumação de vasilhames ou quaisquer outras atividades executadas dentro do prédio de armazenamento de inflamáveis ou em recintos abertos e com vasilhames cheios de inflamáveis ou vazios não desgaseificados ou decantados.

V – Operações em postos de serviço e bombas de abastecimento de inflamáveis líquidos:

a) atividades ligadas diretamente ao abastecimento de viaturas com motor de explosão.

VI – Outras atividades tais como: manutenção, de lubrificação, lavagem de viaturas, mecânica, eletricidade, escritório de vendas e gerência, *ad referendum* do Ministério do Trabalho.

VII – Enchimento de quaisquer vasilhames (tambores, latas), com inflamáveis líquidos:

a) atividades de enchimento, fechamento e arrumação de latas ou caixas com latas.

VIII – Enchimento de quaisquer vasilhames (cilindros, botijões) com inflamáveis gasosos liquefeitos:

a) atividades de enchimento, pesagem, inspeção, estiva e arrumação de cilindros ou botijões cheios de GLP;

b) outras atividades executadas dentro da área considerada perigosa, *ad referendum* do Ministério do Trabalho.

3. São consideradas áreas de risco:

Atividade	Área de risco
a) poços de petróleo em produção de gás	círculo com raio de 30 metros, no mínimo, com centro na boca do poço
b) unidade de processamento das refinarias	faixa de 30 metros de largura, no mínimo, contornando a área de operação
c) outros locais de refinaria onde se realizam operações com inflamáveis em estado de volatilização ou possibilidade de volatilização decorrente de falha ou defeito dos sistemas de segurança e fechamento de válvulas	faixa de 15 metros de largura, no mínimo, contornando a área de operação
d) tanques de inflamáveis líquidos	toda a bacia de segurança
e) tanques elevados de inflamáveis gasosos	círculo com raio de 3 metros com centro nos pontos de vazamento eventual (válvulas, registros, dispositivos de medição por escapamento, gaxetas)

Continua

Atividade	Área de risco
f) carga e descarga de inflamáveis líquidos contidos em navios, chatas e batelões	afastamento de 15 metros da beira do cais, durante a operação, com extensão correspondente ao comprimento da embarcação
g) abastecimento de aeronaves	toda a área de operação
h) enchimento de vagões-tanques e caminhões-tanques com inflamáveis líquidos	círculo com raio de 15 metros com centro nas bocas de enchimento dos tanques
i) enchimento de vagões-tanques e caminhões-tanques com inflamáveis gasosos liquefeitos	círculo com raio de 7,5 metros com centro nos pontos de vazamento eventual (válvulas e registros)
j) enchimento de vasilhames com inflamáveis gasosos liquefeitos	círculo com raio de 15 metros com centro nos bicos de enchimento
k) enchimento de vasilhames com inflamáveis líquidos, em locais abertos	círculo com raio de 7,5 metros com centro nos bicos de enchimento
l) enchimento de vasilhames com inflamáveis líquidos, em recinto fechado	toda a área interna do recinto
m) manutenção de viaturas-tanques, bombas e vasilhames que contenham inflamável líquido	local de operação, acrescido de faixa de 7,5 metros de largura em torno dos seus pontos externos
n) desgaseificação, decantação e reparos de vasilhames não desgaseificados ou decantados, utilizados no transporte de inflamáveis	local de operação, acrescido de faixa de 7,5 metros de largura em torno dos seus pontos externos
o) testes em aparelhos de consumo de gás e seus equipamentos	local de operação, acrescido de faixa de 7,5 metros de largura em torno dos seus pontos externos
p) abastecimento de inflamáveis	toda a área de operação, abrangendo, no mínimo, círculo com raio de 7,5 metros com centro no ponto de abastecimento e o círculo com raio de 7,5 metros com centro na bomba de abastecimento da viatura e faixa de 7,5 metros de largura para ambos os lados da máquina
q) armazenamento de vasilhames que contenham inflamáveis líquidos ou vazios não desgaseificados, ou decantados em locais abertos	faixa de 3 metros de largura em torno dos seus pontos externos
r) armazenamento de vasilhames que contenham inflamáveis líquidos ou vazios não desgaseificados ou decantados, em recinto fechado	toda a área interna do recinto
s) carga e descarga de vasilhames contendo inflamáveis líquidos ou vasilhames vazios não desgaseificados ou decantados, transportados por navios, chatas ou batelões	afastamento de 3 metros da beira do cais, durante a operação, com extensão correspondente ao comprimento da embarcação

4. Não caracterizam periculosidade, para fins de percepção de adicional:

4.1 O manuseio, a armazenagem e o transporte de líquidos inflamáveis em embalagens certificadas, simples, compostas ou combinadas, desde que obedecidos os limites consignados no Quadro I abaixo, independentemente do número total de embalagens manuseadas, armazenadas ou transportadas, sempre que obedecidas as Normas Regulamentadoras expedidas pelo Ministério do Trabalho e Emprego, a Norma NBR 11.564/91 e a legislação sobre produtos perigosos relativa aos meios de transporte utilizados.

4.2 O manuseio, a armazenagem e o transporte de recipientes de até cinco litros, lacrados na fabricação, contendo líquidos inflamáveis, independentemente do número total de recipientes manuseados, armazenados ou transportados, sempre que obedecidas as Normas Regulamentadoras expedidas pelo Ministério do Trabalho e Emprego e a legislação sobre produtos perigosos relativa aos meios de transporte utilizados.

Quadro I

Capacidade máxima para embalagens de líquidos inflamáveis				
Embalagens combinadas				
Embalagem interna	**Embalagem externa**	**Grupo de embalagens* I**	**Grupo de embalagens* II**	**Grupo de embalagens* III**
Recipientes de:	**Tambores de:**			
	Metal	250 kg	400 kg	400 kg
	Plástico	250 kg	400 kg	400 kg
	Madeira compensada	150 kg	400 kg	400 kg
	Fibra	75 kg	400 kg	400 kg
Vidro com mais de 5 e até 10 litros	**Caixas**			
	Aço ou alumínio	250 kg	400 kg	400 kg
	Madeira natural ou compensada	150 kg	400 kg	400 kg
Plástico com mais de 5 e até 30 litros	Madeira aglomerada	75 kg	400 kg	400 kg
	Papelão	75 kg	400 kg	400 kg
	Plástico flexível	60 kg	60 kg	60 kg
	Plástico rígido	150 kg	400 kg	400 kg
Metal com mais de 5 litros e até 40 litros	**Bombonas**			
	Aço ou alumínio	120 kg	120 kg	120 kg
	Plástico	120 kg	120 kg	120 kg

Embalagens simples			
	Grupo de embalagens* I	Grupo de embalagens* II	Grupo de embalagens* III
Tambores Aço, tampa não removível Aço, tampa removível Alumínio, tampa não removível Alumínio, tampa removível Outros metais, tampa não removível Outros metais, tampa removível Plástico, tampa não removível Plástico, tampa removível	 250 L 250 L** 250 L 250 L** 250 L 250 L** 250 L** 250 L**	450 L	450 L
Bombonas Aço, tampa não removível Aço, tampa removível Alumínio, tampa não removível Alumínio, tampa removível Outros metais, tampa não removível Outros metais, tampa removível Plástico, tampa não removível Plástico, tampa removível	 60 L 60 L** 60 L 60 L** 60 L 60 L** 60 L 60 L**	60 L	60 L

Embalagens compostas			
	Grupo de embalagens* I	Grupo de embalagens* II	Grupo de embalagens* III
Plástico com tambor externo de aço ou alumínio	250 L	250 L	250 L
Plástico com tambor externo de fibra, plástico ou compensado	120 L	250 L	250 L
Plástico com engradado ou caixa externa de aço ou alumínio ou madeira externa ou caixa externa de compensado ou de cartão ou de plástico rígido	60 L	60 L	60 L
Vidro com tambor externo de aço, alumínio, fibra, compensado, plástico flexível ou em caixa de aço, alumínio, madeira, papelão ou compensado	60 L	60 L	60 L

* Conforme definições NBR 11564 – ABNT.

** Somente para substâncias com viscosidade maior que 200 mm^2/s.

c) Medidas de controle/equipamento de proteção individual

As medidas de controle quanto a inflamáveis são de caráter coletivo, especialmente as técnicas de prevenção de incêndios e as de combate ao fogo, não existindo proteção eficaz em nível individual.

A prevenção é feita por meio de uma série de medidas e de determinada distribuição de equipamentos de combate a incêndio e das máquinas e equipamentos industriais, visando impedir o aparecimento de princípio de incêndio e dificultando seu desenvolvimento, de forma a proporcionar sua extinção ainda na fase inicial. A prevenção deve ser iniciada desde o planejamento do *layout* de uma indústria, considerando as distâncias entre os tanques e a capacidade de armazenamento estabelecidas na Norma Regulamentadora NR-20, da Portaria nº 3.214/1978, entre outras legislações específicas. Deve ser previsto um sistema de detecção e alarme, bem como equipamentos de combate a incêndio, distribuídos racionalmente em locais devidamente estudados. É fator importante a arrumação, a limpeza, a boa ordem dos estoques, matérias-primas e demais materiais, pois dificultam o aparecimento de um princípio de incêndio e sua propagação. As máquinas ou equipamentos considerados de alto risco devem ficar em compartimentos separados; os inflamáveis em depósitos especialmente construídos quando em estoques, e, quando em uso, em vasilhames de segurança apropriados.

Para o combate a incêndio eficaz são necessários equipamentos de extinção apropriados e bem dimensionados e pessoal treinado, tendo como objetivo evitar ou minimizar danos físicos e psíquicos às pessoas. Os seguintes pontos são importantes no combate a incêndios:

- levantamento e classificação quanto ao risco de incêndio e estabelecimento de medidas preventivas;
- implantação dos equipamentos de combate a incêndio e formação de brigadas;
- instalação de sistemas de alarme e detecção de incêndio e formação de equipe de socorro;
- colocação de material de primeiros socorros e formação de equipe de atendimento de emergência.

4.2.3 Radiações ionizantes

a) Aspectos gerais

As radiações, ao se deslocarem por um meio material, podem produzir dois efeitos: ionização e excitação. O primeiro ocorre quando a radiação, ao atingir o átomo, em seu percurso, se subdivide em duas partes, eletricamente carregadas, formando o que se denomina par iônico. Essa interação eletrostática provoca uma perturbação na estrutura periférica atômica. O segundo, a excitação, se verifica quando a radiação, ao atingir o átomo, apenas o excita, fazendo com que sua energia aumente.

Dos fenômenos citados – ionização e excitação do átomo – surge a classificação das radiações em dois grupos: radiações ionizantes e radiações não ionizantes. A diferença entre elas se deve à origem e à quantidade de energia, variando, assim, a capacidade de penetrar na matéria e de destruir ou não os átomos que as constituem.

As radiações ionizantes são uma forma de energia associada a partículas extremamente pequenas e animadas de velocidades muito elevadas que atingem o espaço. Algumas dessas partículas possuem cargas elétricas, como os prótons e elétrons (partícula beta negativa). Alguns núcleos são desnudos, como o de hélio (partícula alfa); outras não têm carga (nêutrons); outras, ainda, são apenas *quantum* de energia elevada, como os raios X e os raios gama.

A radiação não ionizante, ao incidir sobre matéria biológica, não possui quantidade de energia suficiente para provocar uma ionização.

b) Legislação básica

Anexo acrescentado pela Portaria nº 3.393, de 17/12/1987, tendo a Portaria nº 518, de 4/4/2003, assegurado o adicional de periculosidade ao empregado que exercer as atividades nas áreas de risco, conforme quadro a seguir.

ATIVIDADES E OPERAÇÕES PERIGOSAS COM RADIAÇÕES IONIZANTES OU SUBSTÂNCIAS RADIOATIVAS

Atividades	Áreas de risco
1. Produção, utilização, processamento, transporte, guarda, estocagem e manuseio de materiais radioativos, selados e não selados, de estado físico e forma química quaisquer, naturais ou artificiais, incluindo:	Minas e depósitos de materiais radioativos. Plantas-piloto e usinas de beneficiamento de minerais radioativos. Outras áreas sujeitas a risco potencial devido às radiações ionizantes.
1.1 Prospecção, mineração, operação, beneficiamento e processamento de minerais radioativos.	Lixiviação de minerais radioativos para a produção de concentrados de urânio e tório. Purificação de concentrados e conversão em outras formas para uso como combustível nuclear.
1.2 Produção, transformação e tratamento de materiais nucleares para o ciclo do combustível nuclear.	Produção de fluoretos de urânio para a produção de hexafluoreto e urânio metálico. Instalações para enriquecimento isotópico e reconversão. Fabricação de elemento combustível nuclear. Instalações para armazenamento dos elementos combustíveis usados. Instalações para o retratamento do combustível irradiado. Instalações para o tratamento e deposições, provisórias e finais, dos rejeitos radioativos naturais e artificiais.

Continua

Atividades	Áreas de risco
1.3 Produção de radioisótopos para uso em medicina, agricultura, agropecuária e pesquisa científica e tecnológica.	Laboratórios para a produção de radioisótopos e moléculas marcadas.
1.4 Produção de fontes radioativas.	Instalações para tratamento do material radioativo e confecção de fontes. Laboratórios de testes, ensaios e calibração de fontes, detectores e monitores de radiação, com fontes radioativas.
1.5 Testes, ensaios e calibração de detectores e monitores de radiação com fontes de radiação.	Laboratórios de ensaios para materiais radioativos. Laboratórios de radioquímica.
1.6 Descontaminação de superfícies, instrumentos, máquinas, ferramentas, utensílios de laboratório, vestimentas e de quaisquer outras áreas ou bens duráveis contaminados com material radioativo.	Laboratórios para descontaminação de peças e materiais radioativos. Coleta de rejeitos radioativos em instalações, prédios e em áreas abertas. Lavanderia para roupas contaminadas. Transporte de materiais e rejeitos radioativos, condicionamento, estocagens e sua deposição.
1.7 Separação isotópica e processamento radioquímicos.	Instalações para tratamento, condicionamento, contenção, estabilização, estocagem e deposição de rejeitos radioativos. Instalações para retenção de rejeitos radioativos.
1.8 Manuseio, condicionamento, liberação, monitoração, estabilização, inspeção, retenção e deposição de rejeitos radioativos.	Sítio de rejeitos. Instalações para estocagem de produtos radioativos para posterior aproveitamento.
2. Atividades de operação e manutenção de reatores nucleares, incluindo:	Edifícios de reatores. Edifícios de estocagem de combustível.
2.1 Montagem, instalação, substituição e inspeção de elementos combustíveis.	Instalações de tratamento e estocagem de rejeitos radioativos.
2.2 Manutenção de componentes integrantes do reator e dos sistemas hidráulicos mecânicos e elétricos, irradiados, contaminados ou situados em áreas de radiação.	Instalações para tratamento de água de reatores e separação e contenção de produtos radioativos. Salas de operação de reatores. Salas de amostragem de efluentes radioativos.
2.3 Manuseio de amostras irradiadas.	Laboratórios de medidas de radiação.
2.4 Experimentos utilizando canais de irradiação.	Outras áreas sujeitas a risco potencial às radiações ionizantes passíveis de ser atingidas por dispersão de produtos voláteis.

Continua

Atividades	Áreas de risco
2.5 Medição de radiação, levantamento de dados radiológicos e nucleares, ensaios, testes, inspeções, fiscalização e supervisão de trabalhos técnicos.	Laboratórios semiquentes e quentes. Minas de urânio e tório. Depósitos de minerais radioativos e produtos do tratamento de minerais radioativos.
2.6 Segregação, manuseio, tratamento, acondicionamento e armazenagem de rejeitos radioativos.	Coletas de materiais e peças radioativas, materiais contaminados com radioisótopos e águas radioativas.
3. Atividades de operação e manutenção de aceleradores de partículas, incluindo:	Áreas de irradiação de alvos.
3.1 Montagem, instalação, substituição e manutenção de componentes irradiados ou contaminados.	Oficinas de manutenção de componentes irradiados ou contaminados. Salas de operação de aceleradores.
3.2 Processamento de alvos irradiados.	Laboratórios para tratamento de alvos irradiados e separação de radioisótopos.
3.3 Experimentos com feixes de partículas.	Laboratórios de testes com radiação e medidas nucleares.
3.4 Medição de radiação, levantamento de dados radiológicos e nucleares, testes, inspeções e supervisão de trabalhos técnicos.	Áreas de tratamento e estocagem de rejeitos radioativos.
3.5 Segregação, manuseio, tratamento, acondicionamento e armazenamento de rejeitos radioativos.	Laboratórios de processamento de alvos irradiados.
4. Atividades de operação de aparelhos de raios X, com irradiadores de radiação gama, radiação beta ou radiação de nêutrons, incluindo:	Salas de irradiação e de operação de aparelhos de raios X e de irradiadores gama, beta ou nêutrons.
4.1 Diagnóstico médico e odontológico.	Laboratórios de testes, ensaios e calibração com as fontes de radiação descritas.
4.2 Radioterapia.	
4.3 Radiografia industrial, gamagrafia e neutronradiografia.	Manuseio de fontes.
4.4 Análise de materiais por difratometria.	Manuseio de equipamento.
4.5 Testes, ensaios e calibração de detectores e monitores de radiação.	Manuseio de fontes e amostras radioativas.
4.6 Irradiação de alimentos.	Manuseio de fontes e instalações para a irradiação de alimentos.

Continua

Atividades	Áreas de risco
4.7 Esterilização de instrumentos médico-hospitalares.	Manuseio de fontes e instalações para a operação.
4.8 Irradiação de espécimes minerais e biológicos.	Manuseio de amostras irradiadas.
4.9 Medição de radiação, levantamento de dados radiológicos, ensaios, testes, inspeções, fiscalização de trabalhos técnicos.	Laboratórios de ensaios e calibração de fontes e materiais radioativos.
5. Atividades de medicina nuclear	Salas de diagnóstico e terapia com medicina nuclear.
5.1 Manuseio e aplicação de radioisótopos para diagnóstico médico e terapia.	Enfermaria de pacientes, sob tratamento com radioisótopos. Enfermaria de pacientes contaminados com radioisótopos em observação e sob tratamento de descontaminação.
5.2 Manuseio de fontes seladas para aplicação em braquiterapia.	Área de tratamento e estocagem de rejeitos radioativos.
5.3 Obtenção de dados biológicos de pacientes com radioisótopos incorporados.	Manuseio de materiais biológicos contendo radioisótopos ou moléculas marcadas.
5.4 Segregação, manuseio, tratamento, acondicionamento e estocagem de rejeitos radioativos.	Laboratórios para descontaminação e coleta de rejeitos radioativos.
6. Descomissionamento de instalações nucleares e radioativas, que inclui:	Áreas de instalações nucleares e radioativas contaminadas e com rejeitos.
6.1 Todas as descontaminações radioativas inerentes.	Depósitos provisórios e definitivos de rejeitos radioativos.
6.2 Gerenciamento dos rejeitos radioativos existentes, ou seja: tratamento e acondicionamento dos rejeitos líquidos, sólidos, gasosos e aerossóis; transporte e deposição dos mesmos.	Instalações para contenção de rejeitos radioativos. Instalações para asfaltamento de rejeitos radioativos. Instalações para cimentação de rejeitos radioativos.
7. Descomissionamento de minas, moinhos e usinas de tratamento de minerais radioativos.	Tratamento de rejeitos minerais. Repositório de rejeitos naturais (bacia de contenção de rádio e outros radioisótopos). Deposição de gangas e rejeitos de mineração.

c) Medidas de controle

As principais medidas de controle das radiações ionizantes são:

- manutenção e controle da distância adequada entre o trabalhador e a fonte, a fim de evitar que seja atingido pela irradiação;

- proteger-se com a blindagem necessária para neutralizar a radiação;
- reduzir, tanto quanto possível, o tempo de exposição à radiação;
- impedir que a radiação atinja as vias de absorção do organismo;
- utilizar a sinalização convencional, indicando a presença das fontes radioativas nas áreas de trabalho;
- realizar o controle médico do pessoal que trabalha com materiais radioativos;
- utilizar barreiras apropriadas entre as fontes e o pessoal;
- manter rigorosa limpeza e arrumação do ambiente de trabalho.

4.2.4 Energia elétrica

a) Aspectos gerais

A energia elétrica pode ser gerada por diversas fontes, como a nuclear, a hidráulica, a química, a eólica, a térmica e a solar. As hidroelétricas são as mais comuns no Brasil. Em geral, o sistema elétrico, que leva energia elétrica ao estabelecimento industrial ou às residências, compõe-se de: geração, transmissão, distribuição e consumo.

A geração é o processo de transformação da energia de determinada fonte em energia elétrica. Assim, quando a energia é hidráulica, com aproveitamento das quedas d'águas dos rios, tem-se a transformação do potencial hidráulico em energia elétrica, ou a hidroeletricidade.

A transmissão é a condução da eletricidade da fonte geradora até os grandes centros urbanos e/ou indústrias por meio de redes de alta-tensão que ligam as usinas geradoras às estações, subestações ou estações rebaixadoras de tensão.

A distribuição compreende o trecho entre as estações rebaixadoras e os consumidores, formando a rede de distribuição de eletricidade. Nessa rede, existem transformadores que rebaixam a tensão da energia elétrica para o sistema monofásico (110-127 volts), para o bifásico (220 volts) ou para o trifásico (380-440 volts), conforme a opção e necessidades do consumidor final.

A energia elétrica divide-se em alta e baixa tensão. A primeira ocorre na distribuição primária, em que a tensão é igual ou superior a 1.000 volts. A baixa tensão é inferior a 1.000 volts.

Os riscos com a eletricidade são tanto maiores quanto maior for a tensão ou diferença de potencial, devendo-se considerar que, acima de 24 volts (tensão de segurança), qualquer valor da tensão pode causar acidentes. Toda tensão acima de 50 volts é perigosa, porque pode provocar parada cardíaca e parada respiratória e resultar em morte da vítima, em consequência do choque elétrico (ABNT – NBR 6533 – Estabelecimento dos Efeitos da Corrente Elétrica no Corpo Humano).

A eletricidade é um dos agentes de risco com maior poder de causar danos, porque sua presença não pode ser percebida a distância pelos sentidos (tato, audição, olfato, visão). Por outro lado, ao observar um fio desencapado não se tem ideia da presença da eletricidade naquele ponto, independentemente da voltagem do circuito. Para tensões de 380, 440 volts e acima, as mais comuns nas unidades industriais, não é necessário tocar o condutor para levar choque, pois a simples aproximação pode provocá-lo, pelo arco elétrico que se forma naquele ponto, gerando graves consequências.

O choque elétrico é a perturbação, de natureza e efeitos diversos, que se manifesta no organismo humano quando ele é percorrido por uma corrente elétrica. Os efeitos do choque elétrico variam e dependem de certas circunstâncias, como:

- percurso da corrente no corpo humano;
- intensidade, tempo de duração, espécie e frequência da corrente elétrica;
- condições orgânicas do indivíduo.

As perturbações mais importantes causadas no ser humano pelo choque elétrico são:

- inibição dos centros nervosos, inclusive os que comandam a respiração, com provável asfixia;
- alteração no ritmo cardíaco, podendo produzir tremulação (fibrilação) do músculo cardíaco, com consequente parada cardíaca;
- queimaduras de vários graus;
- alteração no sangue, provocada por efeitos térmicos e eletrolíticos da corrente elétrica.

As sensações produzidas nas vítimas de choque elétrico variam desde uma ligeira contração superficial até uma contração violenta que, quando atinge o músculo cardíaco, pode paralisá-lo.

Os especialistas divergem quanto à intensidade dos danos que a corrente elétrica pode causar ao nosso organismo. A seguir registramos, apenas para referência, alguns de seus efeitos sobre o ser humano.

a) até 9 mA: não produz alterações de consequências graves;
b) de 9 a 20 mA: produz contrações musculares violentas, crispação muscular e asfixia, se a zona torácica for atingida;
c) de 20 mA a 100 mA: produz contrações musculares violentas, asfixia, perturbações circulatórias e, às vezes, fibrilação ventricular;
d) acima de 100 mA: produz asfixia imediata, fibrilação ventricular e queimaduras.

Nos casos "b" e "c", o processo de salvamento seria a respiração artificial. No caso "d", o salvamento seria muito difícil.

b) Legislação básica

NR-16 – ANEXO 4 – ATIVIDADES E OPERAÇÕES PERIGOSAS COM ENERGIA ELÉTRICA

1. Têm direito ao adicional de periculosidade os trabalhadores:

a) que executam atividades ou operações em instalações ou equipamentos elétricos energizados em alta-tensão;

b) que realizam atividades ou operações com trabalho em proximidade, conforme estabelece a NR-10;

c) que realizam atividades ou operações em instalações ou equipamentos elétricos energizados em baixa tensão no sistema elétrico de consumo – SEC, no caso de descumprimento do item 10.2.8 e seus subitens da NR-10 – Segurança em Instalações e Serviços em Eletricidade;

d) das empresas que operam em instalações ou equipamentos integrantes do sistema elétrico de potência – SEP, bem como suas contratadas, em conformidade com as atividades e respectivas áreas de risco descritas no quadro I deste anexo.

2. Não é devido o pagamento do adicional nas seguintes situações:

a) nas atividades ou operações no sistema elétrico de consumo em instalações ou equipamentos elétricos desenergizados e liberados para o trabalho, sem possibilidade de energização acidental, conforme estabelece a NR-10;

b) nas atividades ou operações em instalações ou equipamentos elétricos alimentados por extrabaixa tensão;

c) nas atividades ou operações elementares realizadas em baixa tensão, tais como o uso de equipamentos elétricos energizados e os procedimentos de ligar e desligar circuitos elétricos, desde que os materiais e equipamentos elétricos estejam em conformidade com as normas técnicas oficiais estabelecidas pelos órgãos competentes e, na ausência ou omissão destas, as normas internacionais cabíveis.

3. O trabalho intermitente é equiparado à exposição permanente para fins de pagamento integral do adicional de periculosidade nos meses em que houver exposição, excluída a exposição eventual, assim considerado o caso fortuito ou que não faça parte da rotina.

4. Das atividades no sistema elétrico de potência – SEP.

4.1 Para os efeitos deste anexo entende-se como atividades de construção, operação e manutenção de redes de linhas aéreas ou subterrâneas de alta e baixa tensão integrantes do SEP:

a) montagem, instalação, substituição, conservação, reparos, ensaios e testes de: verificação, inspeção, levantamento, supervisão e fiscalização; fusíveis, condutores, para-raios, postes, torres, chaves, muflas, isoladores, transformadores, capacitores, medidores, reguladores de tensão, religadores, seccionalizadores, Carrier (onda portadora via linhas de transmissão), cruzetas, relé e braço de iluminação pública, aparelho de medição gráfica, bases de concreto ou alvenaria de torres, postes e estrutura de sustentação de redes e linhas aéreas e demais componentes das redes aéreas;

b) corte e poda de árvores;

c) ligações e cortes de consumidores;

d) manobras aéreas e subterrâneas de redes e linhas;

e) manobras em subestação;

f) testes de curtos em linhas de transmissão;

g) manutenção em fontes de alimentação de sistemas de comunicação;

h) leituras em consumidores de alta-tensão;

i) aferição em equipamentos de medição;

j) medidas de resistências, lançamento e instalação de cabo contrapeso;

k) medidas de campo eletromagnético, rádio, interferência e correntes induzidas;

l) testes elétricos em instalações de terceiros em faixas de linha de transmissão (oleodutos, gasodutos etc.);

m) pintura de estruturas e equipamentos;

n) verificação, inspeção, inclusive aérea, fiscalização, levantamento de dados e supervisão de serviços técnicos;

o) montagem, instalação, substituição, manutenção e reparos de: barramentos, transformadores, disjuntores, chaves e seccionadoras, condensadores, chaves de óleo, transformadores para instrumentos, cabos subterrâneos e subaquáticos, painéis, circuitos elétricos, contatos, muflas e isoladores e demais componentes de redes subterrâneas;

p) construção civil, instalação, substituição e limpeza de: valas, bancos de dutos, dutos condutos, canaletas, galerias, túneis, caixas ou poços de inspeção, câmaras;

q) medição, verificação, ensaios, testes, inspeção, fiscalização, levantamento de dados e supervisões de serviços técnicos.

4.2 Para os efeitos deste anexo entende-se como atividades de construção, operação e manutenção nas usinas, unidades geradoras, subestações e cabinas de distribuição em operações, integrantes do SEP:

a) montagem, desmontagem, operação e conservação de: medidores, relés, chaves, disjuntores e religadoras, caixas de controle, cabos de força, cabos de controle, barramentos, baterias e carregadores, transformadores, sistemas anti-incêndio e resfriamento, bancos de capacitores, reatores, reguladores, equipamentos eletrônicos, eletromecânico e eletroeletrônicos, painéis, para-raios, áreas de circulação, estruturas-suporte e demais instalações e equipamentos elétricos;

b) construção de: valas de dutos, canaletas, bases de equipamentos, estruturas, condutos e demais instalações;

c) serviços de limpeza, pintura e sinalização de instalações e equipamentos elétricos;

d) ensaios, testes, medições, supervisão, fiscalização e levantamentos de circuitos e equipamentos elétricos, eletrônicos de telecomunicações e telecontrole.

Quadro 1

Atividades	Áreas de risco
I. Atividades, constantes no item 4.1, de construção, operação e manutenção de redes de linhas aéreas ou subterrâneas de alta e baixa tensão integrantes do SEP, energizados ou desenergizados, mas com possibilidade de energização acidental ou por falha operacional.	a) estruturas, condutores e equipamentos de linhas aéreas de transmissão, subtransmissão e distribuição, incluindo plataformas e cestos aéreos usados para execução dos trabalhos; b) pátio e salas de operação de subestações; c) cabines de distribuição; d) estruturas, condutores e equipamentos de redes de tração elétrica, incluindo escadas, plataformas e cestos aéreos usados para execução dos trabalhos; e) valas, bancos de dutos, canaletas, condutores, recintos internos de caixas, poços de inspeção, câmaras, galerias, túneis, estruturas terminais e aéreas de superfície correspondentes; f) áreas submersas em rios, lagos e mares.

Continua

Atividades	Áreas de risco
II. Atividades constantes no item 4.2, de construção, operação e manutenção nas usinas, unidades geradoras, subestações e cabinas de distribuição em operações, integrantes do SEP, energizados ou desenergizados, mas com possibilidade de energização acidental ou por falha operacional.	a) pontos de medição e cabinas de distribuição, inclusive de consumidores; b) salas de controles, casa de máquinas, barragens de usinas e unidades geradoras; c) pátios e salas de operações de subestações, inclusive consumidoras.
III. Atividades de inspeção, testes, ensaios, calibração, medição e reparos em equipamentos e materiais elétricos, eletrônicos, eletromecânicos e de segurança individual e coletiva em sistemas elétricos de potência de alta e baixa tensão.	a) áreas das oficinas e laboratórios de testes e manutenção elétrica, eletrônica e eletromecânica onde são executados testes, ensaios, calibração e reparos de equipamentos energizados ou passíveis de energização acidental; b) sala de controle e casas de máquinas de usinas e unidades geradoras; c) pátios e salas de operação de subestações, inclusive consumidoras; d) salas de ensaios elétricos de alta-tensão; e) sala de controle dos centros de operações.
IV. Atividades de treinamento em equipamentos ou instalações integrantes do SEP, energizadas ou desenergizadas, mas com possibilidades de energização acidental ou por falha operacional.	a) todas as áreas descritas nos itens anteriores.

c) Medidas de controle/equipamento de proteção individual

A Norma Regulamentadora nº 10 – NR-10, da Portaria nº 3.214/1978, do MTE, é de vital importância para a proteção do trabalhador em instalações elétricas, vez que estabelece as condições mínimas exigíveis para garantir a segurança de usuários e de terceiros, nas diversas etapas de implantação das instalações, quais sejam: projeto, execução, operação, manutenção, reforma e ampliação. Entretanto, deve-se salientar que a adoção de proteção coletiva e a utilização de equipamentos de proteção individual não eliminam o risco existente nos serviços em eletricidade.

As prescrições estabelecidas na NR-10 abrangem todos os que trabalham em eletricidade, em qualquer das fases do sistema elétrico: geração, transmissão, distribuição e consumo.

Considerando, pois, a grande importância da NR-10 para a proteção do trabalhador em instalações elétricas, julgou-se indispensável a transcrição de seu texto, conforme redação dada pela Portaria nº 598, de 7/12/2004, *DOU* de 8/12/2004.

NR-10 – SEGURANÇA EM INSTALAÇÕES E SERVIÇOS EM ELETRICIDADE

10.1 OBJETIVO E CAMPO DE APLICAÇÃO

10.1.1 Esta Norma Regulamentadora – NR estabelece os requisitos e condições mínimas objetivando a implementação de medidas de controle e sistemas preventivos, de forma a garantir a segurança e a saúde dos trabalhadores que, direta ou indiretamente, interajam em instalações elétricas e serviços com eletricidade.

10.1.2 Esta NR se aplica às fases de geração, transmissão, distribuição e consumo, incluindo as etapas de projeto, construção, montagem, operação, manutenção das instalações elétricas e quaisquer trabalhos realizados nas suas proximidades, observando-se as normas técnicas oficiais estabelecidas pelos órgãos competentes e, na ausência ou omissão destas, as normas internacionais cabíveis.

10.2 MEDIDAS DE CONTROLE

10.2.1 Em todas as intervenções em instalações elétricas devem ser adotadas medidas preventivas de controle do risco elétrico e de outros riscos adicionais, mediante técnicas de análise de risco, de forma a garantir a segurança e a saúde no trabalho.

10.2.2 As medidas de controle adotadas devem integrar-se às demais iniciativas da empresa, no âmbito da preservação da segurança, da saúde e do meio ambiente do trabalho.

10.2.3 As empresas estão obrigadas a manter esquemas unifilares atualizados das instalações elétricas dos seus estabelecimentos com as especificações do sistema de aterramento e demais equipamentos e dispositivos de proteção.

10.2.4 Os estabelecimentos com carga instalada superior a 75 kW devem constituir e manter Prontuário de Instalações Elétricas, contendo, além do disposto no subitem 10.2.3, no mínimo:

a) conjunto de procedimentos e instruções técnicas e administrativas de segurança e saúde, implantadas e relacionadas a esta NR e descrição das medidas de controle existentes;

b) documentação das inspeções e medições do sistema de proteção contra descargas atmosféricas e aterramentos elétricos;

c) especificação dos equipamentos de proteção coletiva e individual e o ferramental, aplicáveis conforme determina esta NR;

d) documentação comprobatória da qualificação, habilitação, capacitação, autorização dos trabalhadores e dos treinamentos realizados;

e) resultados dos testes de isolação elétrica realizados em equipamentos de proteção individual e coletiva;

f) certificações dos equipamentos e materiais elétricos em áreas classificadas; e

g) relatório técnico das inspeções atualizadas com recomendações, cronogramas de adequações, contemplando as alíneas de "a" a "f".

10.2.5 As empresas que operam em instalações ou equipamentos integrantes do sistema elétrico de potência devem constituir prontuário com o conteúdo do item 10.2.4 e acrescentar ao prontuário os documentos a seguir listados:

a) descrição dos procedimentos para emergência; e

b) certificações dos equipamentos de proteção coletiva e individual.

10.2.5.1 As empresas que realizam trabalhos em proximidade do Sistema Elétrico de Potência devem constituir prontuário contemplando as alíneas "a" "c" e "e" do item 10.2.4 e alíneas "a" e "b" do item 10.2.5.

10.2.6 O Prontuário de Instalações Elétricas deve ser organizado e mantido atualizado pelo empregador ou pessoa formalmente designada pela empresa, devendo permanecer à disposição dos trabalhadores envolvidos nas instalações e serviços em eletricidade.

10.2.7 Os documentos técnicos previstos no Prontuário de Instalações Elétricas devem ser elaborados por profissional legalmente habilitado.

10.2.8 Medidas de proteção coletiva

10.2.8.1 Em todos os serviços executados em instalações elétricas devem ser previstas e adotadas, prioritariamente, medidas de proteção coletiva aplicáveis, mediante procedimentos, às atividades a serem desenvolvidas, de forma a garantir a segurança e a saúde dos trabalhadores.

10.2.8.2 As medidas de proteção coletiva compreendem, prioritariamente, a desenergização elétrica conforme estabelece esta NR e, na sua impossibilidade, o emprego de tensão de segurança.

10.2.8.2.1 Na impossibilidade de implementação do estabelecido no subitem 10.2.8.2 devem ser utilizadas outras medidas de proteção coletiva, tais como: isolação das partes vivas, obstáculos, barreiras, sinalização, sistema de seccionamento automático de alimentação, bloqueio do religamento automático.

10.2.8.3 O aterramento das instalações das instalações elétricas deve ser executado conforme regulamentação estabelecida pelos órgãos competentes e, na ausência desta, deve atender às Normas Internacionais vigentes.

10.2.9 Medidas de proteção individual

10.2.9.1 Nos trabalhos em instalações elétricas, quando as medidas de proteção coletiva forem tecnicamente inviáveis ou insuficientes para controlar os riscos, devem ser adotados equipamentos de proteção individual específicos e adequados às atividades desenvolvidas, em atendimento ao disposto na NR-6.

10.2.9.2 As vestimentas de trabalho devem ser adequadas às atividades, devendo contemplar a condutibilidade, inflamabilidade e influências eletromagnéticas.

10.2.9.3 É vedado o uso de adornos pessoais nos trabalhos com instalações elétricas ou em suas proximidades.

10.3 SEGURANÇA EM PROJETOS

10.3.1 É obrigatório que os projetos de instalações elétricas especifiquem dispositivos de desligamento de circuitos que possuam recursos para impedimento de reenergização, para sinalização de advertência com indicação de condição operativa.

10.3.2 O projeto elétrico, na medida do possível, deve prever a instalação de dispositivos de seccionamento de ação simultânea, que permita a aplicação de impedimento de reenergização do circuito.

10.3.3 O projeto de instalações elétricas deve considerar o espaço seguro, quanto ao dimensionamento e a localização de seus componentes e as influências externas, quando da operação e da realização de serviços de construção e manutenção.

10.3.3.1 Os circuitos elétricos com finalidades diferentes, tais como: comunicação, sinalização, controle e tração elétrica devem ser identificados e instalados separadamente, salvo compartilhamento, respeitadas as definições de projetos.

10.3.4 O projeto deve definir a configuração do esquema de aterramento, a obrigatoriedade ou não da interligação entre o condutor neutro e o de proteção e a conexão à terra das partes condutoras não destinadas à condução da eletricidade.

10.3.5 Sempre que for tecnicamente viável e necessário, devem ser projetados dispositivos de seccionamento que incorporem recursos fixos de equipotencialização e aterramento do circuito seccionado.

10.3.6 Todo projeto deve prever condições para a adoção de aterramento temporário.

10.3.7 O projeto das instalações elétricas deve ficar à disposição dos trabalhadores autorizados, das autoridades competentes e de outras pessoas autorizadas pela empresa e deve ser mantido atualizado.

10.3.8 O projeto elétrico deve atender ao que dispõem as Normas Regulamentadoras de Saúde e Segurança no Trabalho, as regulamentações técnicas oficiais estabelecidas, e ser assinado por profissional legalmente habilitado.

10.3.9 O memorial descritivo do projeto deve conter, no mínimo, os seguintes itens de segurança:

a) especificação das características relativas à proteção contra choques elétricos, queimaduras e outros riscos adicionais;

b) indicação de posição dos dispositivos de manobra dos circuitos elétricos: (Verde – "D", desligado e Vermelho – "L", ligado);

c) descrição do sistema de identificação de circuitos elétricos e equipamentos, incluindo dispositivos de manobra, de controle, de proteção, de intertravamento, dos condutores e os próprios equipamentos e estruturas, definindo como tais indicações devem ser aplicadas fisicamente nos componentes das instalações;

d) recomendações de restrições e advertências quanto ao acesso de pessoas aos componentes das instalações;

e) precauções aplicáveis em face das influências externas;

f) o princípio funcional dos dispositivos de proteção, constantes do projeto, destinados à segurança das pessoas; e

g) descrição da compatibilidade dos dispositivos de proteção com a instalação elétrica.

10.3.10 Os projetos devem assegurar que as instalações proporcionem aos trabalhadores iluminação adequada e uma posição de trabalho segura, de acordo com a NR-17 – Ergonomia.

10.4 SEGURANÇA NA CONSTRUÇÃO, MONTAGEM, OPERAÇÃO E MANUTENÇÃO

10.4.1 As instalações elétricas devem ser construídas, montadas, operadas, reformadas, ampliadas, reparadas e inspecionadas de forma a garantir a segurança e a saúde dos trabalhadores e dos usuários, e serem supervisionadas por profissional autorizado, conforme dispõe esta NR.

10.4.2 Nos trabalhos e nas atividades referidas devem ser adotadas medidas preventivas destinadas ao controle dos riscos adicionais especialmente quanto a altura, confinamento, campos elétricos e magnéticos, explosividade, umidade, poeira, fauna e flora e outros agravantes, adotando-se a sinalização de segurança.

10.4.3 Nos locais de trabalho só podem ser utilizados equipamentos, dispositivos e ferramentas elétricas compatíveis com a instalação elétrica existente, preservando-se as características de proteção, respeitadas as recomendações do fabricante e as influências externas.

10.4.3.1 Os equipamentos, dispositivos e ferramentas que possuam isolamento elétrico devem estar adequados às tensões envolvidas, e serem inspecionados e testados de acordo com as regulamentações existentes ou recomendações dos fabricantes.

10.4.4 As instalações elétricas devem ser mantidas em condições seguras de funcionamento e seus sistemas de proteção devem ser inspecionados e controlados periodicamente, de acordo com as regulamentações existentes e definições de projetos.

10.4.4.1 Os locais de serviços elétricos, compartimentos e invólucros de equipamentos e instalações elétricas são exclusivos para essa finalidade, sendo expressamente proibido utilizá-los para armazenamento ou guarda de quaisquer objetos.

10.4.5 Para atividades em instalações elétricas deve ser garantida ao trabalhador iluminação adequada e uma posição de trabalho segura, de acordo com a NR-17 – Ergonomia, de forma a permitir que ele disponha dos membros superiores livres para a realização das tarefas.

10.4.6 Os ensaios e testes elétricos laboratoriais e de campo ou comissionamento de instalações elétricas devem atender à regulamentação estabelecida nos itens 10.6 e 10.7, e somente podem ser realizados por trabalhadores que atendam às condições de qualificação, habilitação, capacitação e autorização estabelecidas nesta NR.

10.5 SEGURANÇA EM INSTALAÇÕES ELÉTRICAS DESENERGIZADAS

10.5.1 Somente serão consideradas desenergizadas as instalações elétricas liberadas para trabalho, mediante os procedimentos apropriados, obedecida a sequência abaixo:

a) seccionamento;

b) impedimento de reenergização;

c) constatação da ausência de tensão;

d) instalação de aterramento temporário com equipotencialização dos condutores dos circuitos;

e) proteção dos elementos energizados existentes na zona controlada (Anexo I); e

f) instalação da sinalização de impedimento de reenergização.

10.5.2 O estado de instalação desenergizada deve ser mantido até a autorização para reenergização, devendo ser reenergizada respeitando a sequência de procedimentos abaixo:

a) retirada das ferramentas, utensílios e equipamentos;

b) retirada da zona controlada de todos os trabalhadores não envolvidos no processo de reenergização;

c) remoção do aterramento temporário, da equipotencialização e das proteções adicionais;

d) remoção da sinalização de impedimento de reenergização;

e) destravamento, se houver, e religação dos dispositivos de seccionamento.

10.5.3 As medidas constantes das alíneas apresentadas nos itens 1.5.1 e 10.5.2 podem ser alteradas, substituídas, ampliadas ou eliminadas, em função das peculiaridades de cada situação, por profissional legalmente habilitado, autorizado e mediante justificativa técnica previamente formalizada, desde que seja mantido o mesmo nível de segurança originalmente preconizado.

10.5.4 Os serviços a serem executados em instalações elétricas desligadas, mas com possibilidade de energização, por qualquer meio ou razão, devem atender ao que estabelece o disposto no item 10.6.

10.6 SEGURANÇA EM INSTALAÇÕES ELÉTRICAS ENERGIZADAS

10.6.1 As intervenções em instalações elétricas com tensão igual ou superior a 50 volts em corrente alternada ou superior a 120 volts em corrente contínua somente podem ser realizadas por trabalhadores que atendam ao que estabelece o item 10.8 desta Norma.

10.6.1.1 Os trabalhadores de que trata o item anterior devem receber treinamento de segurança para trabalhos com instalações elétricas energizadas, com currículo mínimo, carga horária e demais determinações estabelecidas no Anexo II desta NR.

10.6.1.2 As operações elementares como ligar e desligar circuitos elétricos, realizadas em baixa tensão, com materiais e equipamentos elétricos em perfeito estado de conservação, adequados para operação, podem ser realizadas por qualquer pessoa não advertida.

10.6.2 Os trabalhos que exigem o ingresso na zona controlada devem ser realizados mediante procedimentos específicos respeitando as distâncias previstas no Anexo I.

10.6.3 Os serviços em instalações energizadas, ou em suas proximidades devem ser suspensos de imediato na iminência de ocorrência que possa colocar os trabalhadores em perigo.

10.6.4 Sempre que inovações tecnológicas forem implementadas ou para a entrada em operações de novas instalações ou equipamentos elétricos devem ser previamente elaboradas análises de risco, desenvolvidas com circuitos desenergizados, e respectivos procedimentos de trabalho.

10.6.5 O responsável pela execução do serviço deve suspender as atividades quando verificar situação ou condição de risco não prevista cuja eliminação ou neutralização imediata não seja possível.

10.7 TRABALHOS ENVOLVENDO ALTA-TENSÃO (AT)

10.7.1 Os trabalhadores que intervenham em instalações elétricas energizadas com alta-tensão, que exerçam suas atividades dentro dos limites estabelecidos com zonas controladas e de risco, conforme Anexo I, devem atender ao disposto no item 10.8 desta NR.

10.7.2 Os trabalhadores de que trata o item 10.7.1 devem receber treinamento de segurança, específico em segurança no Sistema Elétrico de Potência (SEP) e em suas proximidades, com currículo mínimo, carga horária e demais determinações estabelecidas no Anexo II desta NR.

10.7.3 Os serviços em instalações elétricas energizadas em AT, bem como aqueles executados no Sistema Elétrico de Potência – SEP, não podem ser realizados individualmente.

10.7.4 Todo trabalho em instalações elétricas energizadas em AT, bem como aquelas que interajam com o SEP, somente pode ser realizado mediante ordem de serviço específica para data e local, assinada por superior responsável pela área.

10.7.5 Antes de iniciar trabalhos em circuitos energizados em AT, o superior imediato e a equipe, responsáveis pela execução do serviço, devem realizar uma avaliação prévia, estudar e planejar as atividades e ações a serem desenvolvidas de forma a atender os princípios técnicos básicos e as melhores técnicas de segurança em eletricidade aplicáveis ao serviço.

10.7.6 Os serviços em instalações elétricas energizadas em AT somente podem ser realizados quando houver procedimentos específicos, detalhados e assinados por profissional autorizado.

10.7.7 A intervenção em instalações elétricas energizadas em AT dentro dos limites estabelecidos com zona de risco, conforme Anexo I desta NR, somente pode ser realizada mediante a desativação, também conhecida como bloqueio, dos conjuntos e dispositivos de religamento automático do circuito, sistema ou equipamento.

10.7.7.1 Os equipamentos e dispositivos desativados devem ser sinalizados com identificação da condição de desativação, conforme procedimento de trabalho específico padronizado.

10.7.8 Os equipamentos, ferramentas e dispositivos isolantes ou equipados com materiais isolantes, destinados ao trabalho em alta-tensão, devem ser submetidos a testes elétricos ou ensaios de laboratório periódicos, obedecendo-se as especificações do fabricante, os procedimentos da empresa e na ausência desses, anualmente.

10.7.9 Todo trabalhador em instalações elétricas energizadas em AT, bem como aqueles envolvidos em atividades no SEP devem dispor de equipamento que permita a comunicação permanente com os demais membros da equipe ou com o centro de operação durante a realização do serviço.

10.8 HABILITAÇÃO, QUALIFICAÇÃO, CAPACITAÇÃO E AUTORIZAÇÃO DOS TRABALHADORES

10.8.1 É considerado trabalhador qualificado aquele que comprovar conclusão de curso específico na área elétrica reconhecido pelo Sistema Oficial de Ensino.

10.8.2 É considerado profissional legalmente habilitado o trabalhador previamente qualificado e com registro no competente conselho de classe.

10.8.3 É considerado trabalhador capacitado aquele que atenda às seguintes condições, simultaneamente:

a) receba capacitação sob orientação e responsabilidade de profissional habilitado e autorizado; e

b) trabalhe sob a responsabilidade de profissional habilitado e autorizado.

10.8.3.1 A capacitação só terá validade para a empresa que o capacitou e nas condições estabelecidas pelo profissional habilitado e autorizado responsável pela capacitação.

10.8.4 São considerados autorizados os trabalhadores qualificados ou capacitados e os profissionais habilitados, com anuência formal da empresa.

10.8.5 A empresa deve estabelecer sistema de identificação que permita a qualquer tempo conhecer a abrangência da autorização de cada trabalhador, conforme o item 10.8.4.

10.8.6 Os trabalhadores autorizados a trabalhar em instalações elétricas devem ter essa condição consignada no sistema de registro de empregado da empresa.

10.8.7 Os trabalhadores autorizados a intervir em instalações elétricas devem ser submetidos à exame de saúde compatível com as atividades a serem desenvolvidas, realizado em conformidade com a NR-7 e registrado em seu prontuário médico.

10.8.8 Os trabalhadores autorizados a intervir em instalações elétricas devem possuir treinamento específico sobre os riscos decorrentes do emprego da energia elétrica e as principais medidas de prevenção de acidentes em instalações elétricas, de acordo com o estabelecido no Anexo II desta NR.

10.8.8.1 A empresa concederá autorização na forma desta NR aos trabalhadores capacitados ou qualificados e aos profissionais habilitados que tenham participado com avaliação e aproveitamento satisfatórios dos cursos constantes do Anexo II desta NR.

10.8.8.2 Deve ser realizado um treinamento de reciclagem bienal e sempre que ocorrer alguma das situações a seguir:

a) troca de função ou mudança de empresa;

b) retorno de afastamento ao trabalho ou inatividade, por período superior a três meses; e

c) modificações significativas nas instalações elétricas ou troca de métodos, processos e organização do trabalho.

10.8.8.3 A carga horária e o conteúdo programático dos treinamentos de reciclagem destinados ao atendimento das alíneas "a", "b" e "c" do item 10.8.8.2 devem atender as necessidades da situação que o motivou.

10.8.8.4 Os trabalhos em áreas classificadas devem ser precedidos de treinamento específico de acordo com o risco envolvido.

10.8.9 Os trabalhadores com atividades não relacionadas às instalações elétricas desenvolvidas em zona livre e na vizinhança da zona controlada, conforme define esta NR, devem ser instruídos formalmente com conhecimentos que permitam identificar e avaliar seus possíveis riscos e adotar as precauções cabíveis.

10.9 PROTEÇÃO CONTRA INCÊNDIO E EXPLOSÃO

10.9.1 As áreas onde houver instalações ou equipamentos elétricos devem ser dotadas de proteção contra incêndio e explosão, conforme dispõe a NR-23 – Proteção Contra Incêndios.

10.9.2 Os materiais, peças, dispositivos, equipamentos e sistemas destinados à aplicação em instalações elétricas de ambientes com atmosferas potencialmente explosivas devem ser avaliados quanto à sua conformidade, no âmbito do Sistema Brasileiro de Certificação.

10.9.3 Os processos ou equipamentos susceptíveis de gerar ou acumular eletricidade estática devem dispor de proteção específica e dispositivos de descarga elétrica.

10.9.4 Nas instalações elétricas de áreas classificadas ou sujeitas a risco acentuado de incêndio ou explosões, devem ser adotados dispositivos de proteção, como alarme e seccionamento automático para prevenir sobretensões, sobrecorrentes, falhas de isolamento, aquecimentos ou outras condições anormais de operação.

10.9.5 Os serviços em instalações elétricas nas áreas classificadas somente poderão ser realizados mediante permissão para o trabalho com liberação formalizada, conforme estabelece o item 10.5 ou supressão do agente de risco que determina a classificação da área.

10.10 SINALIZAÇÃO DE SEGURANÇA

10.10.1 Nas instalações e serviços em eletricidade deve ser adotada sinalização adequada de segurança, destinada à advertência e à identificação, obedecendo ao disposto na NR-26 – Sinalização de Segurança, de forma a atender, dentre outras, as situações a seguir:

a) identificação de circuitos elétricos;

b) travamentos e bloqueios de dispositivos e sistemas de manobra e comandos;

c) restrições e impedimentos de acesso;

d) delimitações de áreas;

e) sinalização de áreas de circulação, de vias públicas, de veículos e de movimentação de cargas;

f) sinalização de impedimento de energização; e

g) identificação de equipamento ou circuito impedido.

10.11 PROCEDIMENTOS DE TRABALHO

10.11.1 Os serviços em instalações elétricas devem ser planejados e realizados em conformidade com procedimentos de trabalho específicos, padronizados, com descrição detalhada de cada tarefa, passo a passo, assinados por profissional que atenda ao que estabelece o item 10.8 desta NR.

10.11.2 Os serviços em instalações elétricas devem ser precedidos de ordens de serviço específicas, aprovadas por trabalhador autorizado, contendo, no mínimo, o tipo, a data, o local e as referências aos procedimentos de trabalho a serem adotados.

10.11.3 Os procedimentos de trabalho devem conter, no mínimo, o objetivo, campo de aplicação, base técnica, competências e responsabilidades, disposições gerais, medidas de controle e orientações finais.

10.11.4 Os procedimentos de trabalho, o treinamento de segurança e saúde e a autorização de que trata o item 10.8 devem ter a participação em todo processo de desenvolvimento do Serviço Especializado de Engenharia de Segurança e Medicina do Trabalho – SESMT, quando houver.

10.11.5 A autorização referida no item 10.8 deve estar em conformidade com o treinamento ministrado, previsto no Anexo II desta NR.

10.11.6 Toda equipe deverá ter um de seus trabalhadores indicado e em condições de exercer a supervisão e condução dos trabalhos.

10.11.7 Antes de iniciar trabalhos em equipe os seus membros, em conjunto com o responsável pela execução do serviço, devem realizar uma avaliação prévia, estudar e planejar as atividades e ações a serem desenvolvidas no local, de forma a atender os princípios técnicos básicos e as melhores técnicas de segurança aplicáveis ao serviço.

10.11.8 A alternância de atividades deve considerar a análise de riscos das tarefas e a competência dos trabalhadores envolvidos, de forma a garantir a segurança e a saúde no trabalho.

10.12 SITUAÇÃO DE EMERGÊNCIA

10.12.1 As ações de emergência que envolvam as instalações ou serviços com eletricidade devem constar do plano de emergência da empresa.

10.12.2 Os trabalhadores autorizados devem estar aptos a executar o resgate e prestar primeiros socorros a acidentados, especialmente por meio de reanimação cardiorrespiratória.

10.12.3 A empresa deve possuir métodos de resgate padronizados e adequados às suas atividades, disponibilizando os meios para a sua aplicação.

10.12.4 Os trabalhadores autorizados devem estar aptos a manusear e operar equipamentos de prevenção e combate a incêndio existentes nas instalações elétricas.

10.13 RESPONSABILIDADES

10.13.1 As responsabilidades quanto ao cumprimento desta NR são solidárias aos contratantes e contratados envolvidos.

10.13.2 É de responsabilidade dos contratantes manter os trabalhadores informados sobre os riscos a que estão expostos, instruindo-os quanto aos procedimentos e medidas de controle contra os riscos elétricos a serem adotados.

10.13.3 Cabe à empresa, na ocorrência de acidentes de trabalho envolvendo instalações e serviços em eletricidade, propor e adotar medidas preventivas e corretivas.

10.13.4 Cabe aos trabalhadores:

a) zelar pela sua segurança e saúde e a de outras pessoas que possam ser afetadas por suas ações ou omissões no trabalho;

b) responsabilizar-se junto com a empresa pelo cumprimento das disposições legais e regulamentares, inclusive quanto aos procedimentos internos de segurança e saúde; e

c) comunicar, de imediato, ao responsável pela execução do serviço as situações que considerar de risco para sua segurança e saúde e a de outras pessoas.

10.14 DISPOSIÇÕES FINAIS

10.14.1 Os trabalhadores devem interromper suas tarefas exercendo o direito de recusa, sempre que constatarem evidências de riscos graves e iminentes para sua segurança e saúde ou a de outras pessoas, comunicando imediatamente o fato a seu superior hierárquico, que diligenciará as medidas cabíveis.

10.14.2 As empresas devem promover ações de controle de riscos originados por outrem em suas instalações elétricas e oferecer, de imediato, quando cabível, denúncia aos órgãos competentes.

10.14.3 Na ocorrência do não cumprimento das normas constantes nesta NR, o MTE adotará as providências estabelecidas na NR-3.

10.14.4 A documentação prevista nesta NR deve estar permanentemente à disposição dos trabalhadores que atuam em serviços e instalações elétricas, respeitadas as abrangências, limitações e interferências nas tarefas.

10.14.5 A documentação prevista nesta NR deve estar, permanentemente, à disposição das autoridades competentes.

10.14.6 Esta NR não é aplicável a instalações elétricas alimentadas por extrabaixa tensão.

GLOSSÁRIO

1. Alta-tensão (AT): tensão superior a 1.000 volts em corrente alternada ou 1.500 volts em corrente contínua, entre fases ou entre fase e terra.

2. Área classificada: local com potencialidade de ocorrência de atmosfera explosiva.

3. Aterramento elétrico temporário: ligação elétrica efetiva confiável e adequada intencional à terra, destinada a garantir a equipotencialidade e mantida continuamente durante a intervenção na instalação elétrica.

4. Atmosfera explosiva: mistura com o ar, sob condições atmosféricas, de substâncias inflamáveis na forma de gás, vapor, névoa, poeira ou fibras, na qual após a ignição a combustão se propaga.

5. Baixa tensão (BT): tensão superior a 50 volts em corrente alternada ou 120 volts em corrente contínua e igual ou inferior a 1.000 volts em corrente alternada ou 1.500 volts em corrente contínua, entre fases ou entre fase e terra.

6. Barreira: dispositivo que impede qualquer contato com partes energizadas das instalações elétricas.

7. Direito de recusa: instrumento que assegura ao trabalhador a interrupção de uma atividade de trabalho por considerar que ela envolve grave e iminente risco para sua segurança e saúde ou de outras pessoas.

8. Equipamento de proteção coletiva (EPC): dispositivo, sistema ou meio, fixo ou móvel, de abrangência coletiva, destinado a preservar a integridade física e a saúde dos trabalhadores, usuários e terceiros.

9. Equipamento segregado: equipamento tornado inacessível por meio de invólucro ou barreira.

10. Extrabaixa tensão (EBT): tensão não superior a 50 volts em corrente alternada ou 120 volts em corrente contínua, entre fases ou entre fase e terra.

11. Influências externas: variáveis que devem ser consideradas na definição e seleção de medidas de proteção para segurança das pessoas e desempenho dos componentes da instalação.

12. Instalação elétrica: conjunto das partes elétricas e não elétricas associadas e com características coordenadas entre si, que são necessárias ao funcionamento de uma parte determinada de um sistema elétrico.

13. Instalação liberada para serviços (BT/AT): aquela que garante as condições de segurança ao trabalhador por meio de procedimentos e equipamentos adequados desde o início até o final dos trabalhos e liberação para uso.

14. Impedimento de reenergização: condição que garante a não energização do circuito através de recursos e procedimentos apropriados, sob controle dos trabalhadores envolvidos nos serviços.

15. Invólucro: envoltório de partes energizadas destinado a impedir qualquer contato com partes internas.

16. Isolamento elétrico: processo destinado a impedir a passagem de corrente elétrica, por interposição de materiais isolantes.

17. Obstáculo: elemento que impede o contato acidental, mas não impede o contato direto por ação deliberada.

18. Perigo: situação ou condição de risco com probabilidade de causar lesão física ou dano à saúde das pessoas por ausência de medidas de controle.

19. Pessoa advertida: pessoa informada ou com conhecimento suficiente para evitar os perigos da eletricidade.

20. Procedimento: sequência de operações a serem desenvolvidas para realização de um determinado trabalho, com a inclusão dos meios materiais e humanos, medidas de segurança e circunstâncias que impossibilitem sua realização.

21. Prontuário: sistema organizado de forma a conter uma memória dinâmica de informações pertinentes às instalações e aos trabalhadores.

22. Risco: capacidade de uma grandeza com potencial para causar lesões ou danos à saúde das pessoas.

23. Riscos adicionais: todos os demais grupos ou fatores de risco, além dos elétricos, específicos de cada ambiente ou processos de trabalho que, direta ou indiretamente, possam afetar a segurança e a saúde no trabalho.

24. Sinalização: procedimento padronizado destinado a orientar, alertar, avisar e advertir.

25. Sistema elétrico: circuitos elétricos inter-relacionados destinados a atingir um determinado objetivo.

26. Sistema elétrico de potência (SEP): conjunto das instalações e equipamentos destinados à geração, transmissão e distribuição de energia elétrica até a medição, inclusive.

27. Tensão de segurança: extrabaixa tensão originada em uma fonte de segurança.

28. Trabalho em proximidade: trabalho durante o qual o trabalhador pode entrar na zona controlada, ainda que seja com uma parte do seu corpo ou com extensões condutoras, representadas por materiais, ferramentas ou equipamentos que manipule.

29. Travamento: ação destinada a manter, por meios mecânicos, um dispositivo de manobra fixo numa determinada posição, de forma a impedir uma operação não autorizada.

30. Zona de risco: entorno de parte condutora energizada, não segregada, acessível inclusive acidentalmente, de dimensões estabelecidas de acordo com o nível de tensão, cuja aproximação só é permitida a profissionais autorizados e com a adoção de técnicas e instrumentos apropriados de trabalho.

31. Zona controlada: entorno de parte condutora energizada, não segregada, acessível, de dimensões estabelecidas de acordo com o nível de tensão, cuja aproximação só é permitida a profissionais autorizados.

Anexo I

ZONA DE RISCO E ZONA CONTROLADA

Tabela de raios de delimitação de zonas de risco, controlada e livre

Faixa de tensão nominal da instalação elétrica em kV	Rr – Raio de delimitação entre zona de risco e controlada em metros	Rc – Raio de delimitação entre zona controlada e livre em metros
< 1	0,20	0,70
≥ 1 e < 3	0,22	1,22
≥ 3 e < 6	0,25	1,25
≥ 6 e < 10	0,35	1,35
≥ 10 e < 15	0,38	1,38
≥ 15 e < 20	0,40	1,40
≥ 20 e < 30	0,56	1,56
≥ 30 e < 36	0,58	1,58
≥ 36 e < 45	0,63	1,63
≥ 45 e < 60	0,83	1,83
≥ 60 e < 70	0,90	1,90
≥ 70 e < 110	1,00	2,00
≥ 110 e < 132	1,10	3,10
≥ 132 e < 150	1,20	3,20
≥ 150 e < 220	1,60	3,60
≥ 220 e < 275	1,80	3,80
≥ 275 e < 380	2,50	4,50
≥ 380 e < 480	3,20	5,20
≥ 480 e < 700	5,20	7,20

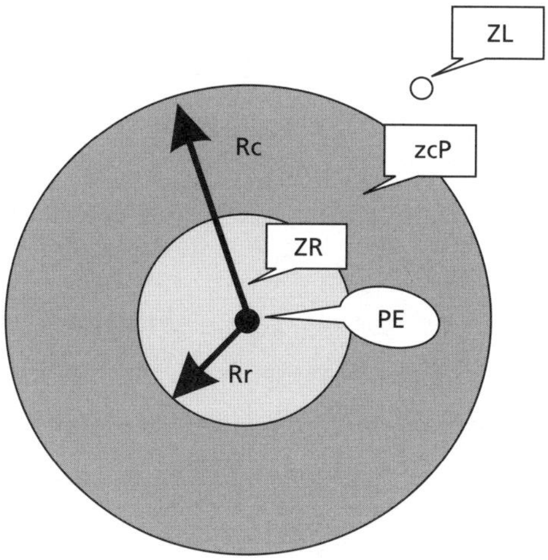

Figura 1 Distâncias no ar que delimitam radialmente as zonas de risco, controlada e livre.

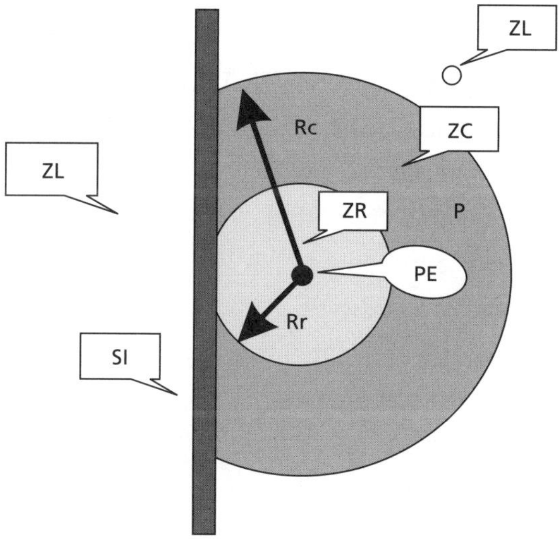

ZL = Zona livre

ZC = Zona controlada, restrita a trabalhadores autorizados

ZR = Zona de risco, restrita a trabalhadores autorizados e com a adoção de técnicas, instrumentos e equipamentos apropriados ao trabalho

PE = Ponto da instalação energizado

SI = Superfície isolante construída com material resistente e dotada de todos os dispositivos de segurança

Figura 2 Distâncias no ar que delimitam radialmente as zonas de risco, controlada e livre, com interposição de superfície de separação física adequada.

Anexo II

TREINAMENTO

1. CURSO BÁSICO – SEGURANÇA EM INSTALAÇÕES E SERVIÇOS COM ELETRICIDADE

I – Para os trabalhadores autorizados: carga horária mínima – 40 h:

Programação mínima:

1. Introdução à segurança com eletricidade.
2. Riscos em instalações e serviços com eletricidade:
   a) o choque elétrico, mecanismos e efeitos;
   b) arcos elétricos; queimaduras e quedas;
   c) campos eletromagnéticos.
3. Técnicas de Análise de Risco.
4. Medidas de Controle do Risco Elétrico:
   a) desenergização;
   b) aterramento funcional (TN/TT/IT); de proteção; temporário;
   c) equipotencialização;
   d) seccionamento automático da alimentação;
   e) dispositivos a corrente de fuga;
   f) extrabaixa tensão;
   g) barreiras e invólucros;
   h) bloqueios e impedimentos;
   i) obstáculos e anteparos;
   j) isolamento das partes vivas;
   k) isolação dupla ou reforçada;
   l) colocação fora de alcance;
   m) separação elétrica.
5. Normas Técnicas Brasileiras – NBR da ABNT; NBR-5410, NBR 14039 e outras.
6. Regulamentação do MTE:
   a) NRs;
   b) NR-10 (Segurança em Instalações e Serviços com Eletricidade);
   c) Qualificação; habilitação; capacitação e autorização.
7. Equipamentos de proteção coletiva.

8. Equipamentos de proteção individual.
9. Rotinas de trabalho – Procedimentos:
   a) instalações desenergizadas;
   b) liberação para serviços;
   c) sinalização;
   d) inspeções de áreas, serviços, ferramental e equipamento.
10. Documentação de instalações elétricas.
11. Riscos adicionais:
    a) altura;
    b) ambientes confinados;
    c) áreas classificadas;
    d) umidade;
    e) condições atmosféricas.
12. Proteção e combate a incêndios:
    a) noções básicas;
    b) medidas preventivas;
    c) métodos de extinção;
    d) prática.
13. Acidentes de origem elétrica:
    a) causas diretas e indiretas;
    b) discussão de casos.
14. Primeiros socorros:
    a) noções sobre lesões;
    b) priorização do atendimento;
    c) aplicação de respiração artificial;
    d) massagem cardíaca;
    e) técnicas para remoção e transporte de acidentados;
    f) práticas.
15. Responsabilidades.

2. CURSO COMPLEMENTAR – SEGURANÇA NO SISTEMA ELÉTRICO DE POTÊNCIA (SEP) E EM SUAS PROXIMIDADES.

É pré-requisito para frequentar este curso complementar, ter participado, com aproveitamento satisfatório, do curso básico definido anteriormente.

Carga horária mínima – 40 h

I – Programação mínima:

1. Organização do Sistema Elétrico de Potência – SEP.
2. Organização do trabalho:
   a) programação e planejamento dos serviços;
   b) trabalho em equipe;
   c) prontuário e cadastro das instalações;
   d) métodos de trabalho; e
   e) comunicação.
3. Aspectos comportamentais.
4. Condições impeditivas para serviços.
5. Riscos típicos no SEP e sua prevenção:
   a) proximidade e contatos com partes energizadas;
   b) indução;
   c) descargas atmosféricas;
   d) estática:
   e) campos elétricos e magnéticos;
   f) comunicação e identificação; e
   g) trabalhos em altura, máquinas e equipamentos especiais.
6. Técnicas de análise de risco no SEP.
7. Procedimentos de trabalho – análise e discussão.
8. Técnicas de trabalho sob tensão:
   a) em linha viva;
   b) ao potencial;
   c) em áreas internas;
   d) trabalho a distância;

e) trabalhos noturnos;

f) ambientes subterrâneos.

9. Equipamentos e ferramentas de trabalho (escolha, uso, conservação, verificação, ensaios).
10. Sistemas de proteção coletiva.
11. Equipamentos de proteção individual.
12. Posturas e vestuários de trabalho.
13. Segurança com veículos e transporte de pessoas, materiais e equipamentos.
14. Sinalização e isolamento de áreas de trabalho.
15. Liberação de instalação para serviço e para operação e uso.
16. Treinamento em técnicas de remoção, atendimento, transporte de acidentados.
17. Acidentes típicos – Análise, discussão, medidas de proteção.
18. Responsabilidades. (*)

(*) Estes tópicos deverão ser desenvolvidos e dirigidos especialmente para as condições de trabalho características de cada ramo padrão de operação, de nível de tensão e de outras peculiaridades específicas ao tipo ou condição especial de atividade, sendo obedecida a hierarquia no aperfeiçoamento técnico do trabalhador.

4.2.5 Segurança pessoal ou patrimonial

a) Aspectos gerais

Todos os trabalhadores expostos a atividades e operações perigosas, com risco de roubos ou de outras espécies de violência física nas atividades profissionais de segurança pessoal ou patrimonial, seja na empresa privada ou na da administração pública direta ou indireta (vigilantes, guardas municipais, seguranças etc.), têm direito ao adicional de periculosidade pela exposição ao agente perigoso, conforme o disposto na Portaria nº 1.885, de 2/12/2013, do Ministério do Trabalho e Emprego, publicada no *DOU* em 3/12/2013, cujo texto é o seguinte:

> O Ministro do Estado do Trabalho e Emprego, no uso de suas atribuições que lhe conferem o inciso II do parágrafo único do art. 87 da Constituição Federal e os arts. 155 e 200 da Consolidação das Leis do Trabalho – CLT, aprovada pelo Decreto-Lei nº 5.452, de 1º/5/1943:

Resolve:

Art. 1º Aprovar o Anexo 3 – Atividades e operações perigosas com exposição a roubos ou outras espécies de violência física nas atividades de segurança pessoal ou patrimonial da Norma Regulamentadora nº 16 – Atividades e Operações Perigosas, com redação constante no Anexo desta Portaria.

Art. 2º Serão descontadas ou compensadas do adicional outros da mesma natureza eventualmente já concedidos ao vigilante por meio de acordo coletivo, nos termos do § 3º do art. 193 da CLT.

Art. 3º Os efeitos pecuniários decorrentes do trabalho em condição de periculosidade serão devidos a contar da data de publicação desta Portaria, nos termos do art. 196 da CLT.

Art. 4º Esta Portaria entra em vigor na data da sua publicação.

Essa norma passou a valer desde dezembro de 2013; em consequência, os trabalhadores que desempenham funções de segurança pessoal ou patrimonial, seja em atividades privadas ou da administração pública, têm direito ao recebimento do Adicional de Periculosidade, no valor de 30% do salário contratado, cujo pagamento poderá ser pleiteado retroativamente, desde a data de publicação da Portaria nº 1.885/2013, ou seja, desde 3/12/2013.

O vigilante, para fazer jus ao adicional de periculosidade, deverá satisfazer ao disposto nas Leis nº 7.102/1983 e nº 8.863/1994.

Conceito de segurança patrimonial

Para melhor compreensão do conceito de segurança patrimonial, é importante conhecer as definições de Segurança Privada estabelecidas pelo Departamento de Polícia Federal constantes da Portaria nº 3.233/2012 – DG/DPF, de 10/12/2012, que disciplinam as atividades de segurança privada no Brasil:

- Vigilância patrimonial: é a atividade exercida em eventos sociais e dentro de estabelecimentos urbanos ou rurais, públicos ou privados, com a finalidade de garantir a incolumidade física de pessoas e a integridade do patrimônio.
- Transporte de valores: é a atividade de transporte de numerário, bens ou valores mediante a utilização de veículos, comuns ou especiais.
- Escolta armada: é a atividade que visa garantir o transporte de qualquer tipo de carga ou valor, incluindo o retorno da equipe com o respectivo armamento e demais equipamentos, com os pernoites estritamente necessários.
- Segurança pessoal: é a atividade de vigilância exercida com a finalidade de garantir a incolumidade física de pessoas, incluindo o retorno do vigilante com o respectivo armamento e demais equipamentos, com pernoites estritamente necessários.

Assim, pode-se adotar a seguinte definição: "A segurança patrimonial é o conjunto de atividades do ramo da segurança que tem por objetivo prevenir e reduzir perdas em determinada organização empresarial ou em instituições".

Os interesses vitais de uma organização empresarial ou instituição envolvem todos os seus setores, sendo constituídos, entre outros, no mercado, na estratégia de marketing e nas pesquisas de novos produtos que devem ser protegidos.

O mundo atual vive uma era de grande desenvolvimento e de surgimento acelerado de organizações empresariais e instituições que estão sujeitas a inúmeros riscos e perigos, que, caso não sejam previstos e evitados ou administrados com eficiência, podem acarretar sérios prejuízos ou até mesmo a extinção da empresa.

Entre os principais riscos e perigos a que uma organização empresarial está exposta citam-se os seguintes: incêndios (fortuito ou intencional), furtos internos ou externos, assaltos, atos de espionagem e concorrência desleal, invasão dos seus sistemas informatizados, atos de terrorismo, sabotagem, chantagem, greves violentas com depredações, paralisações intencionais, drogas e alcoolismo no ambiente de trabalho, epidemias, contaminações coletivas, acidentes, explosões, desabamentos, inundações e sequestros de dirigentes.

b) Legislação básica

NR-16 – Anexo 3 – Atividades e Operações Perigosas com Exposição a Roubos ou Outras Espécies de Violência Física nas Atividades Profissionais de Segurança Pessoal ou Patrimonial

1. As atividades ou operações que impliquem exposição dos profissionais de segurança pessoal ou patrimonial a roubos ou outras espécies de violência física são consideradas perigosas.
2. São considerados profissionais de segurança pessoal ou patrimonial os trabalhadores que atendam a uma das seguintes condições:

   a) Empregados das empresas prestadoras de serviço nas atividades de segurança privada, devidamente registradas e autorizadas pelo Ministério da Justiça, conforme Lei nº 7.102/1983 e suas alterações posteriores.

   b) Empregados que exercem a atividade de segurança patrimonial ou pessoal em instalações metroviárias, ferroviárias, portuárias, rodoviárias, aeroportuárias e de bens públicos, contratados diretamente pela administração pública direta ou indireta.
3. As atividades ou operações que expõem os empregados a roubos ou outros tipos de violência física, desde que atendida uma das condições do item 2, são as constantes do quadro a seguir.

Atividades ou operações	Descrição
Vigilância patrimonial	Segurança patrimonial e/ou pessoal na preservação do patrimônio em estabelecimentos públicos ou privados e da incolumidade física de pessoas.
Segurança de eventos	Segurança patrimonial e/ou pessoal em espaços públicos ou privados, de uso comum do povo.
Segurança nos transportes coletivos	Segurança patrimonial e/ou pessoal nos transportes coletivos e em suas respectivas instalações.
Segurança ambiental e florestal	Segurança patrimonial e/ou pessoal em áreas de conservação de fauna, flora natural e de reflorestamento.
Transporte de valores	Segurança na execução do serviço de transporte de valores.
Escolta armada	Segurança no acompanhamento de qualquer tipo de carga ou de valores.
Segurança pessoal	Acompanhamento e proteção da integridade física de pessoa ou de grupos.
Supervisão/fiscalização operacional	Supervisão e/ou fiscalização direta dos locais de trabalho para acompanhamento e orientação dos vigilantes.
Telemonitoramento/telecontrole	Execução de controle e/ou monitoramento de locais através de sistemas eletrônicos de segurança.

c) Medidas de controle/equipamentos de proteção individual

Como garantir a segurança patrimonial

O dimensionamento de um sistema de segurança patrimonial capaz de prevenir riscos e evitar ocorrências desfavoráveis ou danosas consiste em uma análise preliminar que considere os fatores expostos e os pontos mais vulneráveis da organização, de modo a possibilitar a identificação de medidas a adotar, considerando as normas existentes, os equipamentos que deverão ser instalados e a constituição da equipe encarregada da segurança, a fim de atender aos seguintes princípios:

- prevenção: os expedientes de segurança devem ser capazes de prevenir contra tudo que possa afetar negativamente a organização;

- inibição: o sistema de segurança deve ter caráter ostensivo, a fim de inibir quaisquer atos criminosos contra a organização;
- capacidade de reação: o sistema de segurança deve ser capaz de reagir a fim de deter qualquer ato criminoso contra a organização e de alertar os órgãos públicos de segurança;
- treinamento: a equipe de segurança deve ter constante treinamento dos procedimentos de rotina e os que precisarão ser adotados em casos de ocorrências de atos contra a organização;
- investimentos: deverão ser proporcionais aos prováveis riscos;
- eficiência: os integrantes da equipe de segurança devem estar plenamente habilitados para cumprir as suas funções;
- sigilo: as informações e os detalhes do plano de segurança devem ser do conhecimento apenas dos integrantes da equipe de segurança envolvidos no processo.

Segurança perimetral

É essencial garantir a capacidade de proteção contra a violação e acessos não autorizados.

Na maioria dos casos, os invasores são meliantes que têm como objetivo praticar furtos, assaltos, sequestros, sabotagem ou outros atos delituosos.

Deve-se acrescentar o máximo possível de dificuldades de acesso às áreas externas e internas por meio de sistemas físicos e eletrônicos de barreira perimetral, como muros altos, cercas elétricas, sensores perimetrais e concertinas e outros dispositivos, de forma a impedir e/ou dificultar a transposição dessas barreiras; no caso de violação, porém, o sistema deve ser projetado para permitir a pronta identificação do invasor.

Circuito fechado de TV (CFTV)

Este dispositivo é muito importante em um sistema de segurança patrimonial porque desempenha três funções:

- inibição: o fato de as pessoas saberem que estão sendo filmadas e gravadas inibe a prática do ato delituoso;
- detenção: o CFTV permite detectar a ação delituosa;
- identificação: o sistema é capaz de realizar a gravação local ou remota, sendo possível identificar os criminosos e o *modus operandi*.

Controle de entrada e saída

A entrada de pessoas e veículos deve ser rigorosamente controlada. O controle biométrico por digital, associado a catracas, é dos mais eficazes. Porteiros físicos, interfones e portarias virtuais são também eficazes na realização do controle.

Equipamentos de proteção para a segurança patrimonial

As câmeras de segurança são um dos melhores equipamentos de proteção patrimonial, pois podem monitorar a empresa e os arredores durante 24 horas, gravando todos os movimentos, desde as situações mais corriqueiras até as ocorrências mais graves.

Inúmeros outros equipamentos sofisticados podem ser empregados na segurança patrimonial. São também eficazes outros equipamentos mais simples, como o botão de pânico e os rádios portáteis de comunicação (*walkie-talkie*).

Equipamentos para proteção pessoal

São também inúmeros e variados os equipamentos para proteção pessoal, como o colete à prova de bala, o capacete, os óculos de segurança, as botas etc.

4.2.6 Motocicleta

a) Aspectos gerais

O Ministério da Saúde divulgou recentemente que cerca de 50% do total de internações por acidentes de trânsito no Brasil envolvem motocicletas.

Em 2013, o Sistema Único de Saúde (SUS) registrou 88.682 internações por acidentes com motocicletas, que geraram um custo de R$ 114 milhões, representando um crescimento dessas despesas de 170% em relação ao ano de 2008, sendo que 78,76% das vítimas de acidentes com motocicletas são homens na faixa etária de 20 a 39 anos. Desse modo, os acidentes com motocicletas no país abrangem uma faixa etária importante da população para um país como o Brasil, que está envelhecendo, causando um impacto desfavorável, uma vez que essas vitimizações atingem a faixa etária produtiva.

Esses acidentes também interferem no sistema de saúde, nas previdências, no trabalho e, principalmente, na vida pessoal e familiar do indivíduo acidentado.

A média nacional anual dos acidentes fatais com motocicletas é de 8,4 mortes por 100 mil habitantes, média essa considerada elevada.

b) Legislação básica

NR-16 – Anexo 5 – Atividades Perigosas em Motocicleta

1. As atividades laborais com utilização de motocicleta ou motoneta no deslocamento de trabalhador em vias públicas são consideradas perigosas.
2. Não são consideradas perigosas, para efeito deste anexo:
   a) a utilização de motocicleta ou motoneta exclusivamente no percurso da residência para o local de trabalho ou deste para aquela;

b) as atividades em veículos que não necessitem de emplacamento ou que não exijam carteira nacional de habilitação para conduzi-los;

c) as atividades em motocicleta ou motoneta em locais privados;

d) as atividades com uso de motocicleta ou motoneta de forma eventual, assim considerado o fortuito ou o que, sendo habitual, dá-se por tempo extremamente reduzido.

c) Medidas de controle/equipamentos de proteção individual

Os equipamentos de proteção individual previstos para os motociclistas, especialmente os que trafegam no meio urbano, com considerável trânsito de viaturas, são essenciais para a proteção dos motociclistas e, segundo as estatísticas, capazes de reduzir em 37% os óbitos nas colisões e quedas.

Os EPIs são os seguintes:

✓ Capacete

É de uso obrigatório para os condutores e passageiros de motocicletas, ciclomotores, triciclos e quadriciclos motorizados, conforme Resolução nº 453, de 26/9/2013, do Conselho Nacional de Trânsito (Contran).

O capacete é um equipamento muito importante, vez que protege o crânio, o rosto e a nuca nas quedas e colisões violentas, evitando o choque do rosto contra o solo, com ofensas ao nariz, mandíbula e queixo; além disso, oferece proteção contra vento, chuva, poeira, pedras e insetos.

Ao escolher o tipo de capacete, o motorista deve experimentá-lo, a fim de se certificar de que se ajustou perfeitamente à sua cabeça, pois o capacete com folga pode soltar-se em uma colisão. O capacete deverá ser fixado na cabeça do motociclista de forma adequada e confortável através dos dispositivos de fixação (cinta jugular, cordinhas, engates, botões etc.), de modo que fique firmemente preso à cabeça, sem qualquer folga.

Devem ser escolhidos os modelos mais claros, que são mais visíveis e esquentam menos.

A viseira deve ser ampla e propiciar boa área de visão lateral. Todo capacete deve ter nas partes traseiras e laterais dispositivos reflexivos (adesivos luminosos) e o selo do Inmetro, que deverá estar afixado na parte anterior ou no interior do equipamento.

Tipos de capacete:

- integral ou fechado: é o mais comum e seguro, pois possui resistência contra impactos, é totalmente fechado, tendo entradas de ar para ventilação interna. Seu revestimento interno pode ser removido para limpeza ou troca. A sua viseira deverá ser usada sempre abaixada para a proteção contra vento, poeira, chuva e objetos que possam ser lançados contra os olhos e a face;

- semiaberto: não possui viseira própria e seu uso deve ser conjugado com óculos de proteção apropriados. É utilizado geralmente para a prática de esportes, como o *motocross*;
- escamoteável: a parte frontal desse tipo de capacete tem abertura parcial quando acionada. Apresenta boa ventilação e capacidade de proteção. É indicado para longas viagens e para os usuários de óculos de grau;
- aberto-jet: este modelo, por possuir grande abertura frontal, sem oferecer proteção da face, não é recomendado. Seu uso deve ser conjugado com óculos de proteção apropriado;
- coquinho: por ter apenas a parte superior como protetor, seu uso é proibido no Brasil.

✓ Óculos e viseira

Os óculos e viseiras têm por finalidade a proteção dos olhos e da face dos motociclistas.

As viseiras devem ser resistentes, transparentes, propiciar visibilidade e proteção contra agentes externos, que podem atingir o rosto ou a cabeça no deslocamento com a motocicleta.

Óculos de proteção apropriados devem permitir a utilização simultânea de óculos de lentes corretivas (de grau) e de sol.

✓ Vestimenta

É recomendável que o motociclista use roupas de tecido resistente e de cores vivas para ser notado a distância. Se optar por jaqueta, deve optar pelas que tenham faixas reflexivas nas costas, na frente e nos braços.

✓ Jaquetas ou blusões

As jaquetas ou blusões de motociclistas geralmente são fabricadas em couro, microfibra ou náilon. Apresentam partes protetivas, reforçadas, nos cotovelos, nos ombros, nas costas, na coluna e no tórax. Possuem grande resistência contra atritos provocados nas quedas, protegendo a parte superior do corpo.

Essas jaquetas ou blusões oferecem melhor isolamento contra o frio, dissipação do calor, quando em exposição ao sol e proteção contra a chuva.

✓ Calças

As calças apropriadas em geral são fabricadas em couro, microfibra ou náilon, propiciando proteção ao motociclista em caso de acidente, evitando contato direto da pele com o solo ou com qualquer outra superfície. Apresentam partes protetivas, reforçadas, nos joelhos e coxas, protegendo essas partes dos atritos provocados nas quedas, evitando escoriações e lesões.

✓ Luvas

O uso das luvas, além de proteger as mãos e os dedos, evita que as mãos escorreguem nas manoplas e manetes de direção. Devem ser fabricadas com materiais resistentes e confortáveis, como couro e poliéster. Existem modelos com microcamurça na palma da mão, a fim de propiciar melhor aderência. Há modelos fabricados com material reflexivo, que melhoram a visibilidade em ambientes escuros e à noite.

✓ Calçados

O uso do calçado apropriado pelo motociclista é muito importante para a sua proteção, uma vez que os pés e os calcanhares são muito vulneráveis nas quedas. Deve ser confortável, oferecer aderência nas pedaleiras e proteção dos pés e calcanhares contra acidentes.

Existem calçados apropriados para cada tipo de atividade a ser desempenhada pelo motociclista. As botas, por exemplo, são aconselháveis para transitar em estradas, porém é importante que a sua sola, bem como as das botinas, seja de borracha, para aderir a qualquer tipo de terreno.

✓ Colete de segurança de alta visibilidade

O uso desses coletes, conforme a Resolução nº 251 do Contran, é obrigatório nas cidades e deve contribuir para a sinalização do usuário, tanto de dia quanto à noite, em todas as direções, por meio de elementos retrorreflexivos (refletem a luz incidente), combinado com luz fluorescente.

Esses coletes denunciam, com a devida antecedência, a aproximação ou o ponto de referência em que se encontra o motociclista, permitindo mais tempo de reação e melhor planejamento de manobras. Devem ser usados tanto de dia quanto à noite.

As características dos coletes devem obedecer ao constante do Anexo II da Resolução nº 251, de 24/9/2007, do Contran.

✓ Roupa impermeável

É recomendável que o motociclista possua um conjunto de roupa impermeável para se proteger da chuva.

✓ Protetor de coluna

O capacete é um equipamento essencial para a proteção do motociclista, porém, além do crânio, da nuca e da face, há outra parte do corpo que exige proteção pelo potencial de graves acidentes e irreversíveis sequelas: a coluna, pois o acidente pode trazer consequências permanentes, resultando em limitações motoras definitivas, como a paraplegia, que consiste na perda dos movimentos das pernas, ou a tetraplegia, dano muito mais grave porque afeta os membros superiores além dos membros inferiores.

Esses tipos de trauma poderão ser atenuados com o uso de um EPI para o motociclista ainda pouco disseminado: o protetor de coluna.

A evolução desse equipamento de proteção individual do motociclista se deu pela redução do seu peso e porque, atualmente, não é uma simples carapaça de plástico que age de maneira passiva, evitando que impactos lesionem as vértebras. O protetor de coluna funciona também para limitar movimentos antinaturais da espinha dorsal, especialmente no caso de o motociclista ser atingido por trás por outro veículo e ser lançado bruscamente para a frente ou contra um obstáculo.

5

Prevenção de Acidentes na Construção

5.1 Atividades da indústria da construção

As atividades da indústria da construção realizam-se em etapas diferenciadas, possuindo riscos diversos que exigem proteções específicas para o trabalhador.

As normas da Portaria nº 3.214/1978, do MTE, de Segurança e Medicina do Trabalho, que interessam diretamente à indústria da construção são:

- NR-4 – Serviços Especializados em Engenharia de Segurança e em Medicina do Trabalho – SESMT – norma que define as atividades consideradas próprias da construção;
- NR-18 – Condições e meio ambiente de trabalho na Indústria da Construção – norma específica da Indústria da Construção, que obriga a elaboração e implementação, nos estabelecimentos com 20 ou mais trabalhadores, do Programa de Condições e Meio Ambiente de Trabalho na Indústria da Construção – PCMAT.

A NR-4 apresenta, no item F do Quadro I – Classificação Nacional de Atividades Econômicas –, as atividades consideradas próprias da indústria da construção e seus quatro graus de riscos (R1), (R2), (R3) e (R4), conforme relacionadas a seguir.

Código	Atividade
41	CONSTRUÇÃO DE EDIFÍCIOS
41.1	Incorporação de empreendimentos imobiliários
41.10-7	Incorporação de empreendimentos imobiliários (R1)
41.2	Construção de edifícios
41.20-4	Construção de edifícios (R3)
42	OBRAS DE INFRAESTRUTURA
42.1	Construção de rodovias, ferrovias, obras urbanas e obras de arte especiais
42.11-1	Construção de rodovias e ferrovias (R4)
42.12-0	Construção de obras de arte especiais (R4)
42.13-8	Obras de urbanização – ruas, praças e calçadas (R3)
42.2	Obras de infraestrutura para energia elétrica, telecomunicações, água, esgoto e transporte por dutos
42.21-9	Obras para geração e distribuição de energia elétrica e para telecomunicações (R4)
42.22-7	Construção de redes de abastecimento de água, coleta de esgoto e construções correlatas (R4)
42.23-5	Construção de redes de transportes por dutos, exceto para água e esgoto (R4)
42.9	Construção de outras obras de infraestrutura
42.91-0	Obras portuárias, marítimas e fluviais (R4)
42.92-8	Montagem de instalações industriais e de estrutura metálica (R4)
42.99-5	Obras de engenharia civil não especificadas anteriormente (R3)
43	SERVIÇOS ESPECIALIZADOS PARA CONSTRUÇÃO
43.1	Demolição e preparação do terreno
43.11-8	Demolição e preparação de canteiros de obras (R4)
43.12-6	Perfurações e sondagens (R4)
43.13-4	Obras de terraplenagem (R3)
43.19-3	Serviços de preparação do terreno não especificados anteriormente (R3)
43.2	Instalações elétricas, hidráulicas e outras instalações em construções
43.21-5	Instalações elétricas (R3)
43.22-3	Instalações hidráulicas, de sistemas de ventilação e refrigeração (R3)
43.29-1	Obras de instalações em construções não especificadas anteriormente (R3)
43.3	Obras de acabamento
43.30-4	Obras de acabamento (R3)
43.9	Outros serviços especializados para construção
43.91-6	Obras de fundações (R4)
43.99-1	Serviços especializados para construção não especificados anteriormente (R3)

5.2 Acidentes na construção civil

A indústria da construção civil é reconhecida em todo mundo como uma das atividades laborais mais perigosas, especialmente pelos acidentes do trabalho fatais que apresenta.

De acordo com a Organização Internacional do Trabalho (OIT), a cada ano ocorrem 60 mil acidentes do trabalho fatais na indústria da construção civil em todo o mundo, com um óbito a cada dez minutos.

Na Inglaterra, por exemplo, em 2010, a mortalidade total por acidentes do trabalho foi de 0,5/100.000 trabalhadores, correspondendo a 157 óbitos. A maior letalidade aconteceu na indústria da construção civil, com 45 óbitos, que correspondem a 29,60% do total de óbitos por acidentes do trabalho naquele ano.

No Brasil, a construção civil foi, em 2015, o segundo segmento da área industrial em número de acidentes do trabalho, conforme o *Anuário Estatístico da Previdência Social*. Foram registrados 41.012 acidentes, correspondendo a 6,69%, de um total de 612.632. Vale ressaltar a significativa queda dos acidentes do trabalho na indústria da construção civil em 2015, já que nos anos anteriores o número de acidentes superava o patamar de 50 mil.

O Brasil, quando comparado aos principais países europeus, apresenta índices de doenças ocupacionais e de mortalidade na construção civil cerca de quatro vezes maiores.

Os principais riscos de acidentes fatais nesse segmento são: quedas de altura, soterramentos e choques elétricos. As doenças ocupacionais que mais afetam os trabalhadores são: musculoesqueléticas, lombalgias, respiratórias (silicoses, pneumoconioses), da pele, perda auditiva, estresse, ansiedade e síndrome do pânico.

O Programa de Aceleração do Crescimento (PAC) e a facilidade de crédito foram os principais fatores do crescimento da construção civil no país em 2010, segundo o Instituto Brasileiro de Geografia e Estatística (IBGE).

A expansão acelerada do segmento e a falta de mão de obra qualificada geraram a intensificação dos serviços nos canteiros de obras, com aumento da carga horária, provocando estresse, ansiedade e cansaço do trabalhador e, em consequência, o crescimento da ocorrência de acidentes. Essa intensificação das atividades laborais é um gerador de problemas para a saúde do trabalhador, ensejando o surgimento de patologias como a LER (lesões por esforços repetitivos), a DORT (distúrbios osteomusculares relacionados ao trabalho), hérnias, problemas de coluna e muitos outros.

A informalidade é outro aspecto negativo da construção civil que, segundo o Departamento Intersindical de Estatísticas e Estudos Socioeconômicos (Dieese), ultrapassa a 50% do total dos empregos nas regiões metropolitanas. Por exemplo, em São Paulo, em 2008, 61,5% dos trabalhadores do setor não tinham carteira assinada.

Acrescente-se, ainda, a terceirização de mão de obra, que consta, para fins legais, como autônoma, mas que, na realidade, recebe salário, cumpre o horário de trabalho e recebe ordens do empregador quanto aos serviços a executar.

O quadro a seguir apresenta o número de acidentes do trabalho na construção civil no período de 2013 a 2015.

ANO	ACIDENTES DO TRABALHO
2013	62.408
2014	50.662
2015	41.012

Fonte: Anuário Estatístico da Previdência Social.

5.3 NR-18 – Condições e meio ambiente de trabalho na indústria da construção civil

A Norma Regulamentadora NR-18 estabelece diretrizes de ordem administrativa, de planejamento e de organização que objetivam a implementação de medidas de controle e sistemas preventivos de segurança nos processos, nas condições e no meio ambiente de trabalho na indústria da construção civil.

Consideram-se atividades da indústria da construção civil as relacionadas no início deste capítulo e constantes no item F do Quadro 1 – Classificação Nacional de Atividades Econômicas da NR-4 – Serviços Especializados em Engenharia de Segurança e em Medicina do Trabalho (SESMET) e as atividades e serviços de demolição, reparo, pintura, limpeza e manutenção de edifícios em geral, de qualquer número de pavimentos ou tipo de construção, inclusive manutenção de obras de urbanização e paisagismo.

A NR-18 veda o ingresso ou permanência de trabalhadores no canteiro de obras sem que sejam assegurados pelas medidas previstas na precitada Norma e compatíveis com a fase da obra.

A observância do estabelecido na NR-18 não desobriga os empregadores do cumprimento das disposições relativas às condições e ao meio ambiente de trabalho, determinadas na legislação federal, estadual e/ou municipal e em outras estabelecidas em negociações coletivas de trabalho.

O Ministério do Trabalho e Emprego (MTE), através da Fundacentro, publicará Recomendações Técnicas de Procedimento (RTPs) após a sua aprovação pelo Comitê Permanente Nacional sobre as Condições e Meio Ambiente do Trabalho na Indústria da Construção Civil (CPN), visando a subsidiar as empresas no cumprimento da NR-18.

A responsabilidade por grande parte dos acidentes que ocorrem na indústria da construção civil recai no despreparo dos gestores das obras quanto ao cumprimento dos procedimentos de segurança do trabalhador, sobretudo na inexistência ou ineficiência de Saúde e Segurança do Trabalho (SST) nos canteiros de obras ou frentes de trabalho. Portanto, para reduzir o número alarmante desses acidentes, é imprescindível a capacitação dos gestores, engenheiros e mestres de obras, assim como o comprometimento da alta direção da empresa responsável ao elaborar uma política clara, correta e objetiva na promoção da integridade física e mental de seus trabalhadores.

Considerando que as atividades laborais da indústria da construção civil apresentam elevado potencial de risco, classificadas no grau 4 do Quadro nº 1 da NR-4, a manutenção da segurança e da proteção da saúde dos trabalhadores deve ser adotada pela empresa e gestores do canteiro de obras, engenheiros e mestres de obras como medidas prioritárias, pois, caso não o façam, poderão ser responsabilizados pelo não cumprimento das normas e procedimentos estabelecidos pela legislação vigente a respeito.

A seguir são citados os títulos das medidas, normas de execução, de controle e sistemas preventivos de segurança nos processos, nas condições e no meio ambiente de trabalho, estabelecidos pela NR-18, que devem ser, obrigatoriamente, adotados e implementados na indústria da construção civil:

18.1 – Objetivo e campo de aplicação.

18.2 – Comunicação prévia à SRTE, antes do início da obra.

18.3 – Programa de Condições e Meio Ambiente de Trabalho na Indústria da Construção (PCMAT).

18.4 – Áreas de vivência (alojamentos, refeitórios, sanitários etc.).

18.5 – Demolições.

18.6 – Escavações, fundações e desmontes de rochas.

18.7 – Carpintaria (instalação e operação).

18.8 – Armações de aço.

18.9 – Estruturas de concreto.

18.10 – Estruturas metálicas.

18.11 – Operações de soldagem e corte a quente.

18.12 – Escadas, rampas e passarelas.

18.13 – Medidas de proteção contra quedas de altura.

18.14 – Movimentação e transporte de materiais e pessoas.

18.15 – Andaimes.

18.16 – Cabos de aço.

18.17 – Alvenaria, revestimento e acabamentos.

18.18 – Serviços em telhados.

18.19 – Serviços em flutuantes.

18.20 – Locais confinados.

18.21 – Instalações elétricas.

18.22 – Máquinas, equipamentos e ferramentas diversas.

18.23 – Equipamentos de proteção individual.

18.24 – Armazenamento e estocagem de materiais.

18.25 – Transporte de trabalhadores em veículos automotores.

18.26 – Proteção contra incêndio.

18.27 – Sinalização e segurança.

18.28 – Treinamento dos trabalhadores.

18.29 – Ordem e limpeza no canteiro de obras.

18.30 – Tapumes e galerias.

18.31 – Acidente fatal.

18.32 – Dados estatísticos.

18.33 – Comissão interna de prevenção de acidentes.

18.34 – Comitês permanentes sobre condições e meio ambiente do trabalho na indústria da construção (CPN).

18.35 – Regulamentos técnicos de procedimentos (RTP).

18.36 – Disposições gerais.

18.37 – Disposições finais.

18.38 – Disposições transitórias.

18.39 – Glossário.

5.4 Programa de condições e meio ambiente de trabalho na indústria da construção (PCMAT)

O Programa de Condições e Meio Ambiente de Trabalho na Indústria da Construção (PCMAT) é definido e estabelecido pela NR-18 de acordo com as seguintes normas de adoção, elaboração e implementação:

18.3.1 São obrigatórios a elaboração e o cumprimento do PCMAT nos estabelecimentos com 20 (vinte) trabalhadores ou mais, contemplando os aspectos desta NR e outros dispositivos complementares de segurança.

18.3.1.1 O PCMAT deve contemplar as exigências contidas na NR-9 – Programa de Prevenção e Riscos Ambientais.

18.3.1.2 O PCMAT deve ser mantido no estabelecimento à disposição do órgão regional do Ministério do Trabalho – MTb.

18.3.2 O PCMAT deve ser elaborado e executado por profissional legalmente habilitado na área de segurança do trabalho.

18.3.3 A implementação do PCMAT nos estabelecimentos é de responsabilidade do empregador ou condomínio.

18.3.4 Documentos que integram o PCMAT:

a) memorial sobre condições e meio ambiente de trabalho nas atividades e operações, levando-se em consideração riscos de acidentes e de doenças do trabalho e suas respectivas medidas preventivas;

b) projeto de execução das proteções coletivas em conformidade com as etapas da execução da obra;

c) especificação técnica das proteções coletivas e individuais a serem utilizadas;

d) cronograma de implantação das medidas preventivas definidas no PCMAT em conformidade com as etapas de execução da obra;

e) *layout* inicial e atualizado do canteiro de obras e ou frente ao trabalho, contemplando, inclusive, previsão do dimensionamento das áreas de vivência;

f) programa educativo contemplando a temática de prevenção de acidentes e doenças do trabalho, com sua carga horária.

A elaboração do PCMAT deve ser confiada a um Engenheiro de Segurança do Trabalho, atendendo ao disposto na Resolução nº 359, de 31/7/1991, do Conselho Federal de Engenharia, Arquitetura e Agronomia (Confea), no que concerne às atribuições profissionais requeridas.

Considerando o estabelecido no subitem 18.3.4 – documentos que integram o PCMAT –, segue-se, a título de exemplo, uma estrutura do PCMAT:

1. Memorial de Estudos Preliminares – os documentos seguintes, ou parte deles, conforme seja a obra, podem integrar o memorial:

- perfis de sondagens do terreno;
- projeto de terraplenagem;
- estudo de sinalização interna e externa (de via pública);
- análise do material integrante do perfil geológico superficial, acompanhado de estudo analítico que, tendo em vista as características mecânicas do solo, defina as inclinações de talude e/ou estruturas provisórias de contenção a serem aplicadas caso haja previsão de cortes com altura superior a 1,25 m;
- laudos de vistoria cautelar em imóveis vizinhos, nos casos de escavações junto às divisas e sempre que recomendado.

2. Projeto de Canteiro de Obras – poderá ser integrado pelos documentos a seguir elencados, ou parte deles, de conformidade com o empreendimento a executar:

- planta de situação identificando construções provisórias, praça de serviços, depósitos de materiais, área de circulação de pessoas, de trânsito de veículos e de cargas etc.;
- projeto das centrais de forma, armação, concreto e outras;
- projeto das áreas de vivência;
- projeto elétrico das instalações provisórias, do qual constem entrada de energia, planta com indicação dos pontos de consumo, caminhamentos de dutos e condutores, posicionamento dos dispositivos de comando e proteção, identificação do circuito de aterramento, o quadro de cargas e o diagrama unifilar correspondente;
- projeto hidrossanitário com identificação dos pontos de consumo, registros, redes de alimentação e de águas servidas, com respectivas capacidades, dimensionamentos, traçados, declividades e demais características, inclusive da rede de drenagem superficial (pluvial).

3. Projeto de demolição, do qual conste proteção de áreas vizinhas, definição do processo de desmanche e, no caso de estruturas reticulares, identificando a sequência de peças a serem fragmentadas, dos nós e vínculos a serem "limpos", dos escoramentos e contenções provisórias a serem adotadas e a sucessão de cortes em pés de pilares.

4. Projeto dos Equipamentos de Proteção Coletiva constituído por desenhos, em planta, cortes e elevações, capazes de explicitar o posicionamento, as condições de instalação, as dimensões e os detalhes de montagem com atenção especial para:

- sinalização de segurança;
- proteção de máquinas e partes móveis;
- barreira para impedir contato com partes elétricas energizadas;
- plataformas de proteção especial;
- guarda-corpos (em periferia, andaimes, vãos de acesso a poços de elevadores etc.);
- assoalhos (fechamento) de aberturas;
- situações particulares com alto potencial de risco acidentário (por exemplo, trabalho sob condições hiperbáricas).

5. Plano que contempla as ações, procedimentos e avaliações das condições de segurança e higiene do trabalho, fazendo para isso emprego da documentação a seguir, a qual deverá subsidiar o estabelecimento de rotinas de atuação, dos responsáveis pela segurança do trabalho no canteiro, dos engenheiros, mestres e encarregados:

- livro de registro de relatórios internos de inspeção de segurança;
- livro de controle e acompanhamento de manutenção em equipamentos;
- comprovantes de realização de cursos de treinamento e calendário deles;
- atestados de saúde ocupacional;
- fichas de fornecimento e distribuição de EPIs;
- comunicação de acidentes de trabalho;
- fichas de análises de acidentes;
- livro de atas de reuniões da CIPA.

6. Cronograma Físico de Implementação das Medidas de Proteção.
7. Planejamento de constituição e funcionamento da Cipa e SESMT.
8. Planilha discriminativa dos equipamentos de proteção individual, com consideração das necessidades de substituição, acompanhada de cronograma de aquisição/fornecimento.
9. Plano de conduta em casos de acidentes, inclusive prestação dos primeiros socorros.
10. Programa educativo, com conteúdo do treinamento de segurança, admissional e periódico, a ser estendido aos trabalhadores do canteiro, constando, em princípio, do seguinte.

    a) Apresentação da estrutura da empresa:

    organograma:

    ✓ atribuições dos cargos;

✓ responsabilidades;
✓ limites de atuação por função.

b) Definição dos interesses da empresa na proteção do trabalhador:

investimentos feitos em:

✓ treinamento;
✓ proteção coletiva;
✓ manutenção de áreas de vivência;
✓ exames médicos;
✓ vestimentas.

regras (obrigações legais):

✓ dirigidas à empresa;
✓ dirigidas aos empregados.

c) Apresentação do canteiro de obras (modos de usar e relacionar):

- portaria;
- vestiários;
- instalações sanitárias;
- refeitório;
- escritório de obra;
- almoxarifado.

d) Apresentação dos equipamentos de proteção individual (uso, manutenção, propriedade e substituição):

- capacetes;
- calçados;
- botas impermeáveis;
- luvas;
- protetor facial;
- óculos;
- cinto de segurança.

e) Apresentação dos equipamentos de proteção coletiva:

- vãos de elevadores;
- varandas e periferias;
- aberturas em pisos e prismas de iluminação;
- caixas de escadas;
- plataformas de proteção especial;
- protetores de máquinas;
- chaves elétricas.

f) Riscos de acidentes:
- objetos cortantes;
- objetos contundentes;
- material particulado;
- queda de altura;
- soterramento;
- choque elétrico.

g) Áreas com limitação de acesso e uso:
- bancada de serra circular;
- bancada de corte de armação;
- área de solda;
- locais com uso de inflamáveis tóxicos;
- áreas de movimentação de cargas.

h) Condutas a serem implementadas:
- transporte de materiais (manuais);
- empilhamento de materiais;
- técnicas de desformas;
- deposição de entulhos, refugos, processo de remoção.

i) Circulação de pessoas e materiais:
- rampas e passarelas de transposição;
- escadas de acesso e de mão;
- guinchos, elevadores e gruas.

j) Processos de comunicação:
- com guincheiros (códigos);
- com operadores de equipamentos;
- com encarregados, almoxarife etc.

k) Constituição e atuação da Cipa;

l) Constituição e atribuições do SESMT.

5.5 Proteção coletiva e individual na construção

5.5.1 Proteção coletiva na construção

A proteção coletiva tem prioridade e deve sempre ser buscada. Seguem-se alguns dos principais tipos de proteção coletiva que devem ser utilizados na construção, conforme o serviço ou a obra a executar.

a) Escavações

Os trabalhos de escavação não devem ser iniciados sem que tenha havido um planejamento adequado, assegurando, no mínimo, os seguintes itens:

- fazer a limpeza prévia da área de trabalho, devendo ser retirados ou escorados solidamente árvores, rochas, equipamentos, materiais e objetos de qualquer natureza, quando houver risco de comprometimento de sua estabilidade durante a execução dos serviços;
- verificar a existência de galerias, canalizações ou cabos elétricos no terreno;
- efetuar o desligamento de cabos elétricos subterrâneos, solicitando orientação da concessionária, caso possa ocorrer qualquer dificuldade na escavação;
- proteger as redes de abastecimento, tubulações, vias de acesso, vias públicas etc.;
- escorar muros e prédios vizinhos nas proximidades que possam ser afetados pelas escavações;
- proteger o público, quando for o caso;
- prever rampas e vias de acesso aos caminhões que retiram o material escavado, independente da circulação obrigatória dos trabalhadores.

As seguintes medidas devem ser observadas:

- para escavações rasas, o escoramento pode ser feito de acordo com o avanço da escavação, por meio de pranchas verticais, geralmente providas de encaixe tipo macho e fêmea, especialmente em areia e terrenos argilosos muito moles, por garantir melhor vedação à passagem de água e partículas finas do solo;
- para os taludes instáveis com até 1,25 m de profundidade, é possível dispensar o escoramento, a menos que a qualidade do solo ou a presença de água tornem esses taludes instáveis, exigindo o escoramento;
- nas escavações profundas, indica-se o escoramento com pranchas horizontais, perfis de aço em I e estacas-prancha;
- nas escavações em terrenos sem coesão ou argilosos muito moles, abaixo do nível de água, é recomendável a cravação de perfis em I de aço, para servirem de suporte às pranchas horizontais;
- em obras de grande porte, cujas escavações alcançam grandes profundidades, é recomendável o emprego de estacas-prancha metálicas ou de concreto armado, por serem mais resistentes e impermeáveis;
- não sendo escavações em trincheiras, o escoramento do talude vertical pode ser feito com estacas (estroncas) inclinadas;
- bombeamento direto para esgotar água do fundo da escavação só deverá ser usado quando o carregamento (escoramento) das partículas finas do solo pela água não provocar, por solapamento (descalçamento), o recalque de funda-

ções vizinhas, bem como deverá ser considerada a possibilidade de ruptura do fundo da escavação devido à subpressão da água, quando esta for maior que o peso efetivo do solo;

- o material retirado da escavação deve ser colocado a uma distância superior à metade da profundidade prevista no projeto, medida a partir da borda do talude;
- as escavações feitas em vias públicas ou canteiros de obras devem ter barreiras de isolamento em toda a sua extensão e sinalização de advertência, inclusive à noite;
- quando houver possibilidade de infiltração ou vazamento de gás, o local deverá ser adequadamente ventilado e monitorado.

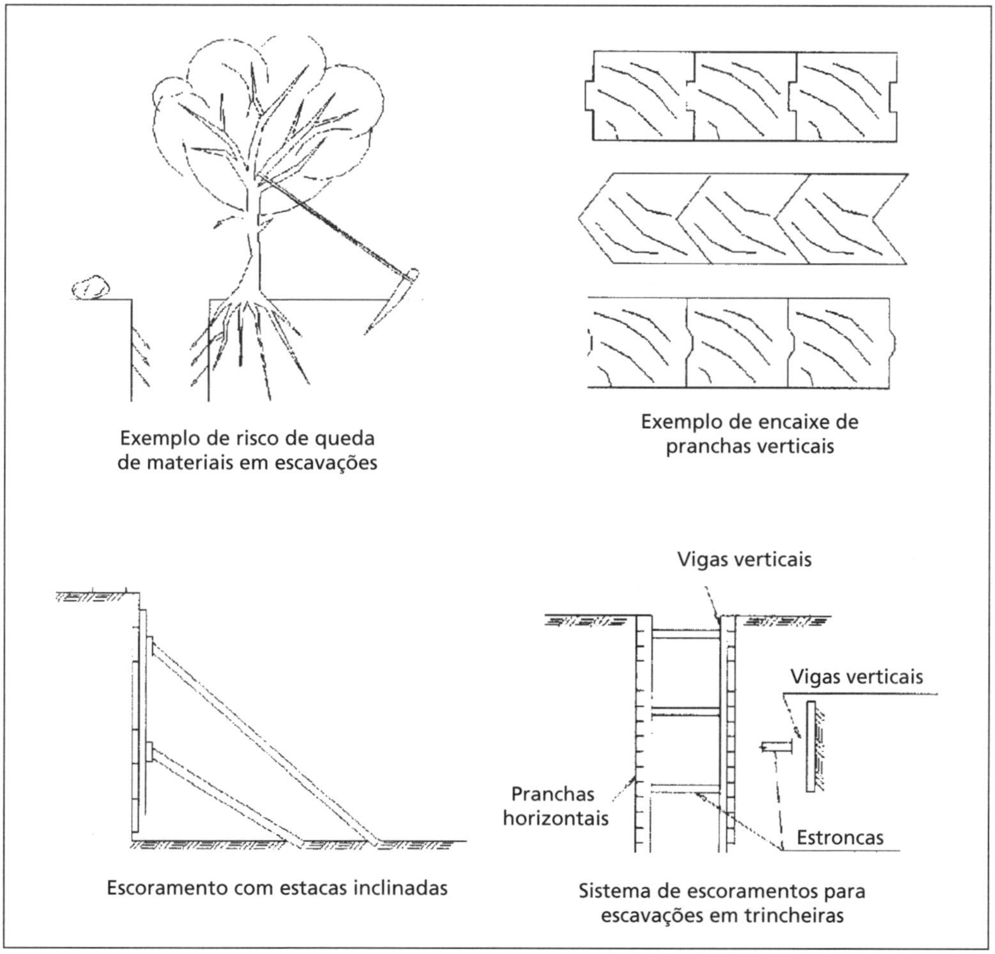

Figura 5.1 Exemplos de trabalhos de escavação.

b) Fundações

Denomina-se fundação a parte da estrutura que transmite ao terreno subjacente a carga da edificação, ou, ainda, o plano sobre o qual se assentam os alicerces de uma construção. Os principais tipos são: fundação direta (sapatas, blocos, *radiers*), fundação por caixões ou tubulões, fundação por estacas e fundação especial ou mista. A escolha de um desses tipos de fundação dependerá de vários fatores; entre eles, os principais são a resistência do terreno e as cargas que vai suportar.

A execução de fundações pneumáticas (tubulões) é extremamente nociva à saúde, já que os trabalhadores ficam sujeitos a acidentes decorrentes de defeitos de instalação dos equipamentos e insuficiência de controle. Nesse tipo de atividade, são comuns doenças cuja origem é o chamado mal de ar comprimido. Os sintomas dessa doença são: dores de ouvido, dores nevrálgicas, transpirações frias, vômitos e síncopes. A maioria dos trabalhadores resiste bem a essas manifestações, porém, em certos casos, elas poderão causar paralisias, enfermidades mentais e até a morte.

O princípio de execução das fundações pneumáticas é manter a água afastada do interior do tubulão ou caixão, por injeção de ar comprimido, permitindo, assim, que os trabalhadores que estão no interior do tubulão executem os trabalhos de escavação e concretagem. A pressão do ar no interior do tubulão deve ser tal que contrabalance o peso da coluna de água e seja compatível com as condições de trabalho suportáveis pelo organismo humano, razão pela qual a profundidade de um tubulão é limitada a 35 metros abaixo do nível de água.

Os acidentes ocorrem principalmente no período de descompressão, seja dentro da campânula ou após ter saído dela. Assim, como medida preventiva de acidentes com ar comprimido, deve-se proceder à descompressão lenta e progressiva, de maneira a permitir a eliminação dos gases dissolvidos no sangue, para não haver formação de bolhas.

Na execução de fundações sob ar comprimido, deve ser cumprido o disposto no Anexo 6 da NR-15, da Portaria nº 3.214/1978.

c) Trabalhos em concreto armado

Os trabalhos em concreto armado podem ser divididos nas seguintes fases: fôrmas, escoramentos, armações de aço, concretagem e desforma. Esses serviços raramente ocorrem em fases distintas, pois é comum, por exemplo, concretar-se uma laje ao mesmo tempo em que se desforma outra.

Os trabalhos em concreto armado apresentam diversidade de riscos e grande incidência de acidentes. Na primeira fase, quando se faz a instalação da central de fôrmas e o seu preparo, as dificuldades maiores, nos centros urbanos, é a falta de espaço, o que condiciona a execução dos serviços em espaços exíguos, muitas vezes com o comprometimento da segurança. Nas fases de escoramento e desforma ocorrem acidentes, como imprensamento das mãos e dedos, além de queda de materiais sobre os trabalhadores. As fases de armação e concretagem apresentam menores riscos.

Os riscos existentes nas diferentes fases dos trabalhos em concreto armado poderão ser minimizados se houver um minucioso planejamento, orientação dos trabalhadores e rigoroso controle da execução.

A seguir são registradas algumas observações sobre os principais cuidados a adotar nas diferentes fases:

- fôrmas:
  - na confecção das fôrmas não se deve usar peças partidas, lascadas, com nós e deterioradas, bem como não se deve utilizar material de resistência desconhecida;
  - todo trabalhador, executando montagens de fôrmas ou armações nas proximidades de beiradas de lajes, a mais de 2 metros de altura, deve usar cinto de segurança ligado a um cabo de segurança ou a uma estrutura;
  - a equipe destinada ao transporte de fôrmas deve ser dirigida por um encarregado qualificado, o qual deve verificar previamente o percurso e evitar quedas dos painéis, escoramentos ou choques com outros materiais;
  - não se deve empilhar painéis, chapas de compensado, tábuas, longarinas, escoras etc. perto de beiradas de lajes, a fim de evitar acidentes;
  - deve-se tomar todo cuidado para que ferramentas como martelo, serrote, torquês, trado, furadeiras etc. não caiam da laje, pois podem atingir operários nos pavimentos inferiores;
  - no transporte de fôrmas ou armações pesadas, é necessário destinar quantidade suficiente de trabalhadores, a fim de evitar sobrecargas individuais. A não observância desse cuidado poderá resultar em lesão da coluna do trabalhador;
  - devem ser tomados cuidados especiais com fôrmas ou painéis de grandes dimensões, devido à resistência que oferecem ao vento, especialmente quando içados por grua ou quando ainda não fixados;
  - quanto ao emprego da serra circular, devem ser adotadas as seguintes precauções quanto ao local de instalação: deve ser suficientemente amplo para permitir a circulação dos trabalhadores e facilitar a estocagem de peças acabadas, possuir boa iluminação e situar-se no pavimento térreo, de modo que ela possa ser facilmente fiscalizada, reduzindo-se os riscos de acidentes e de incêndio;
  - a operação da serra circular deve ser feita por um único empregado, que ficará responsável pelo seu funcionamento, observando o seguinte:

  ✓ usar protetor facial e protetor auricular e jamais operar a serra sem a coifa de proteção do disco;

- ✓ manter o disco com o corte amolado e travado, providenciando imediatamente a sua substituição logo que constatar rachaduras ou falta de dentes;
- ✓ usar discos de videa apenas em madeiras novas ou limpas de natas de concreto;
- ✓ nas operações de corte de madeira, utilizar dispositivos empurrador e guia de alinhamento;
- ✓ ao terminar os serviços da jornada, ou no caso de demorada interrupção, desligar a chave de comando, retirar os fusíveis (ou desligar a chave de ignição) e remover a serragem acumulada nas proximidades da bancada;

– a serra circular deve atender ainda aos seguintes requisitos: bancada ampla e firme, empurradores para corte de cunhas, caixa coletora de resíduos (serragem, cavacos etc.) e chave de ignição;

– deve-se manter extintores de incêndio de água nas proximidades do local onde são construídas as fôrmas de madeira, e de CO_2 junto à serra circular;

– os trabalhadores devem ser advertidos de que não devem usar restos de madeira como degraus de escada. A utilização de escadas de mão ou de pequenos andaimes entre os pilares é a solução correta;

– o uso de fôrmas deslizantes deve ser supervisionado por um técnico experiente no assunto;

– deve-se ter cuidado com as fôrmas tipo caixão, fabricadas com fibra de vidro, nas quais se aplica esterina para facilitar a desforma, o que as torna escorregadias.

- escoramentos:

– os materiais utilizados na construção dos escoramentos devem ser de boa qualidade, não se permitindo o uso de peças com sinais de deterioração, corrosão, arqueamento, empenamento ou soldas partidas. De acordo com o vulto da obra, haverá necessidade de ser elaborado um projeto de escoramento;

– os escoramentos devem ser aprumados; todavia, quando inclinados, é imprescindível que sejam fixados na fôrma e na base;

– para que não ocorram recalques ou deslocamentos prejudiciais, as bases de apoio dos escoramentos deverão ser calculadas para suportar as cargas máximas previstas. No caso de escoramentos sobre lajes delgadas (pouco espessas) ou sobre solo, recomenda-se a utilização de pranchões para melhor distribuição das cargas. Os suportes de topo e base, peças de extensão ou parafusos de ajuste devem estar em contato firme com o pranchão ou calço da base e o material da fôrma, para evitar o tombamento das escoras;

- os escoramentos de fôrmas devem ser inspecionados antes, durante e após o lançamento do concreto, a fim de permitir a observação de qualquer deslocamento ou flambagem. No caso de modificação no projeto de escoramento, por imposição da obra, é imprescindível consultar o autor do projeto, de modo a obter a sua aprovação, antes do lançamento do concreto;
- os escoramentos não podem ser removidos ou abaixados sem a autorização do responsável técnico pela obra;
- os escoramentos devem ser feitos de acordo com o projeto do calculista e, enquanto se executa o reescoramento, não é permitido adicionar carga de qualquer tipo sobre o concreto curado;
- as extremidades de pregos não devem ficar expostas em fôrmas ou escoramentos de madeira, a fim de evitar acidentes;
- nas proximidades de escoramentos de madeira, devem existir extintores de incêndio de água.

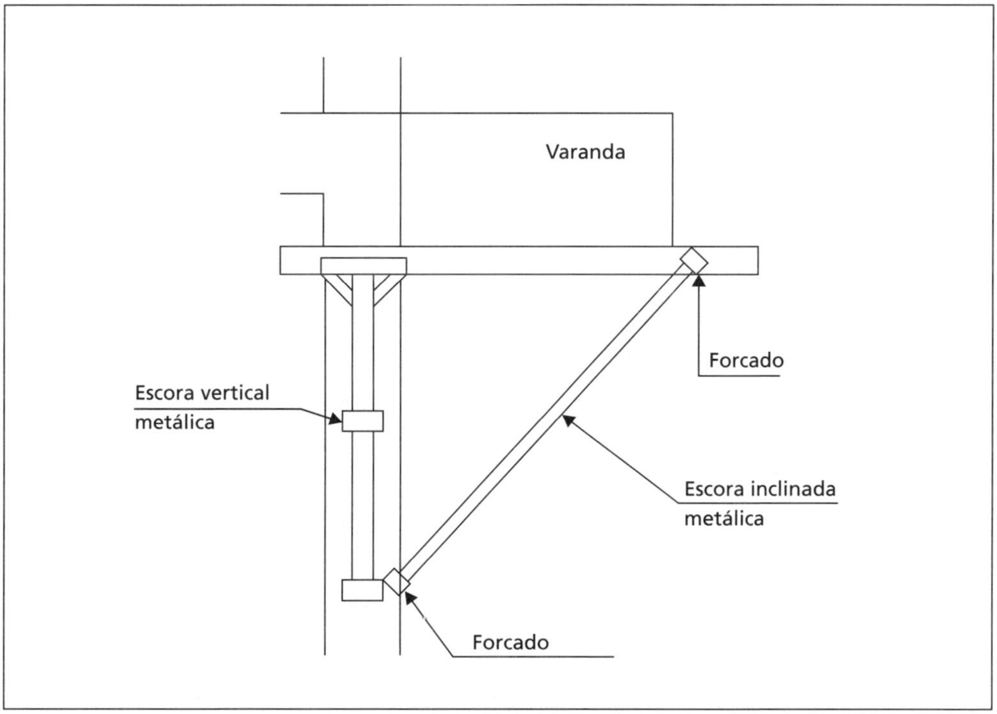

Figura 5.2 Exemplo de escoramento inclinado.

- armações de aço:
  - o local de estocagem dos vergalhões deverá ficar próximo à central de armação, onde são cortados e dobrados os ferros, evitando-se a proximidade de passagens obrigatórias dos trabalhadores, entrada da obra, máquinas e equipamentos fixos, alojamentos, refeitórios, banheiros e fiação elétrica aérea. Quando a central ficar próxima à construção, deve ser provida de rede de proteção (tela metálica) para a proteção dos trabalhadores contra a queda de materiais;
  - a dobragem e o corte de vergalhões de aço em obra devem ser feitos sobre bancadas ou plataformas apropriadas e estáveis, apoiadas sobre superfícies resistentes, niveladas e não escorregadias, afastadas da área de circulação dos trabalhadores;
  - os vergalhões deverão ser estocados sobre cavaletes, separados por bitola;
  - a dobragem e o corte dos vergalhões deverão ser feitos sobre bancadas ou plataformas adequadas, estáveis e apoiadas em superfícies planas;
  - os operadores de máquinas de cortar vergalhões devem ser qualificados, ter experiência e ser instruídos quanto ao uso correto da chave manual de dobrar ferro e máquina de enrolar e trançar arame;
  - a proteção para os ombros será necessária sempre que for usada para o apoio de vergalhões durante o transporte manual;
  - os trabalhadores que executarem operações de manuseio, dobramento ou corte de vergalhões devem usar luvas de raspa de couro; e os que cortam arames, além das luvas, devem usar óculos de segurança;
  - a colocação da armação no interior das fôrmas deve ser feita com todo cuidado, para não imprensar mão ou dedos;
  - para caminhar diretamente sobre a armação da laje ou viga, deve-se cobri-la com tábuas de madeira ou compensados, especialmente sobre armação negativa da laje;
  - fiações aéreas (elétricas) não devem ser penduradas ou amarradas diretamente às armações de pilares ou peças de escoramento metálico, em face do risco de passagem de corrente elétrica para esses materiais;
  - é proibida a existência de pontas verticais de vergalhões de aço desprotegidas;
  - é obrigatória a colocação de pranchas de madeira, firmemente apoiadas sobre as armações nas fôrmas, para a circulação dos operários.

- concretagem:
  - de início, deve ser providenciado o guarda-corpo, para proteção dos trabalhadores durante a concretagem. Esse guarda-corpo é composto de uma corda amarrada a sarrafos (montantes) provisórios, fixados nos painéis das vigas de periferia;
  - os trabalhadores que executam o lançamento de concreto devem usar botas de borracha (impermeáveis);
  - os operadores de betoneira e vibradores e os que comandam mangote flexível para concreto bombeado, além de botas de borracha, devem usar luvas de raspa de couro. E os que estão sujeitos a respingos de concreto devem ser protegidos com óculos de segurança. Os que trabalham próximos à beirada de laje devem estar munidos de cinto de segurança, devidamente ancorado;
  - todo trabalho de vibração do concreto deve ser acompanhado por um eletricista;
  - nas proximidades das betoneiras e da central de concreto e em locais de elevada concentração de poeira de cimento, é obrigatório o uso de máscara com filtro e de luvas impermeáveis;
  - a central de concreto deverá ser equipada com pelo menos um extintor de CO_2 e outro de água;
  - os suportes e escoras de fôrmas devem ser inspecionados antes e durante a concretagem por trabalhador qualificado;
  - as armações de pilares serão escoradas antes do cimbramento.

- desmontagem das fôrmas:
  - a desmontagem das fôrmas poderá constituir-se em uma operação de alto risco, caso seja feita a desforma prematura e sem a autorização do técnico responsável.
  - toda a equipe de desforma deverá usar capacete e calçado, luvas de raspa de couro e óculos de segurança; quando trabalhar próximo à beirada da laje, deverão obrigatoriamente usar cinto de segurança ligado a um cabo de corda de segurança ou à estrutura.

d) Proteção interna e externa e redes de proteção

A instalação de proteções coletivas onde houver risco de queda de trabalhadores ou projeções de materiais é obrigatória. A seguir são descritos os principais tipos de proteção.

Internas

São dispositivos que protegem os trabalhadores contra quedas em níveis inferiores aos pisos em que se encontram. São os guarda-corpos, corrimões de escadas, proteção nas caixas dos elevadores, proteção das aberturas nas lajes ou pisos, caixas de esgoto, caixa de águas pluviais etc.

Externas

As quedas de altura com diferença de nível são, geralmente, graves, e suas causas são várias, como o contato acidental com redes de energia elétrica; perda de equilíbrio em beirada de lajes sem a devida proteção; obstrução da área de circulação, obrigando o trabalhador a realizar trajeto perigoso; falha em um dispositivo de proteção, como a de um guarda-corpo frágil e mal instalado; e utilização de método de trabalho impróprio.

Para evitar contatos acidentais com redes elétricas, é necessário colocar barreira entre a rede e o local de trabalho.

Todos os locais de trabalho ou passagem obrigatória de pessoas próximos à edificação devem ser protegidos por cobertura provisória e resistente contra a queda de materiais, utilizando-se as seguintes medidas: tela de arame galvanizado ou náilon, madeira de compensado, com reforço, ou combinação das medidas anteriores, com tela por baixo.

Perda de equilíbrio em local sem proteção

Falta de um dispositivo de proteção

Figura 5.3 Local sem proteção e dispositivo com falha.

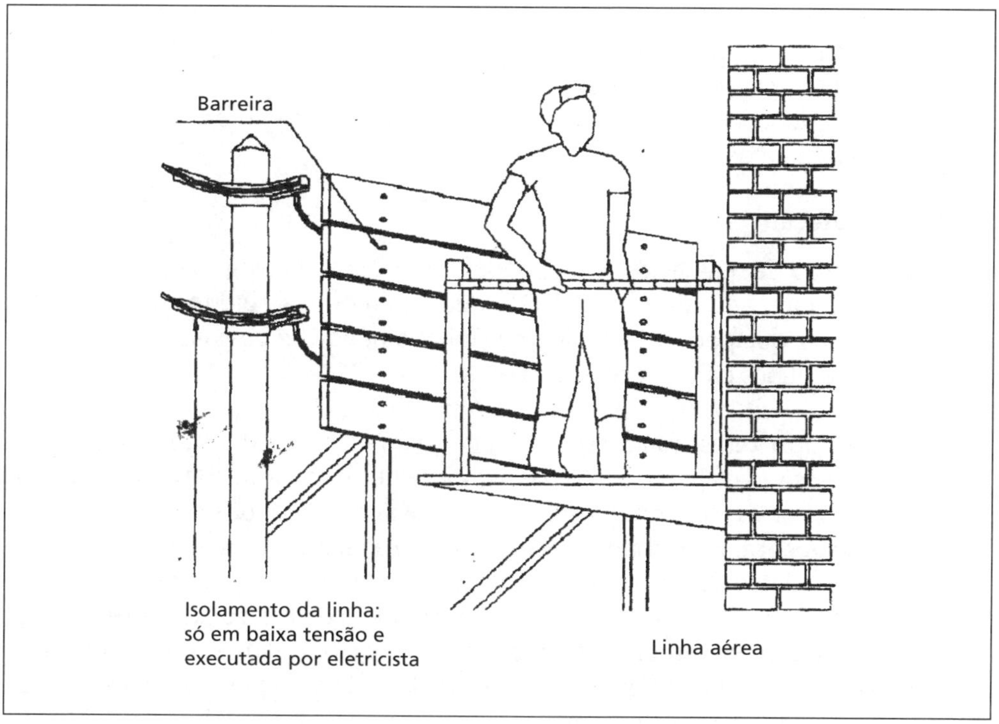

Figura 5.4 Barreira para proteção contra rede elétrica.

Em todo o perímetro da construção de um edifício com mais de quatro pavimentos, ou altura equivalente, é necessária a instalação de uma plataforma principal de proteção na altura da primeira laje que esteja, no mínimo, um pé-direito acima do nível do terreno. Essa plataforma terá, no mínimo, 2,50 m da projeção horizontal da face externa da construção e um complemento de 0,80 m de extensão, com inclinação de 45 graus a partir de sua extremidade.

A plataforma será instalada logo após a concretagem da laje a que se refere e retirada somente quando o revestimento externo do prédio acima dessa plataforma estiver concluído.

Acima e a partir da plataforma principal de proteção também serão instaladas plataformas secundárias de proteção, em balanço, de 3 em 3 lajes, que terão, no mínimo, 1,40 m de balanço e 0,809 m de extensão, com inclinação de 45 graus, a partir de sua extremidade.

Telas

O perímetro de construção de edifícios, além das plataformas, deve ser fechado com tela a partir da plataforma principal de proteção.

A tela é instalada entre as extremidades de duas plataformas de proteção consecutivas, sendo retirada somente quando a vedação da periferia, até a plataforma imediatamente superior, estiver concluída.

A tela deve funcionar como uma barreira protetora contra a projeção ou queda de materiais e ferramentas.

Redes de proteção

Na prevenção de quedas de altura, podem ser usadas medidas de proteção coletiva ou, em último caso, de proteção individual. As redes são um meio de proteção coletiva, uma vez que podem impedir e/ou limitar a queda de pessoas e de materiais.

Os principais tipos para impedir quedas são:

- **rede tipo tênis:** funciona como um guarda-corpo e deve ser usada principalmente para proteger bordas de pisos de construção. Deve ser instalada sempre pelas faces dos pilares, voltadas para o interior da edificação;
- **rede vertical de fachada:** pode ser instalada para a proteção das fachadas externas e internas (prismas de iluminação e ventilação). É fixada em suportes verticais (metálicos ou de madeira) e deve ser firmemente ancorada na laje inferior;
- **rede de malha metálica horizontal:** tem como finalidade evitar a queda de pessoas ou materiais pelas aberturas das lajes. Deve ser de malha metálica de, no máximo, 10 cm, ficar embutida no concreto e ter resistência de 150 kg/m^2.

Os principais tipos para limitar quedas são:

- **redes horizontais de fibra:** têm como objetivo proteger queda de pessoas e objetos com diferença de nível e são utilizadas, geralmente, em dois casos: nas operações de fôrma, concretagem e desforma em construção das edificações e na montagem de estruturas metálicas e de coberturas;
- **redes verticais com forca**: possuem um tipo de suporte metálico ao qual se fixam e servem para impedir a queda do nível inferior, já que no superior somente limitam a queda.

e) Instalações em geral

A eletricidade constitui um perigo invisível, ameaça que o trabalhador não percebe e, por isso mesmo, ele deverá sempre ser alertado do risco para sua segurança e possibilidades de ocorrer um grave acidente, muitas vezes fatal. Os perigos com eletricidade estão relacionados com a intensidade da corrente, sua duração e seu trajeto no corpo humano, especialmente o percentual que circula pelo coração.

Para melhorar as condições de proteção, o trabalhador que lida com eletricidade (eletricista) deve, obrigatoriamente, usar equipamentos individuais e materiais isolantes.

Ao trabalhar com eletricidade, deve-se tomar alguns cuidados de ordem pessoal, como evitar uso de objetos de adorno (pulseiras metálicas, correntinhas, canetas metálicas etc.), que podem facilitar o contato ou podem cair sobre os circuitos, quando o trabalhador se debruça para executar o serviço.

As providências a seguir deverão ser tomadas para minimizar os riscos de acidentes com a eletricidade:

- emprego de trabalhadores responsáveis, qualificados e devidamente treinados;
- utilização de ferramentas adequadas;
- boa qualidade de manutenção dos sistemas elétricos;
- supervisão permanente;
- método de trabalho adaptado às condições reais;
- uso de equipamento de proteção individual, como calçados e luvas isolantes.

Todo trabalhador em atividades de instalação, operação, inspeção ou reparação elétrica deve estar apto a prestar os primeiros socorros a acidentados por energia elétrica, especialmente por meio de técnicas de recuperação respiratória e de parada cardíaca.

A distribuição de energia pelos diversos pavimentos em uma construção é feita por meio de prumadas. O quadro de distribuição de cada pavimento, ligado diretamente à prumada, deve ter uma chave blindada (30 a 60 A) e tomadas bifásicas e trifásicas, devidamente identificadas, em quantidade suficiente para atender aos serviços simultâneos no respectivo pavimento. As ligações na chave blindada devem ser feitas por trás do quadro, dificultando o acesso de pessoas além das tomadas, tendo-se o cuidado de manter o equilíbrio das cargas totais da prumada nas três fases.

As redes de iluminação dos pavimentos não devem ficar abaixo de 2,10 m (altura dos pontos). Não se deve amarrar fios diretamente em vergalhões ou peças metálicas.

A fiação não protegida por eletroduto não deve atravessar paredes de alvenaria, e sua fixação não pode ser feita com arame ou qualquer outro material capaz de cortar o isolamento (capa isolante).

Os eletricistas devem usar calçados de sola isolante, luvas para alta-tensão, cinto de segurança para locais altos e alicate isolado.

Na obra, é conveniente manter os seguintes materiais: escada extensível, lanternas de pilha, tapete de borracha ou estrado de madeira, fita isolante (rolos), tomadas de borracha e plugues, eletrodutos diversos, fiação com perna adicional para condutor terra, caixas blindadas, bastão desconectador, disjuntores e fusíveis.

No caso de trabalho próximo a rede elétrica que não possa ser desenergizada, deve-se providenciar seu isolamento por meio de protetor tipo mangueira para fiação e barreira de madeira entre o trabalhador e a fiação.

f) Alvenaria e fechamentos

A seguir são explicitadas algumas medidas, entre as várias existentes, destinadas à proteção coletiva dos trabalhadores que exercem atividades na fase de alvenaria e fechamento da obra, como:

- as proteções das aberturas no piso devem ser recolocadas imediatamente após a marcação da alvenaria em suas proximidades;
- a alvenaria, em cada pavimento, deve ser iniciada pelas caixas de elevadores, câmaras de exaustão, escadas, prismas de ventilação e iluminação, fachadas e empenos, de forma a reduzir o risco de queda com diferença de nível;
- o assentamento de tijolos e a manipulação da argamassa devem ser feitos com o uso de luvas impermeáveis e resistentes e, conforme o caso, com avental;
- deve ser feito, após o término da jornada, rigoroso asseio corporal, com bastante água, e troca do vestuário, devido ao contato com o cimento;
- cumpre adotar todas as precauções possíveis, a fim de evitar a queda de materiais, principalmente no exterior da edificação, durante o levantamento de paredes ou na execução de acabamento, particularmente nos casos de colocação de vergos de portas ou janelas e caixilhos de ar-condicionado;
- todas as paredes de tijolos de beiradas de laje deverão ter travamento provisório (aperto), a intervalo de 1 metro, através de cunhas de madeira ou massa forte, logo após seu levantamento;
- é recomendável o uso de cinto de segurança quando o trabalhador estiver sobre o andaime;
- os vidros devem ser marcados depois de colocados.

g) Revestimentos

Seguem-se algumas medidas destinadas à proteção de trabalhadores que exercem atividades de revestimento:

- nos revestimentos com chapisco, reboco e emboço, jateamento, limpeza de pastilhas (uso de ácido) e outros serviços semelhantes, deve ser obrigatório o uso de óculos de segurança;
- nos serviços executados sobre andaimes, em varandas ou junto a vãos de janelas, quando não for possível instalar guarda-corpo, é obrigatório o uso de cinto de segurança, fixado em local firme;
- caixas de papelão vazias (de azulejos, cerâmicas etc.) ou sacos vazios (cimento, gesso, argamassa etc.) não podem ficar espalhados ou amontoados. Devem-se juntá-los, amarrá-los e colocá-los em local isolado, providenciando-se sua imediata retirada da obra;

- na execução de pinturas, aplicação de vernizes ou colas (laminados) ou, ainda, nos serviços com uso de solventes inflamáveis ou tóxicos, em ambiente de ventilação insuficiente, deverão ser adotadas as seguintes medidas de segurança:
  - instalar sistema de ventilação forçada e/ou utilizar equipamento de proteção respiratória adequado;
  - afixar placas com inscrição como: "Risco de Explosão, Incêndio e Intoxicação". Distribuir extintores de CO_2 ou pó químico;
  - utilizar somente luminárias à prova de explosão;
  - evitar instalações provisórias de iluminação, com trechos desencapados ou com conexões por pressão;
  - utilizar roupas de algodão;
  - não fumar ou portar cigarro aceso;
  - manter cola e solventes em recipientes fechados;
  - evitar execução nas proximidades de qualquer serviço com risco de centelhamento.

h) Acabamentos

Nos acabamentos têm destaque os serviços de pintura, pelos riscos que acarretam, particularmente as intoxicações e dermatoses. Esses riscos tornam-se maiores quando as pinturas são feitas a pistola ou por processos mecânicos de aplicação das tintas e/ou vernizes por pulverização.

Os riscos presentes nos serviços de pintura, além dos decorrentes do próprio material, são de três ordens:

- **intoxicação e doenças profissionais:** as intoxicações são devidas ao uso de solventes e diluentes, que são tóxicos, e de pigmentos. São estas as perturbações mais frequentes causadas por intoxicação: estado semelhante ao de embriaguês, dor de cabeça, vertigem, vômito e sonolência. A vítima deve ser imediatamente colocada ao ar livre e deve ser providenciado atendimento médico. Entre as doenças profissionais, pode-se citar a silicose, causada pelas partículas que se desprendem e flutuam no ar, em serviços como o de decapagem ou polimento com jato de areia;
- **incêndio e explosão:** são devidos aos vapores inflamáveis produzidos pelos solventes e diluentes. Para evitar explosão e incêndios, devem ser adotadas as seguintes medidas:

- captar, quando possível, os vapores na sua origem;
- substituir produtos altamente voláteis por outros menos voláteis;
- proibir chama aberta (cigarro etc.);
- aterrar muito bem todos os equipamentos;
- evitar e combater a eletricidade estática;
- instalar os compressores fora dos locais de pintura, para evitar acidentes com misturas de ar-vapores de solventes, que poderão inflamar-se por compressão anormal;
- estocar materiais inflamáveis fora do local da pintura;
- instalar, nas proximidades, extintores portáteis de espuma, CO_2 ou pó químico seco.

- **mecânicos e elétricos:** devem ser adotadas, entre outras, as seguintes medidas de prevenção individual:
  - usar roupa fechada até a garganta, punhos e tornozelos e boné;
  - não lavar as mãos com solventes orgânicos;
  - proteger as mãos com luvas especiais, usando cremes e sabão especial;
  - trocar a roupa e lavar-se cuidadosamente no fim dos serviços ou término da jornada;
  - usar máscara com elemento filtrante adequado (por exemplo, cartucho de carvão) para absorver os vapores tóxicos e a poeira produzida pelo lixamento da regularização da pintura.

Classificação sumária das tintas:

a) Fundos:
- tintas solúveis em água;
- tintas e vernizes à base de celulose;
- tintas e vernizes sintéticos.

b) Aplicação:
- ao ar livre;
- em interiores;
- em cabines.

A Tabela 5.1 apresenta a composição e o grau de toxicidade das tintas.

Tabela 5.1 Grau de toxicidade das tintas

Produto	Composição	Toxicidade
Fundos	Utilizadas nas superfícies a serem pintadas (demãos) com tinta ou verniz, são de: zarcão, litargírio, sulfato básico de chumbo, branco de zinco plumbífero etc.	Tóxicos
Tintas solúveis em água (têmpera, caiações etc.)	À base de silicato e caseína, sem solventes tóxicos	Nocividade muito reduzida
Tintas e vernizes à base de celulose	Estas tintas incluem essencialmente as seguintes substâncias: acetato de celulose; nitrocelulose; ésteres de celulose, como metilo, etilo e benzilo, ou misturas desses produtos; óleo de rícino; solventes e um diluente. Os hidrocarbonetos geralmente são usados como solventes nesses tipos de tinta	Tóxicas e inflamáveis; riscos de explosão (presença de oxigênio na molécula da tinta ou verniz)
Tintas e vernizes sintéticos	Incluem: uma ou várias resinas sintéticas; pigmentos; misturas de solventes e um diluente; contêm, ainda, ácidos graxos de óleos sicativos ou não sicativos, plastificantes (ftalatos, stearatos, benzoatos); produtos antideflagrantes; materiais de encorpar (farelo de madeira, mica, grafite); agentes antiespumantes e antioxidantes	O perigo reside nos solventes e diluentes usados na fabricação destas tintas, conforme a resina utilizada: hidrocarbonetos benzênicos e algumas acetonas (etilo, butilo, benzilo)
Resinas poliuretânicas	Poliuretano	Tóxicas
Resinas endurecidas com o calor	Araldite	Dermite
Ligantes óleos sicativos	Em proporção reduzida nas tintas e vernizes	Nocividade muito reduzida
Pigmentos	Compostos minerais em pó para dar a cor desejada, à base de chumbo, cromo, manganês, compostos crômicos complexos	Tóxicos na sua maioria
Plastificantes	Ticresilfosfato, servindo para dar maior elasticidade à tinta	Agem sobre os centros nervosos
Solventes	Utilizados para dissolver o ligante de tintas e vernizes	Voláteis sob condições normais, produzem vapores perigosos (hidrocarbonetos benzênicos)
Diluentes	Acrescidos aos solventes para melhorar as características da aplicação	Mistura de diluentes e solventes tóxicos

Fonte: *Manual Técnico de Segurança do Trabalho em Edificações Prediais*. Rio de Janeiro: Senai, 1986.

i) Máquinas e equipamentos

A operação de máquinas e equipamentos na construção tem sido causa de acidentes fatais, na maior parte dos casos porque o operador não recebeu a orientação necessária sobre o trabalho a realizar. Outras causas podem ser: restrição do espaço físico, dificultando a mobilidade do operador, proteção deficiente das partes móveis da máquina ou equipamento, defeitos de construção, falta de manutenção adequada e inobservância das normas de segurança.

As partes móveis das máquinas, como cilindros, polias e correias, por serem partes de agarramento, representam constante risco para o operador. Por outro lado, o operador, além de observar as normas de segurança, não deverá usar cabelos compridos e soltos, roupas frouxas, mangas largas ou outros itens que possam sofrer agarramento pelas partes móveis da máquina ou do equipamento.

É importante que nas instalações da máquina e/ou do equipamento haja espaço para a movimentação segura do operador, o fácil manuseio dos materiais e o livre acesso para reparos e limpeza. Os dispositivos de partida e parada deverão ser instalados próximo ao operador.

O local de instalação das máquinas e dos equipamentos deve ter boa iluminação, de preferência natural, evitando-se ofuscamentos, reflexos, sombras ou contrastes excessivos. Deve-se evitar que a iluminação artificial incida diretamente sobre os olhos do operador.

Em geral, as máquinas e os equipamentos são fontes de desconforto térmico, ou de ruído, vibrações, aerodispersoides, radiações e de outros agentes agressivos, e por isso devem ser adotadas medidas de proteção adequadas a cada caso específico. Entre os numerosos equipamentos usados na construção, como guindastes, betoneiras, compressores, rosqueadeiras elétricas, correias transportadoras, centrais de britagem, usinas de asfalto, geradores, torres, guinchos, bombas, máquinas rodoviárias, máquinas de cortar e dobrar ferro e virar chapas etc., tem destaque a serra circular de bancada, existente em todo canteiro de obras. Por ser muitas vezes operada ou instalada indevidamente, a serra circular de bancada tem sido motivo de muitos acidentes, com graves lesões para o trabalhador. A serra circular de bancada compõe-se dos seguintes elementos:

- bancada: deve ser sólida, preferencialmente com estrutura metálica e assentada em piso nivelado e resistente, a fim de evitar vibrações. A mesa deve ser de madeira resistente e com espessura de 2,5 cm. Deve ser instalada uma calha sob a bancada, de chapa nº 14, a fim de escoar a serragem para um depósito de madeira, que deverá ser limpo ao fim da jornada;
- discos da serra circular: geralmente são feitos de aço de alto teor de carbono, têm diâmetros variáveis, escolhidos em função da madeira a serrar, com

dentes do tipo bico de papagaio, comum ou para destopadeira. Para evitar grande atrito entre o disco e o material a cortar, com aquecimento do primeiro, os dentes são travados alternadamente, um à direita e outro à esquerda, de modo que a largura do corte seja maior que a espessura da lâmina. O número de dentes do disco varia de 24 a 72, para um disco médio, de 30 cm de diâmetro;

- motor: é o principal componente da serra circular. Sua potência deve ser calculada em função da resistência oferecida pela madeira, do diâmetro e velocidade de rotação do disco. Seguem-se valores práticos de potência do motor para madeiras de dureza média em função do diâmetro do disco.

Diâmetro do disco (mm)	Potência necessária (Hp)
100	1,00
150	1,50
200	2,00
250	2,50
300	3,00
300-400	5,00
500	7,00

- correias: fazem a ligação do motor e do eixo das polias e ranhuras existentes em cada um deles. Geralmente são usadas três correias;
- polias: são usadas duas polias ranhuradas, uma fixa ao motor e outra fixa ao eixo mandril, onde se situa o disco.

Dispositivos de segurança

Os principais dispositivos de segurança são:

- **lâmina separadora ou cutelo divisor:** é um dispositivo instalado atrás da lâmina da serra e tem por função manter separadas as partes já serradas da madeira, evitando que se encontrem e aprisionem o disco, provocando retrocesso do material;
- **protetor fixo:** são peças de madeira ou metálicas utilizadas para proteger as partes móveis da serra (correias e polias);
- **protetor móvel:** é a coifa, cuja finalidade é evitar o toque acidental do operador com os dentes do disco da serra.

j) Operações de soldagem

As operações de soldagem e corte a quente, para evitar acidentes, exigem que se estabeleça um programa de segurança para a proteção do trabalhador e redução dos seus riscos. Assim, é indispensável o uso de EPI adequado à atividade e revisão e manutenção periódicas dos equipamentos de soldagem e corte.

Os processos de soldagem normalmente empregados na construção são solda oxiacetilênica e solda a arco voltaico, e raramente a solda elétrica por resistência.

Soldagem oxiacetilênica – Unidades

Nesse tipo de soldagem, emprega-se o carbureto de cálcio (C_2Ca), que não é inflamável ou explosivo, porém, em contato com a água ou exposto à umidade, produz acetileno (C_2H_2), que, misturado com ar, constitui uma mistura detonante, quando a porcentagem de C_2H_2 atinge 2,2%. Os maiores inimigos dos tambores de carbureto são o fogo, a umidade e as pancadas, por isso os tambores com esse material devem ser colocados em locais secos, cobertos, arejados e sobre estrados de madeira. Devem ser evitados: chamas de qualquer natureza, faíscas, cigarros e uso de ferramentas de ferro para abrir os tambores.

A iluminação elétrica do local onde estão depositados os tambores com carbureto deve ser do tipo antiexplosivo e com interruptor externo.

O gás acetileno (C_2H_2) tem cheiro de alho e é perceptível em uma proporção de 1:1.000 partículas. É mais leve que o ar e tem densidade de 0,91. Esse gás, sem pressão, não é explosivo; todavia, comprimido a mais de 1,5 bar, é suscetível a explosão espontânea.

As tubulações para o acetileno devem ser de aço, pois com o cobre dá uma mistura de carbureto de cobre com risco de explosão. O gerador de acetileno deve ser colocado em local afastado, bem ventilado, longe do fogo e faíscas e ser sempre obedecidas as especificações do fabricante (gabarito de carbureto, vazão, carregamento de água etc.). O acetileno líquido é fornecido em tubos e é liquefeito em acetona, sobre pressão de 15 bars.

Os riscos mais comuns com o acetileno líquido são:

- ao contato com o oxigênio, as graxas poderão inflamar-se, sendo, portanto, proibido lubrificar as peças em contato com oxigênio (registro, regulador de pressão, motor etc.);
- ambientes e reservatórios não devem ser reativados com oxigênio, para evitar riscos de explosão e incêndios;
- o registro não deve ser forçado ou desmontado; o tubo deve ser transportado em carrinho especial.

Soldagem a arco elétrico

A soldagem a arco elétrico se processa por meio do calor gerado por um arco estabelecido entre o eletrodo (revestido de material consumível) e a peça que se pretende soldar. Os principais riscos no processo de solda a arco são:

- **choque elétrico:** para evitar que ocorra, é indispensável manter os cabos condutores no mais perfeito estado;
- **raios luminosos:** o arco elétrico produz raios ultravioleta e infravermelhos, provocando danos aos olhos quando em exposições contínuas e repetidas. O raio ultravioleta produz efeitos semelhantes à queimadura solar, é doloroso e afeta a capacidade visual. O raio infravermelho provoca aquecimento do tecido com o qual entra em contato, gerando queimaduras;
- **fumos:** na região do arco, devido à elevadíssima temperatura, formam-se óxidos de nitrogênio, provenientes da combinação do nitrogênio e do oxigênio do ar;
- **ozônio tóxico:** o ozônio, oxigênio na forma triatômica (0_3), é formado pela ação do ultravioleta sobre o oxigênio do ar. É um gás tóxico, irritante e cancerígeno.

Deve-se ter cuidado, quando forem utilizados equipamentos acionados por motores a gasolina ou a *diesel*, em locais fechados, com o gás monóxido de carbono (CO) gerado na operação.

Para proteger-se contra o choque, o soldador deverá adotar as seguintes precauções:

- jamais tocar em eletrodos com as mãos nuas ou com luvas molhadas ou em superfícies ou pisos molhados;
- verificar sempre as condições de aterramento da máquina, não confundindo o circuito de retorno com o terra;
- inspecionar constantemente os cabos de solda e informar qualquer defeito encontrado;
- manter os cabos afastados de outros condutores elétricos, principalmente os cabos de alta-tensão; cabo enrolado no piso pode criar campo magnético;
- ao desligar a máquina, baixar a embreagem e desligar com a mão esquerda, para não ficar na frente dela.

Para a prevenção de incêndio ou explosão, o soldador deve:

- certificar-se, antes de iniciar o serviço, que as fagulhas de solda não cairão sobre materiais combustíveis ou substâncias inflamáveis;
- assegurar-se, antes do início do serviço, de que o calor da solda não vá atingir combustíveis ou substâncias inflamáveis, situados próximos ao local da operação;

- estender os cabos de solda de modo que não possam ser atingidos pelas fagulhas provenientes da operação de solda;
- sinalizar o local de queda das fagulhas de solda quando não for possível isolá-lo;
- ter sempre à mão um extintor de CO_2 ou PQS;
- não portar isqueiros a gás durante a operação de solda, já que o aumento da temperatura poderá elevar a pressão e fazê-lo explodir.

Medidas de proteção coletiva

Cumpre adotar as seguintes medidas de proteção coletiva:

- as pessoas que se encontram nas proximidades da solda a arco elétrico devem ser protegidas contra as radiações (tela, biombo, óculos etc.);
- elas não devem olhar para a soldagem sem estar com os óculos de segurança;
- deve-se afastar os cabos elétricos, mangueiras de borracha e materiais inflamáveis;
- deve-se pintar as paredes e ferros com tinta especial que absorva os efeitos da radiação;
- as fumaças produzidas na soldagem devem ter saída fácil.

5.5.2 Proteção individual na construção

a) Equipamentos de proteção individual

As empresas e/ou empregadores obrigam-se a fornecer a seus empregados, gratuitamente, conforme estabelecido na NR-6 da Portaria nº 3.214/1978, do Ministério do Trabalho e Emprego (MTE), o equipamento de proteção individual (EPI) adequado ao risco e em perfeito estado de conservação e funcionamento, possuindo o certificado de aprovação, sempre que as medidas de proteção coletivas não oferecerem completa proteção. Os EPIs devem ser distribuídos de acordo com a função e serviços a serem executados, conforme sugestão apresentada no Quadro 5.1.

A roupa básica pode ser o macacão ou a camisa e calça, sendo esta última de tecido resistente e confortável.

Quadro 5.1 EPIs – Funções

Função/Atividade	EPI														
	Protetor facial	Protetor auricular	Óculos contra impacto	Óculos ampla visão	Luvas de PVC	Luvas de látex	Luvas de raspa	Botas de borracha	Cinto de segurança	Avental de raspa	Filtro contra poeira	Filtro químico	Calça de PVC	Avental de PVC	Capacete/ botina	Eventuais necessários
Administrativo															X	X
Almoxarife															X	X
Armador							X		(X)	(X)					X	X
Azulejista		(X)	(X)			X									X	X
Caldeireiro	(X)						X								X	X
Carpinteiro	(X)	(X)					(X)		(X)	(X)					X	X
Colocar esquadrias		X		X	X										X	X
Eletricista			X					X							X	X
Encanador				X	(X)										X	X
Equipamento de montagem torre/guincho							X		X						X	X
Equipamento de concretagem				X	X		(X)	X	X				X	X	X	X
Equipamento de andaime							X		X						X	X
Motorista								X							X	X
Operador de blocos		X			X										X	X
Operador de empilhadeira															X	X
Operador de betoneira		(X)		X	X			X			X				X	X
Ascensorista															X	X
Operador de guincho		(X)													X	X
Operador de policorte	X	X					X				(X)				X	X
Pastilheiro						X			X						X	X
Pedreiro			(X)			(X)	(X)		(X)						X	X
Pintor				(X)		X			(X)			(X)			X	X
Servente	os mesmos da equipe de trabalho														X	X
Soldador	X						X			X		(X)				X
Tapeceiro/taqueiro						X						X				X
Vidraceiro	(X)				(X)				(X)							X
Vigia															X	X

(x) Quando necessário

Fonte: Publicação co SENAI. Departamento Nacional, 1966.

b) Riscos gerais de acidentes e EPIs recomendados

São listados, no Quadro 5.2, os acidentes mais frequentes na construção e os equipamentos de proteção individual específicos, que, além dos equipamentos de proteção coletiva, devem ser utilizados.

Quadro 5.2 Risco em construção e EPIs recomendados

Serviços	Riscos	EPIs
Tubulões, escavações, fundações, locais molhados	Soterramento, pontas vivas, quedas, cortes, choques	Cinto de segurança, bota de borracha
Concretagem geral, ponta do mangote, adensamento do concreto	Queda de nível, estouro do mangote, respingos do concreto, queda e choque elétrico	Cinto de segurança, bota de borracha, óculos, protetor facial, sobrecalça de PVC
Fôrmas, transporte de fôrmas, montagem, içamento do pilar externo, montagem/desmontagem de tensor, desforma	Contusões nas mãos, problemas de posição, quedas de nível, estilhaços do tensor nos olhos, rosto, pescoço etc., ferimentos por pregos, quedas de fôrma	Luva de raspa de cano curto, óculos e protetor facial, cinto de segurança
Serra circular, policorte, *makita*, cortadora de parede, martelete	Amputação de dátilos, ferimentos nas mãos, detritos nos olhos, ruído	Óculos ou protetor facial, abafador de ruídos e uso de empurradores, máscara contra poeira
Armação de ferro, disco de corte, lixadeira para concreto	Ferimento nas mãos, detrito nos olhos, poeiras, quedas de nível	Luvas de raspa, máscara contra poeira, óculos ampla visão
Montagem e desmontagem de torre de elevador, de plataforma de proteção fixa e móvel	Quedas em diferença de nível	Cinto de segurança tipo paraquedas
Trabalhos em periferia de laje com altura superior a 2 metros do nível do solo	Queda em diferença de nível	Cinto de segurança tipo paraquedas
Abertura de concreto ou paredes	Ferimentos nas mãos, detritos nos olhos	Luvas de raspa, óculos de segurança de alto impacto
Carga e descarga de ferragens (manual)	Problemas ergonômicos, contusões nos ombros, mau jeito nas costas, ferimento nos membros inferiores	Luvas de raspa, ombreiras de raspa e faixa protetora da coluna

Continua

Serviços	Riscos	EPIs
Carga e descarga de cimento, cal e outros ensacados (manual)	Dermatites diversas, esforço físico, poeira em suspensão	Luvas, máscara contra poeiras, capuz e, eventualmente, faixa protetora de coluna
Preparo de massa com cimento, queima de cal e preparo de cal fina	Irritação nos olhos, queimaduras, respingos no rosto, possibilidade de problemas pulmonares em trabalhadores propensos	Luva industrial pesada (borracha), óculos ampla visão, máscara contra poeiras, avental de PVC, bota de borracha
Alvenaria, emboço interno e externo, serviços gerais e contrapisos	Irritações dermatológicas, quedas em nível e em diferença de nível	Luvas de borracha, bota de borracha, óculos ampla visão, quando necessário
Trabalhos em cerâmicas (cortes, colocação etc.)	Detritos nos olhos, ferimentos nas mãos	Óculos de segurança de alto impacto, luvas de raspa
Colocação de prumadas externas	Quedas de nível	Cinto de segurança
Montagem de andaimes em poço de elevador	Quedas de nível	Cinto de segurança
Montagem de balancins	Quedas de nível, ferimentos nas mãos por cabo de aço	Cinto de segurança, luvas de raspa ou similar
Trabalhos em fachada com balancins	Queda com o balancim e queda do balancim	Cinto de segurança engatado em corda própria
Serviços gerais (serventes)	Quedas, contusões e ferimentos	EPI específico para a tarefa
Serviços em dia de chuva	Quedas, resfriados	Capa de chuva e botas de borracha
Serviços em eletricidade	Choque elétrico	Luvas e botinas isolantes
Impermeabilizações (caixa de água, fachadas externas e internas)	Risco de asfixia, conforme a concentração de vapores do produto	Máscara contra gases (carvão ativado ou específico para o tipo de produto químico utilizado)
Limpeza de fachadas	Quedas de nível	Cinto de segurança
Soldagem	Queimaduras, fumos	Elmo, luvas, avental, perneiras, máscara
Corte de ferragem (manual)	Ferimentos nas mãos, detritos nos olhos	Luvas de raspa e óculos de proteção
Corte de ferragens com máquina pneumática	Ferimentos nas mãos, detritos nos olhos e ruídos	Luvas de raspa, óculos de proteção, abafador de ruídos

5.6 Mapa de riscos

É uma representação gráfica que identifica e informa sobre os riscos existentes no local de trabalho. As características e formatos dos símbolos são os seguintes:

- **círculos:** a intensidade do risco deve ser representada por círculos de tamanhos proporcionalmente diferentes: maior círculo, maior risco;
- **cores:** os círculos são caracterizados por cores padronizadas, tais como:

  – verde: ruído, vibrações, frio, calor, umidade;

  – vermelho: poeiras, fumos, névoas, gases, vapores, substâncias compostas, produtos químicos em geral;

  – marrom: bactérias, fungos, parasitas;

  – amarelo: levantamento e transporte manual de peso. Exigência de postura inadequada;

  – azul: máquinas e equipamentos sem proteção, ferramentas inadequadas ou defeituosas, eletricidade, armazenamento inadequado, animais peçonhentos, risco de queda de objetos, riscos de quedas, risco de pontas de vergalhões, risco de ferimentos nas mãos, nos pés e nos olhos.
- **símbolos:** os símbolos servem de alerta e são inseridos dentro de cada círculo do mapa de riscos. São mensagens gráficas que devem ser divulgadas particularmente durante o treinamento admissional do trabalhador, de forma que fixe o significado de cada símbolo.

Considerações Finais

É importante ressaltar que a primeira providência a ser adotada na empresa, visando assegurar a proteção da integridade física e saúde do trabalhador com relação aos riscos de acidente de trabalho ou doenças profissionais, é a eliminação ou, em último caso, a neutralização desses riscos por meio da adoção de medidas de proteção coletiva, seja pelo emprego das técnicas de Engenharia de Segurança do Trabalho, seja pela implementação de medidas de caráter administrativo.

Nem sempre, porém, é possível a adoção de técnicas de Engenharia de Segurança do Trabalho para a obtenção da desejada proteção coletiva, ou porque a implantação dessas técnicas representaria um custo insuportável para a empresa, ou porque seria fisicamente inviável. Nesse caso, deve ser tentada a implantação de medidas de caráter administrativo, com a criação, por exemplo, de turnos diferenciados, a fim de reduzir ao máximo o número de trabalhadores expostos ao mesmo risco.

Há, todavia, situações que não admitem a implantação de medidas de proteção coletiva, quer as representadas pelas técnicas de Engenharia de Segurança do Trabalho, quer as administrativas. Quando isso ocorre, e acontece com muita frequência, lança-se mão do uso do Equipamento de Proteção Individual (EPI) como o único meio de proteger a integridade física e a saúde do trabalhador contra os agentes agressivos existentes no meio ambiente de trabalho.

Vale ressaltar que as medidas de proteção coletiva devem ser sempre tentadas porque, quando há viabilidade de sua implantação, eliminam-se ou neutralizam-se os riscos do meio ambiente do trabalho, beneficiando-se todos os empregados que, embora exercendo atividades diferentes, trabalham na mesma área. Os investimentos na redução ou eliminação dos riscos ocupacionais, por meio de medidas de alcance coletivo, ao contrário do que pensam alguns empregadores, resultam sempre em retorno para a empresa em termos de melhor produtividade e elevação da produção.

Outro aspecto importante a ressaltar é que o Equipamento de Proteção Individual, em algumas situações, pode ser desconfortável e reduzir o ritmo do trabalho, uma vez que limita as atividades dos trabalhadores. Junte-se, ainda, o fato de trabalhadores, por ignorância ou, não raro, ausência de orientação e treinamento adequados, demonstrarem resistência ao uso dos EPIs.

Em resumo, todo empregador tem a obrigação legal de proteger a saúde e a integridade física do seu empregado contra os riscos ocupacionais, mantendo um meio ambiente de trabalho adequado e seguro, por meio da implementação de medidas de proteção coletiva ou, quando essas não forem viáveis, pelo fornecimento gratuito e em perfeito estado de conservação e funcionamento do EPI adequado à atividade do empregado. É também obrigação do empregador treinar o empregado e tornar obrigatório o uso do equipamento; caso contrário, responderá pelo pagamento de multas, por indenizações de natureza material e moral e até criminalmente, no caso de lesão grave ou morte do trabalhador. E o empregado está legalmente obrigado a usar em suas atividades o EPI que o empregador lhe forneceu, devendo mantê-lo e conservá-lo, podendo sofrer sanções se se negar a fazê-lo.

Os EPIs, portanto e segundo a NR-6, têm caráter suplementar ou complementar, devendo ser adotados em adição às medidas de proteção de ordem coletiva, quando estas se demonstrarem insuficientes à completa proteção do trabalhador, nas situações emergenciais, durante a fase de implementação das medidas de proteção coletiva ou, finalmente, quando houver total impossibilidade de implantar as referidas medidas.

É oportuno salientar a importância para a Saúde e Segurança do Trabalho (SST) do Nexo Técnico Epidemiológico Previdenciário (NTEP), adotado pelo INSS em 2007, que permitiu considerar acidente do trabalho, independentemente do registro dos CATs, os casos que antes não eram tidos como acidentários, para fins de benefícios.

Por fim, os autores deste livro esperam atingir seus objetivos, ou seja, contribuir para a prevenção dos acidentes do trabalho ou das incidências das doenças profissionais, que, no Brasil, anualmente, vitimam milhares de trabalhadores, dizimando-os ou incapacitando-os para o exercício das atividades produtivas. Reduzir a ocorrência dos acidentes do trabalho e/ou a incidência de doenças profissionais significa reduzir os graves prejuízos que a letalidade de trabalhadores ou a incapacidade dos mesmos acarretam à força de trabalho do país, com graves consequências para a economia brasileira, bem como reduzir os gastos de bilhões de reais que a Previdência Social despende, anualmente, com os trabalhadores vitimados, recursos que poderiam ser direcionados para o aperfeiçoamento dos trabalhadores brasileiros, em todos os níveis.

Bibliografia

ALVARES, Pedro Alcântara. *Curso de acústica industrial*. Apostila. Belo Horizonte, 1996.

ANEST – Associação Nacional de Engenharia de Segurança do Trabalho. *Informativo*, Manaus, maio 1999.

ASTER – Segurança e Facilities. *Segurança patrimonial*, 2016.

BRASIL. *Anuário Estatístico de Acidentes do Trabalho*. Brasília: Ministério da Previdência Social, 2015.

CAMARDELIA, Aimone. *Insalubridade*: causas, consequências, avaliação. Rio de Janeiro: CNI, 1989.

CLT – Consolidação das Leis do Trabalho. *Decreto-lei nº 5.452*, de 1º de maio de 1943. 22. ed. São Paulo: Saraiva, 1997.

CORRÊA, José Aldo Peixoto. *Introdução à perícia de insalubridade e periculosidade*. Belo Horizonte: Del Rey, 1999.

FATURETO, Agenor Moreira; FUDOLI, Josevan Urgine; GÁRIOS, Marcelo Giordano. *Manual técnico do PPRA*. Belo Horizonte, 1996.

FREITAS, Renato Mareio Freire de. *Proteção contra incêndio*. Apostila. Belo Horizonte, 1996.

FUNDACENTRO. Ministério do Trabalho e Emprego. *Condições de trabalho na indústria da construção*. São Paulo, 1998. Fascículo nº 1.

______. *Curso de engenharia de segurança do trabalho*. São Paulo, 1977.

______. *Curso de medicina do trabalho*. São Paulo, 1981.

______. *Equipamento de proteção individual*. São Paulo, 1983.

______. *Prevenção de acidentes fatais na indústria da construção*. São Paulo, 1998. Fascículo nº 2.

MANUAIS DE LEGISLAÇÃO ATLAS. *Segurança e medicina do trabalho*. 65. ed. São Paulo: Atlas, 2016.

MINISTÉRIO DO TRABALHO. *Portaria nº 3.214*, de 8 de janeiro de 1978, do Ministério do Trabalho.

NASCIMENTO, Amauri Mascaro. *Iniciação ao direito do trabalho*. 15. ed. São Paulo: LTr, 1990.

OLIVEIRA, Juarez de. *Código de Processo Civil*. 27. ed. São Paulo: Saraiva, 1997.

______. *Código Civil*. 43. ed. São Paulo: Saraiva, 1997.

OSHA – Occupational Safety and Health Administration. *Assessing the need for personal protective equipment*: a guide for small business employers – OSHA 3151. USA: U.S. Department of Labor, 1998.

______. *Bloodborne pathogens and long-term care workers* – OSHA 3131. USA: U.S. Department of Labor, 1992.

______. *Ergonomics*: the study of work – OSHA 3125. USA: U.S. Department of Labor, 1998.

______. *Personal protective equipment* – OSHA 3077. USA: U.S. Department of Labor, 1998 (revised).

______. *Personal protective equipment* – OSHA (L 8). USA: U.S. Department of Labor, 1998.

______. *Protective clothings* – OSHA (L 50). USA: U.S. Department of Labor, 1998.

______. *Respiratory protection* – OSHA 3079. USA: U.S. Department of Labor, 1998 (revised).

______. *Respiratory protection* – OSHA technical manual. USA: U.S. Department of Labor, 1999.

______. *Workers protection programs* – OSHA (L 47). USA: U.S. Department of Labor, 1998.

PRATES, Clarice Couto e Silva de Oliveira. *A prova pericial no processo de acidente do trabalho*. São Paulo: Forense, 2000.

______. *A prova pericial no processo do trabalho*. São Paulo: LTr, 1999.

QUEIROZ, Carlos. *Equipamentos de proteção individual*. Apostila. Belo Horizonte, 1996.

REVISTA DO TRIBUNAL REGIONAL DO TRABALHO DA 3ª REGIÃO. Belo Horizonte, nº 58, jan./dez. 1988.

SALIBA, Tuffi Messias; CORRÊA, Márcia C.; AMARAL, Lênio Sérvio. *Manual prático de higiene industrial*. Belo Horizonte: ACME, 1994.

SALLES JUNIOR, Romero de Almeida. *Código Penal interpretado*. São Paulo: Saraiva, 1996.

SENAI. *Publicação do Sindicato da Indústria de Construção Civil*. Rio de Janeiro: Departamento Nacional, 1986.

SILVA, Marcello Ribeiro. Acidentes do trabalho: aspectos legais. *Jornal trabalhista*, v. 8.21, p. 5-7, Consulex, 17 jul. 2000, seção Doutrina.

SINDUSCOM. *Cartilha de segurança*. Belo Horizonte, 1999.

SOCIEDADE BRASILEIRA DE REUMATOLOGIA – Comissão de Reumatologia Ocupacional. Cartilha para Pacientes – LER/DORT, 2011.

SUSSEKIND, Arnaldo. *Direito constitucional do trabalho*. Rio de Janeiro: Renovar, 1999.

TAVARES, Moacir. *Temperaturas extremas*. Apostila. Belo Horizonte: EEUFMG, 1996.

Pré-impressão, impressão e acabamento

GRÁFICA
SANTUÁRIO

grafica@editorasantuario.com.br
www.editorasantuario.com.br
Aparecida-SP

10 1 2 3 4 5 6 7 8 9
2017